庄子

选译

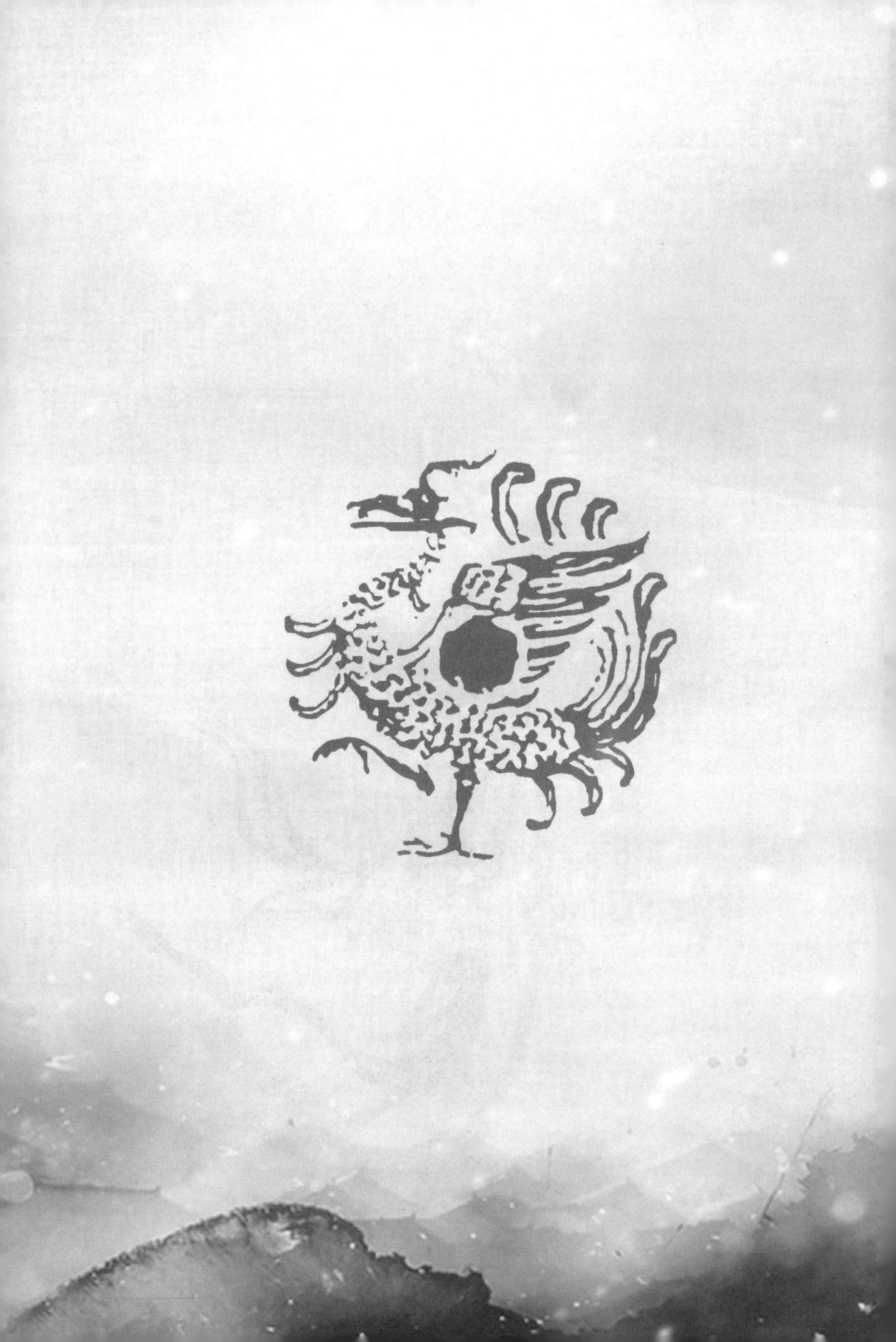

庄子

[国学经典丛书]

选译

丛云 译注

科学普及出版社
·北京·

图书在版编目（CIP）数据

庄子选译 / 丛云译注. — 北京：科学普及出版社，2022.8

（国学经典丛书）

ISBN 978-7-110-10419-4

Ⅰ.①庄… Ⅱ.①丛… Ⅲ.①道家②《庄子》—译文 Ⅳ.①B223.54

中国版本图书馆CIP数据核字（2022）第032769号

策划编辑	胡 怡
责任编辑	胡 怡
封面设计	余 微
正文设计	余 微
责任校对	焦 宁
责任印制	马宇晨

出　　版	科学普及出版社
发　　行	中国科学技术出版社有限公司发行部
地　　址	北京市海淀区中关村南大街16号
邮　　编	100081
发行电话	010-62173865
传　　真	010-62173081
网　　址	http://www.cspbooks.com.cn
开　　本	710mm×1000mm　1/16
字　　数	255千字
印　　张	18
版　　次	2022年8月第1版
印　　次	2022年8月第1次印刷
印　　刷	德富泰（唐山）印务有限公司
书　　号	ISBN 978-7-110-10419-4 / B·83
定　　价	89.00元

（凡购买本社图书，如有缺页、倒页、脱页者，本社发行部负责调换）

前 言

庄子,名周,战国中期宋国蒙(今河南商丘东北)人,著名的思想家、哲学家和文学家,道家学派的代表人物。庄子与梁惠王、齐宣王是同时期人。当时诸侯纷争,各国不断网罗天下英才,以庄子的才学,他若想谋求高官厚禄,犹如探囊取物。然而,庄子一生贫苦,但却不愿做官,只在不长的时间里做过管理漆园的小官。后来,庄子辞官隐居,潜心研究道学。

"道"是庄子哲学的基本概念,他大大继承和发展了老子的思想,与老子并称"道家之祖"。在老子"道"的思想上,庄子的"道"上升为一种宇宙精神。庄子认为"道"是客观真实的存在,认为"道"是世界万物的本源;他把"道"和人紧密结合,让"道"成为一种人生境界;他把"贵生""为我"引向"达生""忘我",归结为天然的"道""我"合一。庄子说:"道之真以治身,其绪馀以为国家,其土苴以治天下。"(《庄子·让王》)这句话的意思是:用道的精华来修身,用道的剩余部分来治理国家,用道的糟粕来教化天下。他又说:"无以人灭天,无以故灭命,无以得殉名。谨守而勿失,是谓反其真。"(《庄子·秋水》)这句话的意思是:不要以人为来破坏天性,不要用造作来损害天性,不要为追求名声而戕害本性。执守本性而不丧失,就是复归天真的本性。庄子的"道"是他追求生命自由这种逍遥境界的思想基础,他说:"北冥有鱼,其名为鲲。鲲之大,不知其几千里也。化而为鸟,其名为鹏。鹏之背,不知其几千里也。"(《庄子·逍遥游》)这是他追求的无所依凭的、广阔的精神领域。

自由在庄子的哲学思想里占有很重要的位置,他认为真正的自由是"无待"的，是不依赖任何条件的；人若能外忘于物，内忘于我，内外俱忘，方能实现对外物的超越，对自我的超越，达到至境，即"天地与我并生，而万物与我为一。"(《庄子·齐物论》)庄子也提出了"不滞于物"的观点，他说："吾生也有涯，而知也无涯。以有涯随无涯，殆已！"(《庄子·养生主》)人若以有限的生命去追求无限的事物，会为外物所累，顺从自然规律去做，才能旷达处世，泰然生活。

庄子哲学中也充满着平等思想。他以宏阔视角来审视万物的平等，在宇宙的范围内讨论平等问题，即人与人的平等、人与物的平等、物与物的平等。他说："以道观之，物无贵贱；以物观之，自贵而相贱；以俗观之，贵贱不在己。"(《庄子·秋水》)庄子的平等观不忽略事物的差异性，尊重事物的本性，是在此基础上的"万物一齐"。

庄子的哲学中还包含着辩证思想。庄子认为，人对于道的认识，既不是简单的经验总结，也不是理性的逻辑推理，而应是物我合一、主观和客观的统一，他说："夫道，有情有信，无为无形，可传而不可受，可得而不可见；自本自根，未有天地，自古以固存。"(《庄子·大宗师》)

现存《庄子》有三十三篇，其中内篇七，外篇十五，杂篇十一。《庄子》一书文字雄美，想象丰富，善于通过跌宕起伏、妙趣横生的寓言故事来说理，兼具哲学价值与文学价值，给后世的思想家和文学家以巨大而深刻的影响，被人称之为"文学的哲学，哲学的文学"。本书对《庄子》精选精译，希望能让读者更好地理解庄子哲学的内涵。

目 录

内 篇

逍遥游	2
齐物论	9
养生主	26
人间世	30
德充符	45
大宗师	53
应帝王	70

外 篇

骈拇	77
马蹄（节选）	81
胠箧	84
在宥（节选）	90
天地（节选）	101
天道（节选）	117
天运（节选）	125
刻意	133

缮　性 …………………………………………… 136
秋　水 …………………………………………… 139
至　乐（节选）………………………………… 152
达　生（节选）………………………………… 159
山　木（节选）………………………………… 170
田子方（节选）………………………………… 175
知北游（节选）………………………………… 186

杂　篇

庚桑楚（节选）………………………………… 200
徐无鬼（节选）………………………………… 206
则　阳（节选）………………………………… 217
外　物（节选）………………………………… 223
寓　言 …………………………………………… 232
让　王（节选）………………………………… 236
盗　跖（节选）………………………………… 245
说　剑 …………………………………………… 253
渔　父 …………………………………………… 258
列御寇（节选）………………………………… 265
天　下（节选）………………………………… 272

内篇

《庄子》全书现存三十三篇，从《逍遥游》至《应帝王》的七篇，后人称内篇。内篇与外篇、杂篇略有不同，首先，就各篇篇名而言，内篇篇目都是三个字，与外篇、杂篇各篇篇目不同，内篇各篇的篇名多取篇首两字为名而无归纳主旨的意义；其次，就思想连贯性和统一性而言，内篇七篇可以构成完整的理论体系而不矛盾，外篇、杂篇思想并不连贯，且有些篇章相互矛盾，再者，就风格来说，内篇和外篇、杂篇也明显不同。现多认为，内篇为庄子所著，外篇与杂篇是庄子的门徒或后学所作。

逍遥游

北冥①有鱼，其名为鲲。鲲之大，不知其几千里也。化而为鸟，其名为鹏。鹏之背，不知其几千里也。怒而飞，其翼若垂天之云。是鸟也，海运②则将徙于南冥。南冥者，天池也。

《齐谐》③者，志怪者也。《谐》之言曰："鹏之徙于南冥也，水击三千里，抟扶摇而上者九万里，去以六月息者也。"野马④也，尘埃也，生物之以息相吹也。天之苍苍，其正色邪？其远而无所至极邪？其视下也，亦若是则已矣。

且夫水之积也不厚，则其负大舟也无力。覆杯水于坳堂⑤之上，则芥为之舟；置杯焉则胶，水浅而舟大也。风之积也不厚，则其负大翼也无力。故九万里，则风斯在下矣，而后乃今培风；背负青天而莫之夭阏⑥者，而后乃今将图南。

蜩⑦与学鸠笑之曰："我决起而飞，抢榆枋，时则不至而控于地而已矣，奚以之九万里而南为？"适莽苍者，三餐而反，腹犹果然；适百里者，宿舂粮；适千里者，三月聚粮。之二虫，又何知！小知不及大知，小年不及大年。奚以知其然也？朝菌⑧不知晦朔，蟪蛄⑨不知春秋，此小年也。楚之南有冥灵者，以五百岁为春，五百岁为秋；上古有大椿者，以八千岁为春，八千岁为秋。而彭祖⑩乃今以久特闻，众人匹之，不亦悲乎！

汤之问棘⑪也是已："穷发之北，有冥海者，天池也。有鱼焉，其广数千里，未有知其修者，其名为鲲。有鸟焉，其名为鹏，背若太山，翼若垂天之云，抟扶摇羊角而上者九万里，绝云气，负青天，然后图南，且适南冥也。斥鴳⑫笑之曰：'彼且奚适也？我腾跃而上，不过数仞而下，翱翔蓬蒿之间，此亦飞之至也，而彼且奚适也？'"此小大之辩也。

故夫知效一官，行比一乡，德合一君而征一国者，其自视也，亦若此矣。而宋荣子⑬犹然笑之。且举世而誉之而不加劝，举世而非之而不加沮，定乎内外之分，辩乎荣辱之境，斯已矣。彼其于世，未数数然也。虽然，犹有未树也。夫列子⑭御风而行，泠然善也，旬有五日而后反。彼于致福者，未数数然也。此虽免乎行，犹有所待者也。若夫乘天地之正，而御六气之辩，以游无穷者，彼且恶乎待哉！故曰：至人无己，神人无功，圣人无名。

注释

①冥：通"溟"，海。北冥即北海。②海运：海波动荡。海动时必有大风，鹏即乘此风徙往南海。③《齐谐》：古代齐国记录怪异事情的书，今不传。④野马：空中游气。春天阳气发动，远望野外林泽间，有气上扬，犹如奔马，故叫野马。⑤坳堂：堂前低洼处。⑥夭阏（è）：阻拦，遏制。⑦蜩（tiáo）：蝉。⑧朝菌：一种朝生暮死的虫。⑨蟪蛄（huì gū）：寒蝉，夏生而秋死。⑩彭祖：相传是唐尧的臣子，封于彭，寿八百，以长寿著称。⑪棘：一作"革"，人名，相传是商汤的大夫。⑫斥鷃（yàn）：生活中草泽中的小雀。⑬宋荣子：战国时期思想家，宋尹学派代表人物。⑭列子：即列御寇，郑国人。

译文

北海里有一种名为"鲲"的鱼。它的身体极为庞大，大到不知道有几千里。鲲变成鸟，名字叫鹏。鹏的脊背，同样大到不知道有几千里。当鹏奋发飞翔的时候，它的翅膀好像天边的云彩。这种鸟在海水剧烈运动的时候便迁徙到南海。那里是一个天然形成的大池。

《齐谐》是古代记录怪异事情的书。《谐》中记载："大鹏向南海迁徙的时候，击打水面扬起的水花有三千里，随着由旋涡而产生的暴风直上九万里高空，乘着六月里的大风飞去。"大地上的游气，飞扬的尘埃，都是被生物的气息吹拂着在空中游荡。天色苍茫，这究竟是它原本的颜色呢，还是由于无穷无尽的高远而呈现出来的颜色呢？大鹏在高空俯视下界也如同下界视天（只见一片苍苍之色，分不清它真正的颜色）。

再说如果水积聚得不够深，它就没有足够的浮力来荷载大船。把一杯水倒在堂前的低洼处，小草可以像船一样漂起；如果把杯子放上去就浮不起来了，这是由于水浅而"船"大。风积聚得不够强劲，那么它就没有足够大的浮力来负载巨大的翅膀。所以，鹏要飞上九万里的高空，大风就必须在它下面，然后才能凭借风的浮力（飞行）。鹏背靠着青天而没有什么可以阻挡它，然后才开始向南海飞去。

蜩与学鸠讥笑大鹏说："我们奋力一飞，能冲上榆树、檀树的枝头，有的时候飞不到，那就落在地上，哪里需要飞上九万里而去南海呢？"到郊野去的人，带上三顿饭的干粮上路，回来的时候肚子还是饱饱的；如果到百里以外的地方，那就需要夜里就开始舂捣干粮做准备了；要是去千里以外的地方，则需要花三个月的时间准备粮食。蜩与学鸠又怎么能理解呢！才智低的不能理解才智高的，寿命短的不能理解寿命长的。怎么知道是这样的呢？朝菌不了解昼夜的更替，蟪蛄不了解季节的变化，这些都是寿命短的。楚国南部有一棵叫冥灵的树，把五百年当作一个春天，五百年当作一个秋天；上古的时候有一种名为大椿的树，把八千年当作一个春天，八千年当作一个秋天。而相比之下只活了八百岁的彭祖，现在却以长寿闻名，所有的人都希望像他那样长寿，这不令人悲哀吗！

汤问棘的话有这样的记载："在北边寸草不生的蛮荒之地有大海，就是所谓的天池。天池中有鱼，它有数千里宽，没有人知道它究竟有多长，名为鲲。天池有鸟，叫作鹏，它的脊背好像泰山，翅膀好像垂于天际的云层，凭借着自下而上的旋风飞上九万里的高空，超越了气云，背负着青天，然后向南飞往南海。斥鷃嘲笑大鹏说：'它将飞向什么地方呢？我跳起来向上飞，不到几丈便落下来，在蓬蒿之间嬉戏，这也是飞翔的极限了。而它将飞往何处呢？'"这就是大与小的区别。

所以，有才智的人可以担任某一官职，行为可以符合某一地方人的期望，德行可以符合某一国君的要求，能力可以取信于一国之民，他们对自己的看法也像蜩、学鸠、斥鷃一样沾沾自喜。而宋荣子却讥笑他们。全天下的人都赞颂他，他也不会更加勤勉。全天下的人都责难他，他也不会因此沮丧。严守自我与外物之间的分别，辨别荣与辱的界限，宋荣子就是这样的超脱。他对于自己在外界的声誉、评价并没有放在心上。虽然如此，仍有未能达到的境界。列子乘风而行，样子很轻妙，半个月后便回来。他对于那些祈求幸福的行为，从来就没当回事。虽然能够避免步行的劳累，然而仍有所凭借和依赖。如果能够顺应天地万物的本性，因循六气的变化，遨游于无穷尽的世界里，那还有什么可以凭借的呢！所以说，至人能忘掉自我、顺应自然，神人无意于求功，圣人无心追求名位。

尧让天下于许由①，曰："日月出矣，而爝火②不息，其于光也，不亦难乎！时雨降矣，而犹浸灌，其于泽也，不亦劳乎！夫子立而天下治，而我犹尸③之，吾自视缺然。请致天下。"

许由曰："子治天下，天下既已治也。而我犹代子，吾将为名乎？名者，实之宾也。吾将为宾乎？鹪鹩④巢于深林，不过一枝；偃鼠饮河，不过满腹。归休乎君，予无所用天下为！庖人虽不治庖，尸祝不越樽俎而代之矣。"

肩吾问于连叔⑤曰："吾闻言于接舆⑥，大而无当，往而不返。吾惊怖其言，犹河汉而无极也；大有径庭，不近人情焉。"

连叔曰："其言谓何哉？"曰："'藐姑射之山有神人居焉，肌肤若冰雪，绰约若处子；不食五谷，吸风饮露；乘云气，御飞龙，而游乎四海之外；其神凝，使物不疵疠而年谷熟。'吾以是狂而不信也。"

连叔曰："然，瞽者无以与乎文章之观，聋者无以与乎钟鼓之声。岂唯形骸有聋盲哉！夫知亦有之。是其言也，犹时女也。之人也，之德也，将旁礴万物以为一，世蕲⑦乎乱，孰弊弊焉以天下为事！之人也，物莫之伤，大浸稽天而不溺，大旱金石流、土山焦而不热。是其尘垢秕糠，将犹陶铸尧舜者也，孰肯以物为事！宋人资章甫而适诸越，越人断发文身，无所用之。尧治天下之民，平海内之政，往见四子藐姑射之山，汾水之阳，窅然⑧丧其天下焉。"

注释

①许由：尧舜时代的贤人，尧想禅位给他，他不受而逃，隐于箕山。②爝(jué)火：小火把。③尸：此指徒居名位而不做事。④鹪鹩(jiāo liáo)：一种小鸟。⑤肩吾问于连叔：肩吾、连叔皆为古代传说中的贤人。⑥接舆：楚国隐士。⑦蕲(qí)：通"祈"，求。⑧窅(yǎo)然：此指惆怅的样子。

译文

尧想让位给许由，让他治理天下，说："日月都出来了，火把还没有熄灭，它想为日月增添光亮，不是很难吗！雨按时令降下了，还要进行人工灌溉使土壤滋润，岂不是徒劳吗？如果先生你被立为天子，那么天下将大治，而我还占据这个位子，会觉得很惭愧，所以请允许我把天下交给你。"

许由说："在您的治理下，天下已经很好了。我取代你的位置，难道是为了名声吗？名是依附于实而产生的事物，我难道要成为附属物吗？鹪鹩把巢安在森林中，也不过占有一根树枝；偃鼠在河边饮水，不过喝饱肚皮。您请回吧，天下对我来说没有什么用处！即使厨师不下厨，祭祀的司仪也没必要代替厨师去做菜啊！"

肩吾问连叔说："我听接舆说话，宏大而不着边际，说到哪里是哪里。我惊叹他的言论好像天上银河一样漫无边际；他的话与常理大不相符，实在是不近人情啊。"

连叔问："他说些什么？"肩吾说："他说：'在藐姑射山上住着一位神仙，肌肤像雪一样白，姿态婉媚如同处子；不吃五谷杂粮，终日吸风饮露；乘着云气驾驭飞龙，遨游于四海之外；他的神情凝聚专一，能使农作物不受病害而五谷丰登。'我认为他所说的话虚妄不可信。"

连叔说："不错，盲人无法看到纹理的美观，聋人无法听到钟鼓的声音。难道只有形体上才有盲、聋这一类的缺陷吗？其实人的心智也是一样的。这些话指的就是你。那位神人，他的德量与万物混同在一起。世人祈求他来治理天下，但他哪肯劳心劳力把治理天下当回事呢！他这样的人，外物无法伤害到他，洪水滔天也淹不死他，天气旱热即使把金属与石头都晒化了，土壤、山林都烤焦了，他也不觉得热。他身上的尘垢秕糠，也能铸造出尧舜的功业来，他又哪肯把世务当回事呢！宋国人到越国去贩卖帽子，而越国人断发文身，帽子对他们来说是无用之物。尧治理天下的百姓，掌控海内的政局，于是到藐姑射山上、汾水北边去拜见四位高人，怅然间忘记了自己的天下。"

惠子①谓庄子曰："魏王贻我大瓠之种，我树之，成而实五石；以盛水浆，其坚不能自举也；剖之以为瓢，则瓠落无所容。非不呺②然大也，吾为其无用而掊③之。"庄子曰："夫子固拙于用大矣！宋人有善为不龟手之药者，世世以洴澼絖④为事。客闻之，请买其方百金。聚族而谋曰：我世世为洴澼絖，不过数金；今一朝而鬻⑤技百金，请与之。客得之，以说吴王。越有难，吴王使之将。冬，与越人水战，大败越人，裂地而封之。能不龟手一也，或以封，或不免于洴澼絖，则所用之异也。今子有五石之瓠，何不虑以为大樽而浮乎江湖，而忧其瓠落无所容，则夫子犹有蓬之心也夫！"

惠子谓庄子曰："吾有大树，人谓之樗⑥，其大本拥肿而不中绳墨，其小枝卷曲而不中规矩，立之涂，匠者不顾。今子之言，大而无用，众所同去也。"庄子曰："子独不见狸狌乎？卑身而伏，以候敖者；东西跳梁，不辟高下，中于机辟，死于罔罟⑦。今夫斄牛，其大若垂天之云，此能为大矣，而不能执鼠。今子有大树，患其无用，何不树之于无何有之乡，广莫之野，彷徨乎无为其侧，逍遥乎寝卧其下；不夭斤斧，物无害者，无所可用，安所困苦哉！"

注释

①惠子：即惠施，战国思想家。②呺（xiāo）：大而中空。③掊（pǒu）：击破。④洴澼（píng pì）絖（kuàng）：洴澼，漂洗。絖，棉絮。⑤鬻（yù）：卖。⑥樗（chū）：指臭椿，引申含义为无用之材。⑦罔罟（gǔ）：网。

译文

惠子对庄子说:"我把魏王送给我的大葫芦种子种下,成熟时收获了能容纳五石东西的大葫芦;用它盛水浆,硬度差,不能举起来;剖开用作瓢,葫芦底浅,不能装东西。它不能说不够大,但我因为它无用而把它打破了。"庄子说:"你实在是不善于用大的东西。宋国有人善于制造防治手部皮肤皲裂的药,他们家世世代代靠漂洗丝絮为生。有一回客人听说了,请求用百两黄金买他的药方。那个宋国人聚集族人商量说:我们家世代以漂洗丝絮为生,不过换回几两黄金的收入;现在只要卖药方瞬间可以得到百两黄金,卖给他吧。客人得到药方,去游说吴王。适值越国发难,吴王派遣他统率军队。在冬天,与越国人水战,大败越国人,为此吴王划地分封奖赏他。同一个防治手部皮肤皲裂的药方,有人因此得分封之赏,有人则拿它去漂洗丝絮,这就是使用上的差异了。现在先生有能容纳五石东西的大葫芦,为什么不考虑把它系着做成腰舟在江湖间漂浮,却为葫芦底浅而发愁?可见你的心思像蓬草一样杂乱,还没有开窍呢。"

惠子对庄子说:"我有一棵被人们叫作樗的大树,它的根庞大臃肿而不符合绳墨的要求,它的小枝条卷曲而不合规矩,长在道路上,路过的木匠看都不看它一眼。现在你说得就像棵樗树一样大而无用,大家都不愿意听你说。"庄子说:"你没见过野猫和黄鼠狼吗?它们压低身子伏在地上,候捕来往的猎物;东窜西跳,不避高低,常常触及猎人设置的机关,而死在网罗中。再看牦牛,身体庞大好像天边垂挂的云彩。它的身体很大,却不能捕鼠。现在你有这么一棵大树,却因为它无用而忧虑,为什么不把它种在什么也没有的地方、广袤无垠的旷野上,自由自在地在树旁悠游,或者随心所欲地睡在树下;不会遭到斧头的砍伐,也没有东西来伤害它,没有用处,哪里会有什么困苦呢!"

齐物论

南郭子綦[①]隐机[②]而坐,仰天而嘘[③],苔焉似丧其耦[④]。

颜成子游[⑤]立侍乎前,曰:"何居[⑥]乎?形固可使如槁木,而心固可使如死灰乎?今之隐机者,非昔之隐机者也。"

子綦曰:"偃,不亦善乎而问之也!今者吾丧我,汝知之乎?汝闻人籁而未闻地籁,汝闻地籁而未闻天籁夫。"

子游曰:"敢问其方。"

子綦曰："夫大块噫气⑦，其名为风。是唯无作，作则万窍怒呺。而独不闻之翏翏⑧乎？山林之畏佳⑨，大木百围之窍穴，似鼻，似口，似耳，似枅⑩，似圈，似臼，似洼者，似污者；激者、謞⑪者、叱者、吸者、叫者、譹⑫者、宎⑬者、咬⑭者，前者唱于而随者唱喁。泠风则小和，飘风则大和，厉风济则众窍为虚。而独不见之调调之刁刁乎？"

子游曰："地籁则众窍是已，人籁则比竹是已，敢问天籁。"

子綦曰："夫吹万不同，而使其自己也，咸其自取，怒者其谁邪？"

注释

①南郭子綦（qí）：楚昭王之弟，因居城南而取号南郭。②机：案几。③噫：吐气。④荅（tà）焉似丧其耦（ǒu）：表示遗忘了形体而达到忘我的境界。荅焉，遗忘形体的样子。耦，此指形体。⑤颜成子游：子綦的弟子，姓颜成，名偃，字子游。⑥何居：何故。⑦噫气：吐气。⑧翏翏：大风呼呼的声响。⑨畏佳：通"嵬崔"，山陵高峻的样子。⑩枅（jī）：柱头横木。⑪謞（xiāo）：尖叫声。⑫譹（háo）：同"嚎"，嚎哭声。⑬宎（yào）：笑声。⑭咬：哀叹声。

译文

南郭子綦靠几案坐着，仰起头做深呼吸，身心放松，好像进入了忘我的境界。

弟子颜成子游刚好侍立在前，就问道："您这是怎么了？形体竟然能像干枯的树木，精神也可以使它像死灰一般吗？您今天靠几案而坐跟往常的神情不一样。"

子綦回答："偃，你问得正好啊！今天我是忘掉了外在的自己，你知道吗？你听过人吹箫管的声音而没有听过风吹孔穴的声音，也没有听过天地万物的声音！"

子游说："请问其中的道理。"

子綦答道："天地吐气称作风。风不吹则已，一旦劲吹就会使众多孔穴发出声音，怒吼不已。你难道就没有听过那呼呼的长风吗？山林参差不齐，合抱大树上的孔穴，有的似鼻，有的似口，有的似耳，有的似方孔，有的似杯圈，有的似舂臼，有的似深池，有的似洼地，有的似浅坑；风吹这些孔穴发出声响，如激愤，如尖叫，如叱骂，如呼吸，如喊叫，如嚎哭，如欢笑，如哀叹，前呼后应。小风则小和，大风则大和，暴风停止则所有的孔窍归于无声。你难道就没有看到草木随风摇动的样子吗？"

子游说："'地籁'就是风吹孔窍发出的声音，'人籁'就是人吹竹管发出的声音，请问'天籁'是什么呢？"

子綦回答："'天籁'的声音万变而又能自行停息，这完全是出于自然，哪有谁命令它们响呢？"

大知闲闲，小知间间。大言炎炎，小言詹詹。其寐也魂交，其觉也形开。与接为构，日以心斗。缦①者、窖②者、密者。小恐惴惴，大恐缦缦。其发若机栝，其司③是非之谓也；其留如诅盟，其守胜之谓也。其杀若秋冬，以言其日消也；其溺之所为之，不可使复之也；其厌也如缄，以言其老洫④也，近死之心，莫使复阳也。喜怒哀乐，虑叹变慹⑤，姚佚启态。乐出虚，蒸成菌。日夜相代乎前，而莫知其所萌。已乎，已乎！旦暮得此，其所由以生乎！

非彼无我，非我无所取。是亦近矣，而不知其所为使。若有真宰，而特不得其眹⑥。可行已信，而不见其形，有情而无形。

百骸、九窍⑦、六藏，赅而存焉，吾谁与为亲？汝皆说之乎？其有私焉？如是皆有为臣妾乎？其臣妾不足以相治乎？其递相为君臣乎？其有真君存焉？如求得其情与不得，无益损乎其真。

一受其成形，不亡以待尽。与物相刃相靡，其行尽如驰，而莫之能止，不亦悲乎！终身役役而不见其成功，苶然⑧疲役而不知其所归，可不哀邪！人谓之不死，奚益？其形化，其心与之然，可不谓大哀乎？人之生也，固若是芒乎？其我独芒，而人亦有不芒者乎？

夫随其成心而师之，谁独且无师乎？奚必知代而心自取者有之？愚者与有焉。未成乎心而有是非，是今日适越而昔至也。是以无有为有。无有为有，虽有神禹，且不能知，吾独且奈何哉？

注释

①缦（màn）：通"慢"，缓慢。②窖：设下圈套。③司：通"伺"，伺察。④洫：田间的水道，喻指封闭。⑤慹：恐惧。⑥朕（zhèn）：端倪、征兆。⑦九窍：人体上九个可以向外张开的孔穴，指双眼、双耳、双鼻孔、口、尿道、肛门。⑧苶（nié）然：疲倦困顿的样子。

译文

大智之人悠然自得，小智之人斤斤计较。说大话的人盛气凌人，说闲话的人喋喋不休。这些人休息时思前想后，醒来时恐惧不安；待人接物则勾心斗角。他们的表现或慢条斯理，或故作深沉，或细心谨慎。他们小恐时坐立不安，大恐时沮丧落魄。他们有的出言如飞箭，先发制人，这叫作善于洞察是非；有的说话如盟约一样谨慎，这叫作以守取胜。他们有的说话像秋冬一样肃杀而日渐消衰；有的沉溺于自己的言行而不能自拔；有的缄默不语而自我封闭，犹如死人之心，对一切都无动于衷。他们或欣喜、愤怒、悲哀、欢乐，或忧思、叹惋、反复、恐惧，或浮躁、张狂、放纵、作态，宛如音乐从中空的竹管中发出，又如菌类由地气蒸腾而起。这种种情态心境日夜变换，却不知道它们是怎样发生的。算了吧！算了吧！旦暮之间，岂能懂得诸种心境情态发生的缘由！

没有自然就没有我，没有我自然也就无法体现。天地万物是相近的，却不知道谁是主宰者。即使有主宰者，人们也无法寻找它们的迹象。我只能实行我所信奉的，却看不到什么形象，因为心境情态本就是无形的。

百骸、九窍、六藏备于一身，我和哪一部分亲近呢？还是同样地喜欢它们？或者有所偏爱？如果同等看待，它们都是隶属者吗？隶属者之间就不能和谐相处吗？它们是轮流主宰呢，还是有一个永恒的主宰呢？人们对此苦苦寻求也不会有什么结果，却并不影响这个世界如此这般地存在。

人一旦秉气成形，就是一种走向死亡的存在，若老是跟人家斗来斗去，整日奔波而不知停歇，难道不觉得悲哀吗？一生忙忙碌碌也不见有什么结果，一辈子困顿劳累却找不到自己的归宿，这不是很可悲吗？这样的人生有什么价值呢？人的形体会渐渐衰老，而人的心灵也随着衰老而死亡，这难道不是最大的悲哀吗？人生在世都是这样迷茫无知吗？还是只有我迷茫，别人尚有不迷惑的呢？

如果各人都拿自己的意见作为衡量的标准，那么谁会没有自己的标准？难道只有智者才有吗？事实上愚者也有。如果在没有形成主见之前就乱分是非，这跟"今天去越国而昨天就到了"一样不可能。这就是以无标准作为标准。若以无标准作为标准，即使神圣的大禹也不知道该怎么办，我又有什么办法呢？

夫言非吹也。言者有言，其所言者特未定也。果有言邪？其未尝有言邪？其以为异于鷇音①，亦有辩乎？其无辩乎？

道恶乎隐而有真伪？言恶乎隐而有是非？道恶乎往而不存？言恶乎存而不可？道隐于小成，言隐于荣华。故有儒墨之是非，以是其所非而非其所是，欲是其所非而非其所是，则莫若以明。

物无非彼，物无非是。自彼则不见，自知②则知之。故曰：彼出于是，是亦因彼。彼是方生之说也。虽然，方生方死，方死方生；方可方不可，方不可方可；因是因非，因非因是。是以圣人不由，而照之于天，亦因是也。是亦彼也，彼亦是也。彼亦一是非，此亦一是非。果且有彼是乎哉？果且无彼是乎哉？彼是莫得其偶，谓之道枢。枢始得其环中，以应无穷。是亦一无穷，非亦一无穷也。故曰莫若以明。

以指喻指之非指，不若以非指喻指之非指也；以马喻马之非马，不若以非马喻马之非马也。天地一指也，万物一马也。

可乎可，不可乎不可。道行之而成，物谓之而然。恶乎然？然于然；恶乎不然？不然于不然。物固有所然，物固有所可；无物不然，无物不可。故为是举莛与楹③，厉与西施，恢恑憰怪，道通为一。

其分也，成也；其成也，毁也。凡物无成与毁，复通为一。唯达者知通为一，为是不用而寓诸庸。庸也者，用也；用也者，通也；通也者，得也；适得而几矣。因是已，已而不知其然，谓之道。劳神明为一，而不知其同也，谓之朝三。何谓朝三？狙公赋芧④，曰："朝三而暮四。"众狙皆怒。曰："然则朝四而暮三。"众狙皆悦。名实未亏而喜怒为用，亦因是也。是以圣人和之以是非而休乎天钧⑤，是之谓两行。

古之人，其知有所至矣。恶乎至？有以为未始有物者，至矣，尽矣，不可以加矣；其次以为有物矣，而未始有封也；其次以为有封焉，而未始有是非也。是非之彰也，道之所以亏也。道之所以亏，爱之所以成。果且有成与亏乎哉？果且无成与亏乎哉？有成与亏，故昭氏⑥之鼓琴也，无成与亏，故昭氏之不鼓琴也。昭文之鼓琴也，师旷⑦之枝策也，惠子之据梧也，三子之知，几乎皆其盛者也，故载之末年。唯其好之也以异于彼，其好之也欲以明之彼。非所明而明之，故以坚白⑧之昧终。而其子又以文之纶终，终身无成。若是而可谓成乎？虽我亦成也。若是而不可谓成乎？物与我无成也。是故滑疑之耀，圣人之所图也。为是不用而寓诸庸，此之谓以明。

注释

①鷇（kòu）音：初生小鸟的叫声。②自知："自是"之误。③莛（tíng）与楹：莛，草茎。楹，厅堂前的木柱。"莛""楹"对文，代指物之细小者和

巨大者。④狙（jū）公赋芧（xù）：狙，猴子。狙公，养猴的人。芧，山栗，也称橡子。⑤天钧：天然的陶钧。⑥昭氏：即昭文，善于弹琴之人。⑦师旷：春秋时晋国的乐师，善于辨音。⑧坚白：战国时期公孙龙提出的学说，指一块石头"坚"和"白"的属性，用手触摸而知它是坚硬的，用眼看而知它是白色的，二者相互分离而独立存在，不能同时被认知。

译 文

人们说话不像刮风，自有说话人的意图，然而他说的话却并不能作为衡量是非的准则。人们果真是在说话呢，还是不曾说话呢？人们认为他们说的话不同于小鸟的鸣叫，那么到底是有区别呢，还是没有区别呢？

道被什么遮蔽才出现了真伪？言被什么遮蔽才有了是非？道怎样往而不存？言怎样存而不可？其主要原因是道被偏见所遮蔽，言被华丽的辞藻所覆盖，从而也就有了儒家和墨家是非争辩；他们各自肯定对方所非议的，而非议对方所肯定的。如果要肯定对方所非议的而非议对方所肯定的，则不如以空明的心境去照看事物本来的情形。

世间的万物非此即彼，自彼看不见此，自此看不见彼。所以，彼出自此，此也因乎彼；彼此是相对而成立的。有生即有死，有死即有生；有可即有不可，有不可即有可；有是就有非，有非就有是。所以，圣人从不以此来考察事物的本然状态，而是因顺自然的道理。因为此即是彼，彼即是此，所以，从此看有是非之分，由彼看也有是非之分。事物真的有彼此之分呢，还是真的没有彼此之分呢？只有一个途径能让事物彼此不相对待，这就是大道的枢纽。抓住大道的枢纽也就占据了关键的位置，从而可以顺应事物的自然变化。因为是非的变化无穷无尽，所以不如以明鉴之心来关照事物的实情。

用自己的手指来说明手指不是手指，不如不用自己的手指来说明手指不是手指；用马来说明白马不是马，不如不用马来说明白马不是马。从事理相同的角度来看，天地与一指，万物与一马，都是没有区别的。

说"可"是人们认为"可"，说"不可"是人们认为"不可"。道路是通过行人走过而成的。事物是人们命名而造就的。为何说"然"？因为"然"就是

"然"。为何说"不然"？因为"不然"就是"不然"。为何说"可"？因为"可"就是"可"。为何说"不可"？因为"不可"就是"不可"，事物原本就有"然"，事物原本就有"可"。没有什么事物"不然"，没有什么事物"不可"。所以，可以举出细小的草茎和高大的庭柱，丑陋的癞头和美丽的西施，奇变、诡诈、怪异等千奇百怪的各种事态来说明这一点，而从"道"的观点看它们都是贯通而同一的。

有分就有成，有成就有毁。其实，万事万物无所谓成毁，从整体看成毁就是循环往复、浑然一体的。这是只有通达之人才了悟的通达之理，因此他不执成毁之见，而是顺从众人的意见。按照这一常理行事，既可无所不用，又可无所不通，还能无所不得，这也就差不多了。顺其自然而又不求其所以然，这就是大道的境界。如果竭尽心志固执一端而不知事物本来是同一的，这就是所谓的"朝三"。何谓"朝三"？有一个玩猴子的人拿橡子喂猴子，他跟猴子说："早上给每个猴子三个橡子，晚上给四个。"所有的猴子听了都急了。随后他又说："早上给四个，晚上给三个。"所有的猴子都高兴了。橡子的名和实没有改变而猴子的喜怒却前后不同，这是因为玩猴者把"朝三暮四"颠倒为"朝四暮三"，通过改变喂食多少的顺序而满足了猴子。所以，圣人不分是非而加以调和，就可以达到顺任万物之境，类似陶钧向左或向右运转皆无不可。

古时候的人，他们的认知能力达到很高的境界。什么叫高境界？他们以为宇宙开始于虚无，这确实是深刻透彻、无以复加的认识；其次有人认为宇宙有万物而无界限；再次有人以为事物虽有分别却不存在是非。是与非的出现就表明人眼里的大道有了亏损。换句话说，大道的亏损是由于人的偏私所造成的。果真有成与亏呢，还是没有成与亏呢？举例而言，昭文弹琴就有成与亏，昭文不弹琴就没有成与亏。昭文弹琴，师旷击鼓，惠施论辩，这三位先生的才技称名后世。他们各有所好，并且极力彰显自己所好。这样一来，他们的自作聪明，使惠施终身沉迷于"坚白"之论，而昭文的儿子承其父业也终无建树。像这样的可以算作成功吗？如果这也叫成功，那我也就是成功的了。如果他们不算成功，那么别人和我就都没有成功。所以也无所谓圣人并不以片面之词、一技之长而夸赞于世间。不辨是非、不自夸赞而诉诸事物的常理，这叫作用空明若镜之心来观照万物。

今且有言于此，不知其与是类①乎？其与是不类乎？类与不类，相与为类，则与彼无以异矣。虽然，请②尝言之：有始也者，有未始有始也者，有未始有夫未始有始也者；有有也者，有无也者，有未始有无也者，有未始有夫未始有无也者。俄而③有无矣，而未知有无之果孰有孰无也。今我则已有谓④矣，而未知吾所谓之其果有谓乎，其果无谓乎？

天下莫大于秋豪之末⑤，而太山⑥为小；莫寿于殇子⑦，而彭祖为夭⑧。天地与我并生，而万物与我为一。既已为一矣，且得有言乎？既已谓之一矣，且得无言乎？一与言为二，二与一为三，自此以往，巧历⑨不能得，而况其凡⑩乎！故自无适⑪有，以至于三，而况自有适有乎？无适焉，因是已⑫！

夫道未始有封⑬，言未始有常⑭，为是而有畛⑮也。请言其畛：有左有右，有伦有义⑯，有分有辩，有竞有争，此之谓八德⑰，六合之外，圣人存而不论；六合之内，圣人论而不议⑱；春秋经世⑲，先王之志，圣人议而不辩。故分也者，有不分也；辩也者，有不辩也。曰，何也？圣人怀⑳之，众人辩之，以相示㉒也。故曰：辩也者，有不见也。

夫大道不称㉓，大辩不言，大仁不仁，大廉不嗛㉔，大勇不忮㉕。道昭㉖而不道，言辩而不及㉗，仁常而不周，廉清而不信，勇忮而不成，五者无弃㉘而几向方矣。故知止其所不知，至矣。孰知不言之辩，不道之道？若有能知，此之谓天府㉙。注㉚焉而不满，酌㉛焉而不竭，而不知其所由来，此之谓葆光㉜。

注释

①类：相同。②请：请允许我。③俄而：突然。④谓：评说、议论。⑤天下莫大于秋豪之末：于，比。豪，通"毫"，细毛。末，末梢。秋豪之末，秋天鸟兽新生的毫毛，比喻细小的事物。⑥太山：即泰山。⑦殇子：未到成年就死去了的人。⑧夭：夭折，短命。⑨历：历数，计算。此指精于计算的人。⑩凡：平凡，这里指普通的人。⑪适：往，到。⑫因是已：因，顺应。已，矣。⑬封：界限，分别。⑭常：定见，定论。⑮为是而有畛

(zhěn)：是，对的，正确的。为是，各自认为自己是正确的。畛，田地里的界路，这里泛指事物、事理间的界限和区别。⑯有伦有义：伦，伦理。义，通"仪"，仪则。⑰八德：此指八种界限。⑱六合：指上下和东西南北，泛指天下或宇宙。⑲论而不议：论，论说。议，评议。⑳春秋经世：春秋，这里泛指古代历史。经世，治理国家。㉑怀：囊括于胸，指不去分辨物我和是非，把物与我、是与非都容藏于身。㉒示：显示，这里含有夸耀于外的意思。㉓称：称道，颂扬。㉔嗛：李勉解为"廉"字之误。此处暂且按马其昶的说法，解为通"赚"，意为崖岸，比喻露出锋芒。㉕忮（zhì）：伤害。㉖昭：明。这里指明白无误地完全表露出来。㉗不及：达不到。这里指言论表达不到的地方。㉘无弃：不要疏忽。㉙天府：自然的府库。这里指博大的心胸。府，储存财物的地方。㉚注：注，注入。㉛酌：舀取。㉜葆光：潜隐光亮而不露。葆，藏，隐蔽。

译文

现在暂且在这里说一番话，不知道这些话跟其他人的谈论是相同的呢，还是不相同的呢？相同的言论与不相同的言论，既然相互间都是言谈议论，从这一意义说，不管其内容如何也就是同类的了。虽然这样，还是请让我试着把这个问题说一说。宇宙万物有它可以看见的时候，同样有它未曾显现的时候，再之前还有它极端虚寂的状态。宇宙之初有过这样那样的"有"，但也有个"无"，还有个未曾有过的"无"，同样也有个极端虚寂的状态。突然间生出了"有"和"无"，却不知道"有"是否是真正的"有"、"无"是否是真正的"无"。现在我已经说了这些言论和看法，但却不知道我所说的言论和看法是我果真说过的言论和看法呢，还是果真没有说过的言论和看法呢？

天下没有什么东西比秋毫的末端更大，而泰山算是小的；世上没有什么人比夭折的孩子更长寿，而传说中活了八百岁的彭祖却是短命的。天地与我共生，万物与我为一体。既然已经浑然一体，还能有什么议论和看法？既然已经称作一体，又还能够没有什么议论和看法？客观存在的一体加上我的议论和看法就成了"二"，"二"如果再加上一个"一"就成了"三"，以此类推，最精于计算的人也不可能求得最后的数字，何况大家都是凡夫俗子！所以，从无到有乃至推到"三"，又何况从"有"推演到"有"呢？没有必要这样地推演下去，还是顺应事物的本然吧。

所谓真理从不曾有过界限，言论也不曾有过定准，只因为各自认为只有自己的观点和看法才是正确的，这才有了这样那样的界限和区别。请让我谈谈那些界限和区别：有左有右，有伦理有仪则，有剖析有分辨，有竞比有相争，这就是所谓八种界限。天地四方宇宙之外的事，圣人总是存而不论；宇宙之内的事，圣人虽然细加研究，却不随意评说。至于古代历史上前代君王们治理国家的记载，圣人虽然有所评说却不争辩。可知有分别就因为存在不能分别，有争辩也是因为存在不能辩驳。有人会说，这是为什么呢？圣人把事物都囊括于胸、容藏于己，而一般人则争辩不休、夸耀于外，所以说，大凡争辩，总是因为有自己所看不见的一面。

至高无上的真理是不必颂扬的，最了不起的辩说是不必言说的，最具仁爱的人是不有意为仁的，最廉洁方正的人是不露锋芒的，最勇敢的人是从不伤害他人的。真理完全表露于外那就不算是真理，高谈雄辩总有表达不到的地方，仁爱之心经常流露反而成就不了仁爱，廉洁到清白的极点反而不太真实，勇敢到随处伤人也就不能成为真正勇敢的人。不疏忽这五种情况，那就差不多近乎道了。因此懂得停止于自己所不知晓的领域，那就是绝顶的明智。谁能真正通晓不用言语的辩驳、不用称说的道理呢？假如有谁能够知道，这就是有博大的心胸。无论注入多少东西，它都不会满盈；无论取出多少东西，它也不会枯竭，而且还不知这些东西出自哪里，这就叫作潜藏不露的光亮。

故昔者尧问于舜曰："我欲伐宗、脍、胥敖①，南面而不释然，其故何也？"

舜曰："夫三子者，犹存乎蓬艾之间。若不释然，何哉？昔者十日并出，万物皆照，而况德之进乎日者乎！"

齧缺②问乎王倪曰："子知物之所同是乎？"曰："吾恶乎知之！""子知

子之所不知邪？"曰："吾恶乎知之！"

"然则物无知邪？"曰："吾恶乎知之！虽然，尝试言之。庸讵知吾所谓知之非不知邪？庸讵知吾所谓不知之非知邪？且吾尝试问乎女：民湿寝则腰疾偏死，鳅然乎哉？木处则惴慄恂惧，猿猴然乎哉？三者孰知正处？民食刍豢，麋鹿食荐，蝍蛆甘带③，鸱鸦耆鼠，四者孰知正味？猿猵狙④以为雌，麋与鹿交，鳅与鱼游。毛嫱、西姬⑤，人之所美也，鱼见之深入，鸟见之高飞，麋鹿见之决骤。四者孰知天下之正色哉？自我观之，仁义之端，是非之涂，樊然殽乱⑥，吾恶能知其辩！"

齧缺曰："子不知利害，则至人固不知利害乎？"王倪曰："至人神矣！大泽焚而不能热，河汉冱⑦而不能寒，疾雷破山、风振海而不能惊。若然者，乘云气，骑日月，而游乎四海之外。死生无变于己，而况利害之端乎！"

注释

①宗、脍、胥敖：传说中的三个小国。②齧（niè）缺：与下文的王倪都是古时传说中的贤人。③蝍蛆（jí jū）甘带：蝍蛆，蜈蚣。甘，甜美，美味；这里为意动用法，意为"以……为美味"。带，小蛇。甘带，以小蛇为美食。④猵（biàn）狙：一种类似猿猴的动物。⑤毛嫱（qiáng）、西姬：春秋时期越国的两位美女。⑥殽（xiáo）乱：混乱，杂乱无章。⑦冱（hù）：冻。

译文

从前尧曾向舜问道："我想征伐宗、脍、胥敖三个小国，每当上朝理事总是心绪不宁，是什么原因呢？"

舜回答说："那三个小国的国君，就像生存于蓬蒿、艾草之中。你总是耿耿于怀、心神不宁，为什么呢？过去十个太阳一块儿升起，万物都在阳光普照之下，何况你崇高的德行又远远超过了太阳的光亮呢！"

齧缺问王倪："你知道各种事物相互间总有共同的地方吗？"王倪说："我怎么知道呢！"齧缺又问："你知道你不知道的原因吗？"王倪回答说："我怎

么知道呢！"

啮缺接着又问："那么各种事物便都无法知道了吗？"王倪回答："我怎么知道呢！虽然这样，我还是试着来回答你的问题。你怎么知道我所说的知道不是不知道呢？你又怎么知道我所说的不知道不是知道呢？我还是先问一问你：人们睡在潮湿的地方，腰部就会患病，甚至酿成半身不遂，泥鳅也会这样吗？人们住在高高的树木上就会心惊胆战、惶恐不安，猿猴也会这样吗？人、泥鳅、猿猴三者究竟谁最懂得居处的标准呢？人以牲畜的肉为食物，麋鹿食草芥，蜈蚣嗜吃小蛇，猫头鹰则爱吃老鼠，人、麋鹿、蜈蚣、猫头鹰这四者究竟谁才懂得真正的美味？猵狙把雌猿当作配偶，麋喜欢与鹿交配，泥鳅则与鱼交尾。毛嫱和西施是人们称道的美人了，可是鱼儿见了她们深潜入水底，鸟儿见了她们高飞向天空，麋鹿见了她们撒开四蹄飞快地逃离。人、鱼、鸟和麋鹿四者究竟谁才懂得天下真正的美色呢？以我来看，仁与义的端绪，是与非的途径，都纷杂错乱，我怎么能知晓它们之间的分别！"

啮缺说："你不了解利与害，那么至人难道也不知晓利与害吗？"王倪说："进入物我两忘境界的至人实在是神妙啊！林泽焚烧不能使他感到热，黄河、汉水封冻了不能使他感到冷，迅疾的雷霆劈山破岩、狂风翻江倒海不能使他感到震惊。像这样，便可驾驭云气，骑乘日月，在四海之外遨游，死和生都不能改变他，何况利与害这些微不足道的端绪呢！"

瞿鹊子①问乎长梧子曰："吾闻诸夫子②：'圣人不从事于务，不就利，不违害，不喜求，不缘道；无谓有谓，有谓无谓，而游乎尘垢之外。'夫子以为孟浪之言，而我以为妙道之行也。吾子以为奚若？"

长梧子曰："是黄帝之所听荧③也，而丘也何足以知之！且女亦大早计，见卵而求时夜，见弹而求鸮炙④。予尝为女妄言之，女以妄听之。奚旁日月，挟宇宙，为其吻合，置其滑涽，以隶相尊？众人役役，圣人愚芚⑤，参万岁而一成纯。万物尽然，而以是相蕴。

"予恶乎知说生之非惑邪？予恶乎知恶死之非弱丧而不知归者邪？丽之姬⑥，艾封人之子也。晋国之始得之也，涕泣沾襟；及其至于王所，与王同筐床，食刍豢，而后悔其泣也。予恶乎知夫死者不悔其始之蕲生乎？梦饮酒者，旦而哭泣；梦哭泣者，旦而田猎。方其梦也，不知其梦也。梦之中又占其梦焉，觉而后知其梦也。且有大觉而后知此其大梦也，而愚者自以为觉，窃窃然知之。君乎、牧乎，固哉！丘也与女，皆梦也；予谓女梦，亦梦也。是其言也，其名为吊诡。万世之后而一遇大圣，知其解者，是旦暮遇之也！"

　　既使我与若辩矣，若胜我，我不若胜，若果是也，我果非也邪？我胜若，若不吾胜，我果是也，而果非也邪？其或是也，其或非也邪，其俱是也，其俱非也邪？我与若不能相知也，则人固受其黮⑦暗，吾谁使正之？使同乎若者正之？既与若同矣，恶能正之？使同乎我者正之？既同乎我矣，恶能正之？使异乎我与若者正之？既异乎我与若矣，恶能正之？使同乎我与若者正之？既同乎我与若矣，恶能正之？然则我与若与人俱不能相知也，而待彼也邪？

　　何谓和之以天倪？曰：是不是，然不然。是若果是也，则是之异乎不是也，亦无辩；然若果然也，则然之异乎不然也，亦无辩。化声之相待，若其不相待，和之以天倪⑧，因之以曼衍，所以穷年也。忘年忘义，振于无竟，故寓诸无竟。

注释

①瞿鹊子：与下文的长梧子均为虚构的人物。②夫子：此指孔子。③听荧：疑惑不解。④鹗(xiāo)炙：鹗，一种肉质鲜美、形似斑鸠的鸟。炙，烤肉。⑤芚(chūn)：无知的样子。⑥丽之姬：即骊姬，宠于晋献公，素以美貌称于世。⑦黮(dǎn)：昏暗不明的样子。⑧天倪：天然的分际。倪，分际。

译文

瞿鹊子向长梧子问道:"我从孔夫子那里听到这样的谈论:'圣人不从事琐细的事务,不追逐私利,不回避灾害,不喜好贪求,不因循成规;没说什么又好像说了些什么,说了些什么又好像什么也没有说,因而遨游于世俗之外。'孔夫子认为这些都是轻率不当的言论,而我却认为是精妙之道的实践和体现。先生你认为怎么样呢?"

长梧子说:"这些话黄帝也会疑惑不解的,孔丘又怎么能够知晓呢!而且,你也谋虑得太早,就好像见到鸡蛋便想立即得到报晓的公鸡，见到弹丸便想立即获取烤熟的斑鸠肉。我姑且给你随便说一说，你也就随便听一听。为什么不依傍日月，怀藏宇宙，跟万物吻合为一体，置各种混乱纷争于不顾，把卑贱与尊贵都等同起来呢？人们总是一心忙于去争辩，圣人却好像无知而自安，糅合古往今来多少变化、沉浮，与自身浑然一体。万物全都是这样，相互蕴积而不为纷杂错异所困扰。

"我怎么知道贪恋活在世上不是困惑呢？我又怎么知道厌恶死亡不是年幼流落他乡而老大还不知回归呢？丽姬是艾地管理疆界的官员的女儿。晋国迎娶她时，她哭得泪水浸透了衣襟；等她到了晋国王宫，跟晋献公同睡一床而被封为夫人，吃上美味珍馐，她也就后悔当初不该那么伤心地哭泣了。我又怎么知道那些死去的人不会后悔当初的求生呢？睡梦里饮酒作乐的人，天亮醒来后很可能痛哭饮泣；睡梦中痛哭饮泣的人，天亮醒来后又可能在欢快地打猎。正当他在做梦的时候，他并不知道自己是在做梦。睡梦中还会卜问所做之梦的吉凶，醒来以后方知是在做梦。人在最为清醒的时候方才知道他自身也是一场大梦，而愚昧的人则自以为清醒，好像什么都知晓、什么都明了。君呀、臣呀，这种看法实在是浅薄鄙陋呀！孔丘和你都是在做梦，我说你们在做梦，其实我也在做梦。上面讲的这番话，它的名字可以叫作奇特和怪异。万世之后假若一朝遇上一位大圣人，悟出上述一番话的道理，这恐怕也是偶然遇上的吧！"

假使我和你展开辩论，你胜了我，我没有胜你，那么你果真对，我果真错吗？我胜了你，你没有胜我，那么我果真对，你果真错吗？难道我们两人有谁是正确的，有谁是不正确的吗？难道我们两人都是正确的，或都是不正确的吗？我和你都无从知道，而世人原本也都承受着蒙昧与偏见，我们又能让谁做出正确的裁定？让观点跟你相同的人来判定吗？既然看法跟你相同，怎么能做出公正的评判？让观点跟我相同的人来判定吗？既然看法跟我相同，怎么能做出公正的评判？让观点不同于我和你的人来判定吗？既然看法不同于我和你，怎么能做出公正的评判？让观点跟我和你都相同的人来判定吗？既然看法跟我和你都相同，又怎么能做出公正的评判？如此，那么我和你跟大家都无从知道这一点，还等待别的什么人呢？

什么叫用自然的分际来调和是非呢？对的也就是不对的，这样的也就是不这样的。对的假如真是对的，那么对的不同于不对的，这就不需去争辩；这样的假如真是这样的，那么这样的不同于不这样的，这也不需去争辩。化声是相敌对而成的，若要使它们不相敌对，就应该用自然的分际来调和它，用无尽的变化来顺应它，用这样的办法来了此一生。忘掉死生、忘掉是非，到达无穷无尽的境界，因此圣人总把自己寄托于无穷无尽的境域之中。

罔两①问景②曰："曩③子行，今子止；曩子坐，今子起；何其无特操与？"

景曰："吾有待而然者邪？吾所待又有待而然者邪？吾待蛇蚹④蜩翼邪？恶识所以然？恶识所以不然？"

昔者庄周梦为胡蝶，栩栩然胡蝶也，自喻适志与，不知周也。俄然觉，则蘧蘧然⑤周也。不知周之梦为胡蝶与？胡蝶之梦为周与？周与胡蝶则必有分矣。此之谓物化⑥。

注释

①罔两：影子外围颜色较淡的部分。②景：通"影"，影子。③曩（nǎng）：以往，从前。④蚹（fù）：蛇肚腹下的横鳞，蛇赖此爬行。⑤蘧（qú）蘧然：惊觉的样子。⑥物化：泯除事物差别、物我同化。

译文

影子外围的浅色部分问影子："先前你行走，现在又停下；刚才你坐着，如今又站了起来；你怎么没有自己独立的操守呢？"

影子回答说："我是有所依凭才这样的吗？我所依凭的东西又有所依凭才这样的吗？我所依凭的东西难道像蛇的蚹鳞和鸣蝉的翅膀吗？我怎么知道为什么会是这样？我又怎么知道为什么不会是这样？"

过去庄周梦见自己变成蝴蝶，欣然自得地飞舞着，感到多么愉快和惬意啊，不知道自己原本是庄周。突然间醒来，惊觉原来是我庄周。不知是庄周

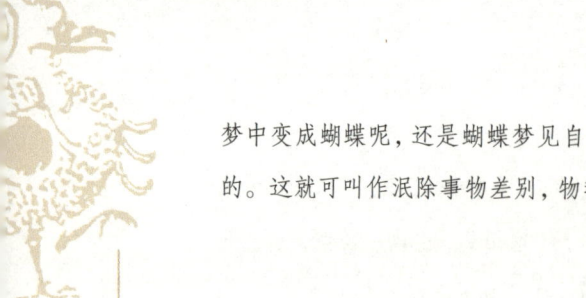

梦中变成蝴蝶呢,还是蝴蝶梦见自己变成庄周呢?庄周与蝴蝶必定是有区别的。这就可叫作泯除事物差别,物我同化。

养生主

吾生也有涯,而知也无涯。以有涯随无涯,殆已!已而为知者,殆而已矣!为善无近名,为恶无近刑。缘督以为经,可以保身,可以全生,可以养亲①,可以尽年。

庖丁②为文惠君③解牛,手之所触,肩之所倚,足之所履,膝之所踦,砉然向然④,奏刀騞然⑤,莫不中音,合于《桑林》之舞⑥,乃中《经首》之会⑦。

文惠君曰:"嘻,善哉!技盖至此乎?"

庖丁释刀对曰："臣之所好者道也,进乎技矣。始臣之解牛之时,所见无非牛者;三年之后,未尝见全牛也;方今之时,臣以神遇而不以目视,官知止而神欲行。依乎天理,批大郤⑧,导大窾⑨,因其固然。技经肯綮⑩之未尝,而况大軱乎?良庖岁更刀,割也;族庖月更刀,折也;今臣之刀十九年矣,所解数千牛矣,而刀刃若新发于硎。彼节者有间,而刀刃者无厚,以无厚入有间,恢恢乎其于游刃有馀地矣。是以十九年而刀刃若新发于硎。虽然,每至于族,吾见其难为,怵然为戒,视为止,行为迟,动刀甚微,謋然⑪已解,牛不知其死也,如土委地。提刀而立,为之四顾,为之踌躇满志,善刀而藏之。"

文惠君曰："善哉!吾闻庖丁之言,得养生焉。"

注释

①亲:此指"真君",即真精神。②庖(páo)丁:名叫丁的厨师。庖,厨师。③文惠君:即梁惠王。④砉(huā)然向然:形容宰牛时皮骨支离的声音。⑤騞(huō)然:以刀裂物的声音。⑥《桑林》之舞:配上《桑林》乐曲的舞蹈。《桑林》是殷汤的乐曲名。⑦《经首》之会:《经首》乐段的节奏。《经首》是尧帝乐曲《咸池》中的一个乐章。⑧大郤(xī):筋骨交接处的空隙。⑨大窾(kuǎn):骨节之间的空穴。⑩技经肯綮(qìng):"技"应作"枝"。枝经,经络相连的地方。肯,骨上附的肉。綮,筋骨结合的地方。⑪謋(huò)然:骨肉支离的声音。

译文

我的生命是有限的,而知识是无限的。用有限的生命去寻求无限的知识,太疲困了!明知疲困还去追求知识的话,简直疲困之极!做好事不要沾上名利,做坏事不要触犯刑罚。以自然之理作为常法,就可以保护身体,可以保全自然本性,可以蓄养精神,可以颐养天年。

庖丁给梁惠王宰牛,他手触肩顶、脚踩膝抵的动作,皮肉筋骨分离的声响,运刀解物的声音,没有一处不符合音律,既符合《桑林》的舞蹈节拍,又

符合《经首》的乐曲节奏。

梁惠王说："好啊！你的技术为何能达到这种程度呢？"

庖丁放下刀回答道："微臣所喜好的是道啊，远远超过技术层面。当初微臣在宰牛的时候，所见到的都是一头头完整的牛；三年以后，就再也看不见一头完整的牛了；到现在，微臣是用心神来领会，而不需要用眼睛来看，感官的功能停息了，可是心领神会正在进行。依照牛的天然肌理，用刀劈开筋骨交接的地方，伸向骨节之间的空穴，顺着它原本的结构进行分解。即便经络交错、骨肉相连的地方都没有碰到，更何况大块骨骼呢？好的厨师一年换一次刀，用来切割筋肉；一般厨子一个月换一次刀，用来砍骨头；现在微臣的刀已经用十九年了，宰过几千头牛，可是刀锋仍像刚在磨刀石上磨过一样。牛的骨节间有缝隙，而刀刃薄得仿佛没有厚度，以此切入骨节缝隙，刀刃运转游刃有余。所以这把刀用了十九年仍像新磨的一样。虽然如此，每次到了筋骨盘结的地方，我知道不容易下手，总是谨慎行事，凝神观察，缓慢行动，用刀非常细致，随着咔嚓声响，骨肉已经支离，就像土块掉在地上。我拿着刀站起来，不禁四下张望，感到志满意得，擦干净刀，然后把它收起来。"

梁惠王说："好啊！我听了庖丁的话，领悟出养生之道了。"

公文轩见右师①而惊曰："是何人也？恶乎介②也？天与？其人与？"曰："天也，非人也。天之生是使独也。人之貌有与也。以是知其天也，非人也。"

泽雉十步一啄，百步一饮，不蕲畜乎樊中。神虽王，不善也。

老聃③死，秦失④吊之，三号而出。弟子曰："非夫子之友邪？"曰："然。""然则吊焉若此可乎？"曰："然。始也吾以为其人也，而今非也，向吾入而吊焉，有老者哭之，如哭其子；少者哭之，如哭其母。彼其所以会之，必有不蕲言而言，不蕲哭而哭者，是遁天倍情，忘其所受，古者谓之遁天之刑。适来，夫子时也；适去，夫子顺也，安时而处顺，哀乐不能入也，古者谓是帝之县解⑤。"

指⁶穷于为薪，火传也，不知其尽也。

注释

①公文轩见右师：公文轩，姓公文，名轩，宋人。右师，官职名，借指某位任此职之人。②介：单足。③老聃：即老子。④秦失："失"又作"佚"。有道之士，老子的朋友。⑤帝之县解：帝，天。县，通"悬"，倒悬，此指捆缚。⑥指：疑为"脂"字之误，脂膏。

译文

公文轩见到右师十分惊讶，问道："这是什么样的人啊，怎么只有一只脚？是天生如此，还是人为的呢？"右师回答说："是天生的，不是人为原因。他天生就是单足。人的形貌是由上天赋予的。由此我明白他是天生的，不是人为的。"

泽畔的野鸡走十步才能啄到食，百步才能喝到水，但也不希望被畜养在樊笼之中。养在笼中即使精力旺盛，也并不舒服啊。

老聃死了，秦失去吊唁他，号哭三声就出来了。学生问道："你不是先生的朋友吗？"秦失回答："是的。"学生又问道："那么吊唁形式是这样的吗？"秦失答道："对的。起初我认为他是普通人，可是我现在并不这样看。刚才我进去吊唁时，有老年人在哭他，就像哭自己的儿子一样；有年轻人在哭他，就像哭自己的母亲一样。他们之所以聚集在这里，肯定有不愿吊唁却吊唁、不愿哭泣却哭泣的情况。这可是失去天性、违背真情的。丧失掉自己所禀受的本性，古时候把这个叫作伤天害理的刑罚。当来时，先生应时而来；当去时，先生顺天而去。先生安于时运，顺应天然，悲哀欢乐的感情是不能进入其中的，古时候把这个叫作解除了天然的束缚。"

脂膏作为烛薪有燃尽的时候，可是火还在延续，从不知道它会终结啊。

人间世

颜回①见仲尼,请行。曰:"奚之?"曰:"将之卫。"曰:"奚为焉?"曰:"回闻卫君,其年壮,其行独②,轻用其国,而不见其过。轻用民死,死者以国量乎泽若蕉③,民其无如矣。回尝闻之夫子曰:'治国去之,乱国就之,医门多疾。'愿以所闻思其则,庶几其国有瘳④乎!"

仲尼曰:"譆,若殆⑤往而刑耳!夫道不欲杂。杂则多,多则扰,扰则忧,忧而不救。古之至人,先存诸己而后存诸人;所存于己者未定,何暇至于暴人之所行!

"且若亦知夫德之所荡而知之所为出乎哉?德荡乎名,知出乎争。名也者,相札也;知也者,争之器也。二者凶器,非所以尽行也。

"且德厚信矼⑥,未达人气;名闻不争,未达人心。而强以仁义绳墨之言术暴人之前者,是以人恶育其美也,命之曰菑人。菑人者,人必反菑之。若殆为人菑夫!且苟为悦贤而恶不肖,恶用而求有以异?若唯无诏,王公必将乘人而斗其捷。而目将荧之,而色将平之,口将营之,容将形之,心且成之。是以火救火,以水救水,名之曰益多。顺始无穷,若殆以不信厚言,必死于暴人之前矣!

"且昔者桀杀关龙逢⑦,纣杀王子比干⑧,是皆修其身以下伛拊⑨人之民,以下拂其上者也,故其君因其修以挤之。是好名者也。昔者尧攻丛、枝⑩、胥敖,禹攻有扈⑪,国为虚厉,身为刑戮。其用兵不止,其求实无已,是皆求名实者也,而独不闻之乎?名实者,圣人之所不能胜也,而况若乎?虽然,若必有以也,尝以语我来。"

注释

①颜回:字子渊,鲁国人,孔子弟子。②行独:独断专行。③若蕉:蕉,泽中草芥。比喻死者极多。④有瘳(chōu):指疾病可以治愈。瘳,病

愈。⑤殆：恐怕。⑥信矼(qiāng)：诚实。⑦桀杀关龙逢：桀，夏朝末代暴君。关龙逢，桀时的贤臣，因谏言而被斩首。⑧纣杀王子比干：纣，商朝末代暴君。王子比干，商王室重臣，因忠谏而惨死。⑨伛拊(yǔ fǔ)：怜爱抚养。⑩丛、枝：传说中的小国名。⑪有扈：古国名。

译文

　　颜回前去拜见孔子，并向他辞行。孔子问："要到哪里去？"颜回回答说："准备去卫国。"孔子又问："干什么去？"颜回说："我听说卫国的国君，年轻气盛，横行霸道，他轻率地处理国家大事，却无视自己的过失。他轻率地动用民力导致百姓死亡，全国死去的人可以填满大泽，多得像大泽中的草芥，百姓都无路可走了。我曾经听您讲：'国家大治就要离去，国家混乱就要前往，就像医生门前病人多一样。'我希望听从您的教导，思考治国的良策，那么卫国可以得到整治吧！"

　　仲尼说："唉，恐怕你去了之后会遭杀害！推行道是不能心志杂乱的。心志杂乱就会多事，多事就会产生纷扰，产生纷扰就会有忧患，产生忧患就难以救治。古时的智者，首先保全自己，如此才能保全别人；连自己都保全不了，又怎么去制止暴君的恶行！

　　"而且你也知道道德沦丧、智慧外露的原因吧？道德沦丧是因为沽名钓誉，智慧外露是因为争强好胜。名誉是人相互倾轧的原因，智慧是人们争斗的工具。这两者都是凶器，不能把它们推行于世。

　　"而且，一个人即使道德纯厚，行为笃实，也未必能够了解别人的思想状况；不与别人争夺名声，也未必能知晓别人的心理情形。如果非要将侠义准则的话在暴君面前夸耀，别人会认为你利用他人的恶行来炫耀自己的美德，而把你的行为称作害人。害人的人，别人一定会来害他。你恐怕会遭他人所害啊！况且如果卫国国君渴求贤能而讨厌不肖之徒，又何须你去改变呢？你除非不向他进谏，否则他肯定会趁你失误之机，施展他的辩才，你的双眼会因被迷惑而眩晕，你的神色会慢慢平静下来，你会喋喋嚅嚅地为自己辩解，你的脸上会流露出顺从的表情，你的内心也会认同他的主张。这就如同用火去救火灾，用水去救水灾，可谓是错上加错。如果刚开始你顺从他，就一定会顺从下去。如果他根本不信你的诤谏，那你必将死在暴君面前了！

"而且，过去桀王杀害关龙逢、纣王杀害比干，都是因为他们修身立德，以臣下的地位爱抚百姓，以臣下的地位违逆凶残的君王，所以君王因他们修身立德而迫害他们并将他们杀害。这就是爱好名声的结果。当年尧帝征伐丛、枝和胥敖，夏禹攻打有扈，这些国家变成废墟，人民死绝、国君被杀，这是因为他们不断用兵，贪求别国的土地和人口。这些都是追名逐利的结果。你没有听说过吗？即使圣人也很难超脱名利，何况是你呢？虽然如此，你必定有你劝谏的办法，请尝试着告诉我吧！"

颜回曰："端而虚，勉而一，则可乎？"曰："恶①，恶可！夫以阳为充孔扬，采色不定，常人之所不违。因案人之所感，以求容与其心，名之曰日渐之德不成，而况大德乎！将执而不化，外合而内不訾②，其庸讵③可乎！"

"然则我内直而外曲，成而上比。内直者，与天为徒。与天为徒者，知天子之与己，皆天之所子。而独以己言蕲乎而人善之，蕲乎而人不善之邪？若然者，人谓之童子，是之谓与天为徒。外曲者，与人为徒也。擎跽曲拳，人臣之礼也，人皆为之，吾敢不为邪？为人之所为者，人亦无疵焉，是之谓与人为徒，成而上比者，与古为徒，其言虽教，谪④之实也，古之有也，非吾有也。若然者，虽直而不病，是之谓与古为徒。若是则可乎？"仲尼曰："恶，恶可！大多政法而不谍⑤。虽固，亦无罪。虽然，止是耳矣，夫胡可以及化！犹师心者也。"

颜回曰："吾无以进矣，敢问其方。"仲尼曰："斋，吾将语若。有而为之，其易邪？易之者，暤天不宜。"

颜回曰："回之家贫，唯不饮酒不茹荤者数月矣。如此则可以为斋乎？"曰："是祭祀之斋，非心斋也。"

回曰："敢问心斋。"仲尼曰："若一志，无听之以耳而听之以心，无听之以心而听之以气。听止于耳，心止于符。气也者，虚而待物者也，唯道集虚。虚者，心斋也。"

颜回曰："回之未始得使，实有回也；得使之也，未始有回也。可谓虚乎？"夫子曰："尽矣！吾语若：若能入游其樊而无感其名，入则鸣，不入则止，无门无毒，一宅而寓于不得已，则几矣。绝迹易，无行地难。为人使易以伪，为天使难以伪。闻以有翼飞者矣，未闻以无翼飞者也；闻以有知知者矣，未闻以无知知者也。瞻彼阕⑥者，虚室生白，吉祥止止。夫且不止，是之谓坐驰，夫徇耳目内通而外于心知，鬼神将来舍，而况人乎！是万物之化也，禹、舜之所纽也，伏戏、几蘧⑦之所行终，而况散焉者⑧乎！"

注释

①恶：叹词，驳斥之声，表否定。②訾(zī)：考虑。③庸讵(jù)：难道，怎么。④谪(zhé)：责备。⑤谍：适当。⑥阕(què)：空虚。⑦伏戏、几蘧：伏戏，即伏羲，与几蘧均为传说中的帝王。⑧散焉者：普通人。

译文

颜回说："外貌端庄而内心谦虚，勉力行事而意志专一，这样可以吗？"孔子说："唉，这怎么可以呢！卫君骄气横溢，喜怒无常，平常人都不敢违拗他。为了自己内心的快适而压制臣下的忠言，他这种人，每天用小德慢慢感化都不会有成效，更何况用大德来劝导呢？他必将固执己见而不会改变，即使表面赞同，内心也不会对自己的言行进行反省，你采取的方法如何能行呢？"

颜回说："如此，那我就内心诚直而外表恭敬，内心自有主见并处处拿古代贤人作比。所谓'内心诚直'，就是与自然同类。与自然同类的，就可知道国君与自己的本性都是天生的，又何必把自己的言论宣之于外而希望得到人们的赞同或者不赞同呢？像这样做，人们就会称之为童心未泯，这就叫与自然为同类。所谓'外表恭敬'，是与世人为同类。手拿朝笏躬身朝拜，这是人臣应尽的礼节，人家都这么去做，我敢不这么做吗？做大家所做的事，别人就不会责难我，这就叫与世人为同类。心有成见上比古代贤人，是与古人为同类，他们的言论虽然很有教益，指责世事才是真情实意。自古就有这样的做法，并不是我自己编造的，这样做，虽然刚正直谏却也不会受到伤害，这就

庄子选译○内篇

叫与古人为同类,这样做可以吗?"孔子说:"唉,怎么可以呢!太多正人之法而又不妥当,虽然固陋而不通达也没有什么罪责。即使这样又怎么能感化他呢!你太固守于自己的成见了。"

颜回说:"我没有什么更好的方法了,请问您有什么方法。"孔子说:"你去斋戒,我来告诉你。你做事虽然有诚意,但是哪有那么容易成功呢?太容易了,就不符合自然规律。"

颜回说:"我家里很贫穷,几个月不曾喝酒吃肉了。如果这样,算是斋戒吗?"孔子说:"这是符合祭祀的那种斋戒,但不是精神上的斋戒。"

颜回说:"请问什么是精神上的斋戒?"孔子说:"你要精神集中,不要用耳朵去听,而要用心灵体会;不仅要用心灵去体会,而且要用气去感应。听只能局限于耳朵所能听到的事物,心灵的体会只局限于事物的种种迹象,而气则是空明而包容万物的。道只有在这空虚的心境之中,达到心灵的虚空,才是精神上的斋戒。"

颜回说:"我没有听到这些道理时,确实不能忘我;我接受了这些道理后,开始觉得从没有一个实在的我,这算是达到虚空境界了吗?"孔子说:"你的理解很深刻!让我来告诉你,你到了卫国不能为名利所动,卫国国君听取你的意见你就说,不听取你就不说;不摆出医师的架子,不把自己的主张看作治病的良方;心灵安于专一,把自己寄托在无可奈何的事物中,那就差不多了。人不走路很容易,但走路时脚不着地却很困难。顺应世俗就容易产生虚伪,而顺应自然法则就难以虚伪。听说过有翅膀能飞翔的,但没有听说过没有翅膀也能飞翔的;听说过有智慧能了解事物,没有听说过没有智慧也可以了解事物的。观察那虚空的境界,空明的心境可以产生光明,喜庆好事的征兆就会不断出现。如果内心无法宁静,这就叫身体在而心灵驰骋。使耳目感官通达于心,排除心智,鬼神也会来依附,更何况是人呢!这就是万事万物的变化,是禹和舜都把握到的关键,也是伏羲、几蘧都始终遵循的法则,更何况普通人呢!"

叶公子高①将使于齐,问于仲尼曰:"王使诸梁也甚重,齐之待使者,盖将甚敬而不急。匹夫犹未可动，而况诸侯乎！吾甚栗之。子常语诸梁也曰：'凡事若小若大，寡不道以欢成。'事若不成，则必有人道之患；事若成，则必有阴阳之患。若成若不成而后无患者，唯有德者能之。吾食也执粗而不臧，爨②无欲清之人。今吾朝受命而夕饮冰，我其内热与！吾未至乎事之情而既有阴阳之患矣！事若不成，必有人道之患，是两也。为人臣者不足以任之，子其有以语我来！"

仲尼曰："天下有大戒二：其一命也，其一义也。子之爱亲，命也，不可解于心；臣之事君，义也，无适而非君也，无所逃于天地之间。是之谓大戒。是以夫事其亲者，不择地而安之，孝之至也；夫事其君者，不择事而安之，忠之盛也；自事其心者，哀乐不易施③乎前，知其不可奈何而安之若命，德之至也。为人臣子者，固有所不得已。行事之情而忘其身，何暇至于悦生而恶死！夫子其行可矣！

"丘请复以所闻：凡交近则必相靡以信，远则必忠之以言，言必或传之。夫传两喜两怒之言④，天下之难者也。夫两喜必多溢美之言，两怒必多溢恶之言。凡溢之类妄，妄则其信之也莫，莫则传言者殃。故法言曰：'传其常情，无传其溢言，则几乎全。'且以巧斗力者，始乎阳，常卒乎阴，泰至则多奇巧；以礼饮酒者，始乎治⑤，常卒乎乱，泰至则多奇乐。凡事亦然，始乎谅，常卒乎鄙。其作始也简，其将毕也必巨。

"夫言者，风波也；行者，实丧也。风波易以动，实丧易以危。故忿设无由，巧言偏辞。兽死不择音，气息茀然，于是并生心厉。剋核大至，则必有不肖之心应之，而不知其然也。苟为不知其然也，孰知其所终？故法言曰：'无迁令，无劝成，过度益也'。迁令劝成殆事，美成⑥在久，恶成不及改，可不慎与？且夫乘物以游心，托不得已以养中，至矣。何作为报也！莫若为致命⑦，此其难者。"

注 释

①叶公子高：春秋时楚国贵族，封地在叶。西汉刘向所著《新序》记载有"叶公好龙"的故事。②爨（cuàn）：炊，烹饪食物。③施：移动，影响。

④两喜两怒之言：两国国君或喜或怒的言辞。⑤治：指合乎常理和规矩。⑥美成：美好的事情要做成功。⑦为致命：原原本本地传达国君的意见。

译 文

叶公子高将要出使齐国，他向孔子请教："楚王派我诸梁出使齐国，责任重大。齐国接待外来使节，总是表面恭敬而内心怠慢。平常老百姓尚且不易说服，何况是诸侯呢！我心里十分害怕。您常对我说：'事情无论大小，很少有不通过言语的交往就获得圆满结果的。事情如果办不成，那么必定会受到国君惩罚；事情如果办成了，那又一定会忧喜交集酿出祸患。事情办成或者办不成都不会留下祸患，只有道德高尚的人才能做到。'我每天吃的都是粗糙的食物，烹饪食物的人也就无须为我解凉散热。我今天接受国君诏命，到了晚上就得饮用冰水，恐怕是因为我内心焦躁担忧吧！我还不曾接触到事的真情，就已经有了忧喜交加所导致的病患；事情假如真办不成，那一定还会受到国君惩罚。成与不成这两种结果，做臣子的我都不足以承担，先生你大概有什么避祸的方法可以教导我吧！"

孔子说："天下有两个足以为戒的大法：一是天命，一是道义。做儿女的敬爱双亲，这是自然的天性，是无法解释的；臣子侍奉国君，这是人为的道义，无论到什么地方都不会没有国君的统治，这是无法逃避的现实。这就叫作足以为戒的大法。所以，侍奉双亲的人，无论什么样的境遇都要使父母安适，这是孝心的最高表现；侍奉国君的人，无论办什么样的事都要让国君放心，这是尽忠的极致。注重自我修养的人，悲哀和欢乐都不容易使他受到影响。知道世事艰难，无可奈何却又能安于处境、顺应自然，这就是道德修养的最高境界。做臣子的原本就会有不得已的事情，遇事要能把握真情并忘掉自身，哪里还顾得上眷恋人生、厌恶死亡呢！你这样去做就可以了！

"不过我还是把我所听到的道理告诉你：凡与邻近国家交往一定要用诚信使相互之间和顺亲近，而与远方国家交往则必定要用语言来表示相互间的忠诚。国家间交往的语言总得有人相互传递。传递两国国君喜怒的言辞，是天下最困难的事。两国国君喜悦的言辞必定添加了许多过分的夸赞，两国国君愤怒的言辞必定添加了许多过分的憎恶。大凡过分的话语都类似于虚构，虚构的言辞其真实程度也就值得怀疑，国君产生怀疑，传达信息的使者就要遭殃。所以，古代格言说：'传达平实的言辞，不要传达过分的话语，那么也就差不多可以保全自己了。'况且以智巧相互较量的人，开始时平和开朗，后来就常常暗使计谋，达到极点时则大耍阴谋、倍生诡计；按照礼节饮酒的人，开始时规规矩矩合乎人情，到后来常常一片混乱大失礼仪，达到极点时则荒诞淫乐、放纵无度。无论什么事情恐怕都是这样：开始时相互信任，到头来互相欺诈；开始时征兆细微，临近结束时便酿成大祸。

"言语犹如风吹的水波，传达言语定会有得有失。风吹波浪容易动荡，有了得失容易出现危难。所以，愤怒发作没有什么缘由，就是因为言辞虚浮而又片面失当。猛兽临死时什么声音都叫得出来，气息急促喘息不定，于是迸发伤人害命的恶念。大凡过分苛责，必会产生不好的念头来应付，而他自己也不知道这是怎么回事。假如做了些什么而他自己却又不知道那是怎么回事，谁还能知道他会有怎样的结果！所以，古代格言说：'不要随意改变已经下达的命令，不要勉强他人去做力不从心的事，事情做过头一定是多余的。'改变成命或者强人所难都是危险的，成就一桩好事要经历很长的时间，坏事一旦做出悔改是来不及的。行为处世能不审慎吗！至于顺应自然而使心志自在遨游，一切都寄托于无可奈何以养蓄神智，这就是最好的办法。有什么必要在意回报！不如原原本本地传达国君所给的使命，这样做有什么困难呢！"

颜阖将傅卫灵公太子，而问于蘧伯玉曰："有人于此，其德天杀。与之为无方则危吾国，与之为有方则危吾身。其知适足以知人之过，而不知其所以过。若然者，吾奈之何？"①

蘧伯玉曰："善哉问乎！戒之慎之，正女身也哉！形莫若就，心莫若和。虽然，之二者有患。就不欲入，和不欲出。形就而入，且为颠为灭，为崩为蹶；心和而出，且为声为名，为妖为孽。彼且为婴儿，亦与之为婴儿；彼且为无町畦，亦与之为无町畦；彼且为无崖，亦与之为无崖；达之入于无疵。

"汝不知夫螳螂乎？怒其臂以当车辙，不知其不胜任也，是其才之美者也。戒之慎之，积伐②而美者以犯之，几矣！汝不知夫养虎者乎？不敢以生物与之，为其杀之之怒也；不敢以全物与之，为其决之之怒也。时其饥饱，达其怒心。虎之与人异类，而媚养己者，顺也；故其杀者，逆也。夫爱马者，以筐盛矢③，以蜄盛溺④，适有蚊虻仆缘⑤，而拊之不时，则缺衔毁首碎胸。意有所至而爱有所亡，可不慎邪！"

匠石之齐，至于曲辕，见栎社树。其大蔽数千牛，絜之百围⑥，其高临山，十仞而后有枝，其可以为舟者旁十数。观者如市，匠伯不顾，遂行不辍。弟子厌观之，走及匠石，曰："自吾执斧斤以随夫子，未尝见材如此其美也，先生不肯视，行不辍，何邪？"曰："已矣，勿言之矣，散木也。以为舟则沉，以为棺椁则速腐，以为器则速毁，以为门户则液樠，以为柱则蠹。是不材之木也，无所可用，故能若是之寿。"

匠石归，栎社见梦曰："女将恶乎比予哉？若将比予于文木邪？夫柤梨橘柚果蓏之属，实熟则剥，剥则辱，大枝折，小枝泄⑦，此以其能苦其生者也。故不终其天年而中道夭，自掊击于世俗者也。物莫不若是。且予求无所可用久矣！几死，乃今得之，为予大用。使予也而有用，且得有此大也邪？且也若与予也皆物也，奈何哉其相物也？而几死之散人⑧，又恶知散木！"

匠石觉而诊其梦。弟子曰："趣取无用，则为社何耶？"曰："密！若无言！彼亦直寄焉，以为不知己者诟厉也。不为社者，且几有翦乎！且也彼其所保与众异，而以义誉之，不亦远乎！"

注 释

①"颜阖"句：颜阖（hé），姓颜名阖，鲁国贤人。傅，太子的老师，这里当动词用。卫灵公太子，即蒯聩。蘧伯玉，姓蘧，名瑗，字伯玉，卫国贤大夫。②积伐：多次夸赞。③矢：通"屎"，粪便。④以蜄（shèn）盛溺：蜄，同"蜃"，指大蛤蜊壳。溺，马尿。⑤蚊虻仆缘：蚊虻附在马身上叮咬。⑥絜（xié）之百围：絜，测量周长。围，两臂合抱为一围。⑦泄：通

"抈"。即用力拉。⑧散人：平凡普通的人。

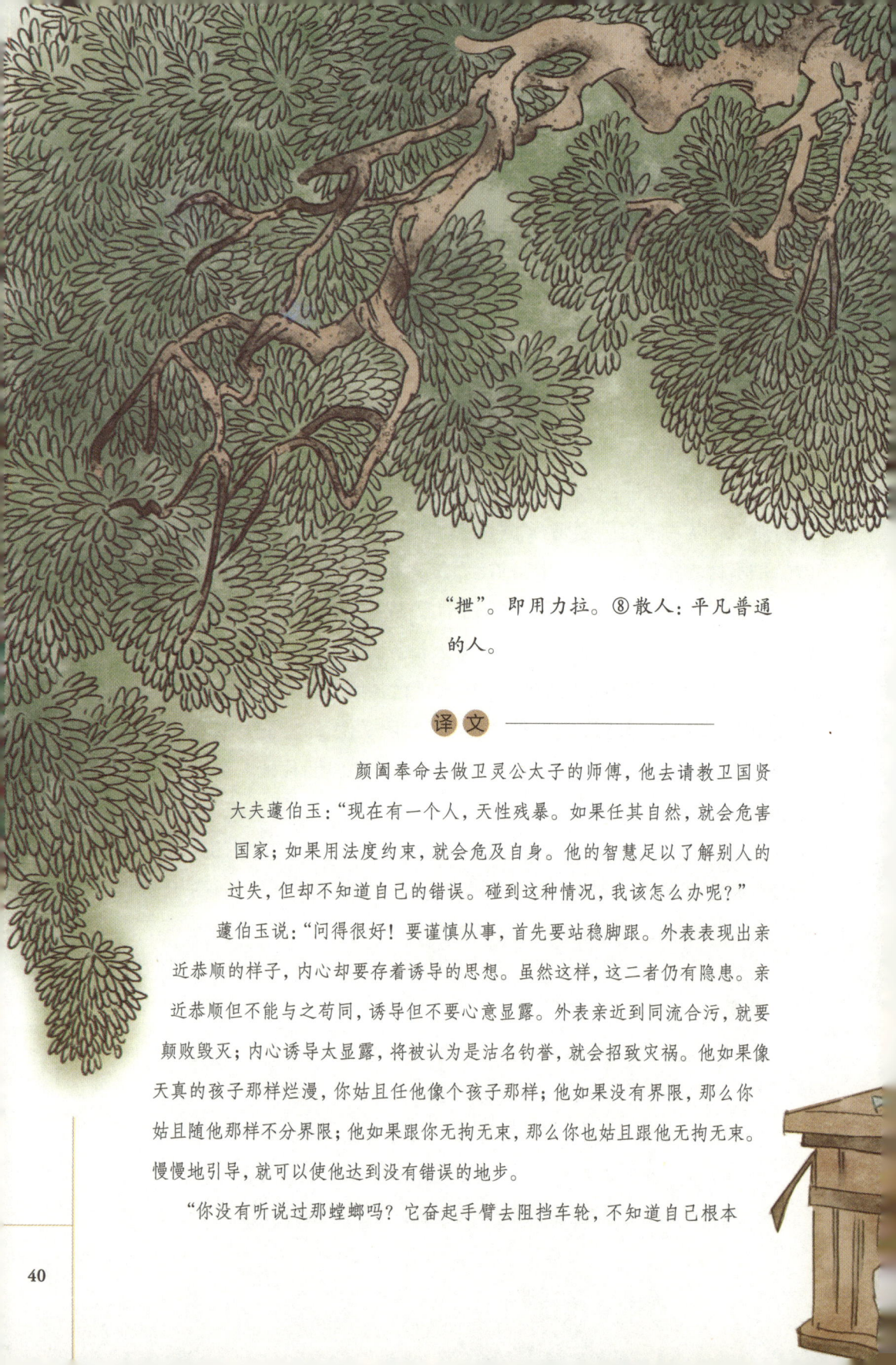

译文

颜阖奉命去做卫灵公太子的师傅，他去请教卫国贤大夫蘧伯玉："现在有一个人，天性残暴。如果任其自然，就会危害国家；如果用法度约束，就会危及自身。他的智慧足以了解别人的过失，但却不知道自己的错误。碰到这种情况，我该怎么办呢？"

蘧伯玉说："问得很好！要谨慎从事，首先要站稳脚跟。外表表现出亲近恭顺的样子，内心却要存着诱导的思想。虽然这样，这二者仍有隐患。亲近恭顺但不能与之苟同，诱导但不要心意显露。外表亲近到同流合污，就要颠败毁灭；内心诱导太显露，将被认为是沽名钓誉，就会招致灾祸。他如果像天真的孩子那样烂漫，你姑且任他像个孩子那样；他如果没有界限，那么你姑且随他那样不分界限；他如果跟你无拘无束，那么你也姑且跟他无拘无束。慢慢地引导，就可以使他达到没有错误的地步。

"你没有听说过那螳螂吗？它奋起手臂去阻挡车轮，不知道自己根本

不能做到这一点，反而认为这是自己最得意的力量。要警惕小心啊！多次地夸耀自己最得意的东西会触犯太子，这就和螳螂差不多了。你不知道那养虎之人吗？不敢拿活的动物给老虎吃，因为这样做会激起它的凶残。注意顺应它饥饱的状态，疏导它凶残的本性。老虎不同于人类，却顺从喂养它的人，这是因为人顺应了它的天性。而人被老虎咬死，是因为违背了它的天性。那些爱马的人，用精美的筐子去盛装马粪，用大蛤蜊的壳去盛装马尿，正巧遇到蚊虻叮咬马，就不是时候地拍打它，马就会咬断口勒，撞毁笼头，磨碎肚带。本是好意却适得其反，难道行事不应该谨慎吗！"

有个姓石的木匠到齐国曲辕，看见被人们称为神树的栎树。那棵树非常高大，树荫可以遮蔽数千头牛，测量它的树干足有一百围粗，树高达至山顶，几丈高的地方才长树枝，可以用来造船的树枝都有几十枝。参观它的人如同在赶集。这位匠人不去看它，不停地向前走。他的徒弟在那看够了，跑着赶上木匠说："自从我拿着斧子跟随您做木工，还没有见过这么大的树，先生不肯看一眼，却向前走个不停，这是为何呢？"木匠回答说："算了，不要再说了！那木头是无用之物，做成船它会沉没，做成棺材它会很快腐朽，做器具它会很快毁坏，做门户它会树汁外渗，做成柱子它会被虫子蛀蚀。这是一棵不能成材的树木，没有一点用处，所以才有这么长的寿命。"

木匠回来后，梦见社神的栎树对他说："你拿什么东西跟我做比呢？你拿我同可用之木比较吗？那些山楂树、梨树、橘树、柚子树，以及瓜果树之类的，果实成熟后就会被打落，打落下来就会受辱，大的树枝被折断，小的树枝被拉扯。这都是因为它们的用处害苦了它们的生命。所以，它们不能享其天年而中途夭折，是因为它们自己显露了用处而招来世俗的打击。任何事物都是如此。我寻求没有用的办法已经很久了，几乎死去，如今才获得这个办法，这无用之能正是大用，还有比这更大的用途吗？你和我都是自然界中的事物罢了，怎么能够用这种方式看待事物呢？你是将要死亡的普通人，又如何知道树木无用的道理呢！"

木匠醒来后说出了他的梦。徒弟说："它自己希望无用，又怎么能为社神之树呢？"木匠说："闭嘴！你不要再说了！它只不过是寄寓于此，使那些不理解它的人去诟骂它，从而保全自己。如果不做社神，它一定会被砍伐！它保全自身的方法与众不同，如果用常理来理解它，不是相差太远了吗！"

南伯子綦游乎商之丘①，见大木焉，有异，结驷千乘，隐将芘其所藾。子綦曰："此何木也哉？此必有异材夫！"仰而视其细枝，则拳曲而不可以为栋梁；俯而视其大根，则轴解而不可以为棺椁；咶②其叶则口烂而为伤，嗅之则使人狂酲③，三日而不已。

子綦曰："此果不材之木也，以至于此其大也。嗟乎，神人以此不材。"

宋有荆氏④者，宜楸柏桑。其拱把而上者，求狙猴之杙⑤者斩之；三围四围，求高名之丽者斩之；七围八围，贵人富商之家求樿傍⑥者斩之。故未终其天年，而中道之夭于斧斤，此材之患也。故解之以牛之白颡者，与豚之亢鼻⑦者，与人有痔病者，不可以适河。此皆巫祝以知之矣，所以为不祥也。此乃神人之所以为大祥也。

支离疏⑧者，颐隐于脐，肩高于顶，会撮指天⑨，五管在上，两髀为胁。挫针治繲⑩，足以糊口；鼓策播精，足以食十人。上征武士，则支离攘臂而游于其间；上有大役，则支离以有常疾不受功；上与病者粟，则受三钟与十束薪。夫支离其形者，犹足以养其身，终其天年，又况支离其德者乎！

孔子适楚，楚狂接舆游其门曰："凤兮凤兮，何如德之衰也！来世不可待，往世不可追也！天下有道，圣人成焉；天下无道，圣人生焉。方今之时，仅免刑焉；福轻乎羽，莫之知载；祸重乎地，莫之知避。已乎，已乎！临人以德；殆乎，殆乎！画地而趋。迷阳迷阳，无伤吾行！吾行郤曲，无伤吾足。"

山木自寇也；膏火自煎也。桂可食，故伐之；漆可用，故割之。人皆知有用之用，而莫知无用之用也。

注释

①商之丘：即商丘，在今河南。②咶（shì）：同"舐"，用舌舔。③酲（chéng）：酒醉。④荆氏：地名。⑤杙（yì）：用来系牲畜的小木桩。⑥樿（shàn）傍：指每边由整块板做成的棺材。⑦亢鼻：指鼻孔上翻。亢，高。⑧支离疏：虚构的人物。⑨会撮指天：因为脊背弯曲，所以发髻朝天。会撮，发髻。⑩繲（jiè）：洗衣。

译文

南伯子綦在商丘一带游乐，看见一棵大得异乎寻常的树，上千辆驾着四马的大车也能被荫蔽在树荫下歇息。子綦说:"这是什么树呢?这树一定是特异之材啊!"仰头观看大树的树枝,弯弯扭扭的树枝并不可以用来做栋梁;低头观看大树的主干,树心直到表皮旋着裂口并不可以用来做棺椁;用舌舔一舔树叶,口舌溃烂受伤;用鼻闻一闻气味,使人像喝醉了酒,三天三夜还醒不过来。

子綦说:"这果真是什么用处也没有的树木,以至于长到这么高大。唉,精神世界完全超脱物外的'神人',就像这不成材的树木呢!"

宋国有个叫荆氏的地方,很适合楸树、柏树、桑树的生长。树干长到一两把粗,做系猴子的木桩的人便把树木砍去;树干长到三四围粗,地位高贵、声名显赫的人家寻求建屋的大梁便把树木砍去;树干长到七八围粗,达官贵人、富家商贾寻找整幅的棺木又把树木砍去。所以,它们始终不能终享天年,而因半道上被刀斧砍伐而短命。这就是材质有用带来的祸患。因此古人祈祷神灵消除灾害,总不把白色额头的牛、鼻孔上翻的猪,以及患有痔漏疾病的人沉入河中去用作祭奠。这些情况巫师全都了解,认为他们都是很不吉祥的。不过这正是"神人"所认为的世上最大的吉祥。

有个名叫支离疏的人,下巴隐藏在肚脐下,双肩高于头顶,后脑下的发髻指向天空,五脏的腧穴也都向上,两条大腿和两边的胸肋并生在一起。他给人缝衣浆洗,足够度日;又替人筛糠簸米,足可养活十口人。国君征兵时,支离疏捋袖扬臂在征兵人面前走来走去;国君有大的差役,支离疏因身有残疾而免除劳役;国君向残疾人赈济米粟,支离疏还领得三钟粮食十捆柴草。像支离疏那样形体残缺不全的人,还足以养活自己,终享天年,更何况忘其德行的人呢!

孔子到楚国,楚国佯狂不仕的接舆游荡在孔子的门前唱道:"凤鸟啊凤鸟!为何道德会这样衰败。来世让人们无法期待,往世又无法返回。天下有道,圣人的事业可以成功;天下无道,圣人只能保全性命。当今这个时代,只求免于刑罚。福祉比羽毛还轻,没有人知道去享受它。灾难比大地还重,没有人知道去避免它。罢了罢了,别在人面前夸赞自己的品德。危险啊危险,不要在地上制定规则让人遵循。棘刺啊棘刺,不要妨碍我走路。走路退却转弯,不要刺伤了我的双脚!"

山木自己招致砍伐,油脂自己招致燃烧。桂树因为可以食用,所以遭人砍伐；漆树因为有用，所以遭人刀割。人们都知道"有用"的作用，却不知道"无用"的作用。

德充符

鲁有兀者王骀①，从之游者，与仲尼相若。常季②问于仲尼曰："王骀，兀者也，从之游者，与夫子中分鲁。立不教，坐不议，虚而往，实而归。固有不言之教，无形而心成者邪？是何人也？"仲尼曰："夫子，圣人也。丘也直后而未往耳。丘将以为师，而况不若丘者乎！奚假鲁国，丘将引天下而与从之。"

常季曰："彼兀者也，而王先生，其与庸亦远矣。若然者，其用心也，独若之何？"仲尼曰："死生亦大矣，而不得与之变；虽天地覆坠，亦将不与之遗。审乎无假而不与物迁，命物之化而守其宗也。"

常季曰："何谓也？"仲尼曰："自其异者视之，肝胆楚越也；自其同者视之，万物皆一也。夫若然者，且不知耳目之所宜，而游心乎德之和。物视其所一而不见其所丧，视丧其足犹遗土也。"

常季曰："彼为己，以其知得其心，以其心得其常心。物何为最之哉？"仲尼曰："人莫鉴于流水，而鉴于止水。唯止能止众止。受命于地，唯松柏独也，在冬夏青青；受命于天，唯尧、舜独也正，在万物之首。幸能正生，以正众生。夫保始之征，不惧之实，勇士一人，雄入于九军③。将求名而能自要者，而犹若是，而况官天地、府万物、直寓六骸④，象耳目，一知之所知，而心未尝死者乎！彼且择日而登假？人则从是也。彼且何肯以物为事乎！"

申徒嘉，兀者也，而与郑子产同师于伯昏无人。⑤子产谓申徒嘉曰："我先出则子止，子先出则我止。"其明日又与合堂同席而坐，子产谓申徒嘉曰："我先出则子止，子先出则我止。今我将出，子可以止乎？其未邪？且子见执政而不违，子齐执政乎？"申徒嘉曰："先生之门，固有执政焉如此哉？子而说子之执政而后人者也。闻之曰：鉴明则尘垢不止，止则不明也。久与贤人处则无过。今子之所取大者，先生也，而犹出言若是，不亦过乎！"

子产曰："子既若是矣，犹与尧争善。计子之德，不足以自反邪？"申徒嘉曰："自状其过，以不当亡者众；不状其过，以不当存者寡。知不可奈何，而安之若命，唯有德者能之。游于羿之彀中⑥，中央者，中地也，然而不中者，命也。人以其全足笑吾不全足者多矣，我怫然⑦而怒；而适先生之所，则废然⑧而反。不知先生之洗我以善邪？吾与夫子游十九年矣，而未尝知吾兀者也。今子与我游于形骸之内，而子索我于形骸之外，不亦过乎！"子产蹴然⑨改容更貌曰："子无乃称！"

注释

①兀者王骀：兀者，被处刖刑断足的人。王骀，虚构的人物。②常季：传说是孔子弟子。③九军：天子六军，诸侯三军，统称九军。④六骸：两手两足、头和身，代指人的躯体。⑤"申徒嘉"句：申徒嘉，姓申徒，名嘉，郑国人。子产，即公孙侨，春秋时期郑国政治家、思想家。伯昏无人，虚构人物。⑥羿之彀（gòu）中：羿，传说中射箭能手。彀中，弓箭的射程之内。彀，用力张弓。⑦怫（fú）然：愤怒的样子。⑧废然：消除怒气状。⑨蹴（cù）然：脸色惭愧不安状。

译文

鲁国有个断了足的人叫王骀，跟他学习的人数同跟随孔子学习的人数差不多。常季问孔子："王骀是个断足之人，在鲁国跟从他学习的人同跟从先生学习的人数量平分秋色。他站着不施教诲，坐着不发议论。学生虚空而往，满载而归。岂有不说话的教学，能使学生于无形之中心领神会的呢？他是怎样一个人呢？"孔子说："那先生是个圣人啊。我只是落在后面未能求见他呀。我准备拜他为师，何况那些不如我的人呢？岂止是鲁国人，我将要带领天下人跟他学习。"

常季说："他是个断了足的人，可是却胜过先生，更远远超过了常人。像这种人，他的思想究竟是怎样的呢？"孔子说："生死之事也够大的了，他却不会因为这个有所变化；纵然天塌地陷，他也不会随之消失；他明察真谛而不随外在的变化而改变，主宰万物的变化而坚守自己的根本。"

常季说："这是什么意思呢？"孔子说："从不同的角度观察，肝和胆就好像楚国和越国的距离那么远；从相同的角度观察，万物都是一样的。像王骀这种人，无意思索什么才是耳目感到适宜的，只让心神遨游在道德的和谐之中。对于万物，他只看到它们的统一，却无视它们的差别。他看待失去的腿如同丢掉的泥土一样。"

常季说："他修养自己，用他的智力坚守自己的心灵，用他的心灵领悟出永恒的思想。人们为什么都聚焦到他那里呢？"孔子说："人不能在流动的水里临照，只能在静止的水面临照。只有静止的水才能保留他们停下来的影像。树木同样是禀受大地孕育，唯独松柏得到真性，因而冬夏常青；众人同样是禀受上天赐予的性命，唯独尧舜得到真性，因而成为万民的首领。通过端正自己的心性，来端正众人的心性。那些善始善终的人，具有无所畏惧的品格，即使单枪匹马也敢直闯千军万马。将士追求建功立业尚且如此，何况那把握天地、包容万物，把形体寄托在天地之间、把耳目当作虚假形式，用同一的智慧去统一所有的认识，保有本真之心的人呢？王骀会在某个时日上升至大道，那时人们就会跟从他的。他又哪里肯把教导弟子这种世俗的事情当回事呢？"

申徒嘉是个断足之人，他和郑国国相子产一同在伯昏无人门下学习。子产对申徒嘉说："如果我先出去你就暂且留下，如果你先出去我就暂且留下。"

第二天，子产又和申徒嘉同室同席而坐。子产对申徒嘉说："如果我先出去你就暂且留下，如果你先出去我就暂且留下。现在我要出来了，你可以留下呢，还是不可以留下呢？而且你见了我这个国相也不回避，你想跟我平起平坐吗？"申徒嘉说："我们老师的门下哪有什么像你这样自恃官位的人呢？你是喜欢炫耀你的官位而看不起别人啊。我听说：'想要镜子明亮就不要让灰尘沾上，沾上就不明亮了。经常跟贤人相处，自己就不会有什么过错了。'现在你求教的对象是老师，你却说出这样的话来，不是错误的吗？"

子产说："你已经断了足，还要跟尧帝比美。衡量一下你的品德，还不令你反省吗？"申徒嘉说："犯法后为自己申辩，认为自己不应当受刑而断足的人是很多的；不为自己申辩，认为自己应当受刑而断足的人是很少的。懂得处在无可奈何的境地却如同像平常一样看待它，只有得道的人才能做到。进入羿的弓箭射程之内，中心点就是弓箭命中的地方；然而并没有被射中，那是天命啊。人们用他齐全的腿脚来耻笑我这不齐全腿脚的事情够多了，我总是脸色一变就动起怒来；等到了老师的住所，我就消除了怒气，恢复到原样。不知道是不是老师用善道对我教化了一番呢？我跟老师相处十九年了，他还未曾知道我是个断了腿的人，现在你我之间用心相处，可没想到你却苛求我的外形，不是错误的吗？"子产脸色骤变，惭愧不安地说："请你不要这样说了。"

鲁有兀者叔山无趾①，踵②见仲尼。仲尼曰："子不谨，前既犯患若是矣。虽今来，何及矣！"无趾曰："吾唯不知务而轻用吾身，吾是以亡足。今吾来也，犹有尊足者③存，吾是以务全之也。夫天无不覆，地无不载，吾以夫子为天地，安知夫子之犹若是也！"孔子曰："丘则陋矣！夫子胡不入乎？请讲以所闻。"

无趾出。孔子曰："弟子勉之！夫无趾，兀者也，犹务学以复补前行之恶，而况全德④之人乎！"

无趾语老聃曰："孔丘之于至人，其未邪？彼何宾宾以学子为？彼且以蕲以诚诡幻怪之名闻，不知至人之以是为己桎梏邪？"老聃曰："胡不直使彼以死生为一条⑤，以可不可为一贯者，解其桎梏，其可乎？"无趾曰：

"天刑之，安可解！"

鲁哀公问于仲尼曰："卫有恶人焉，曰哀骀它⑥。丈夫与之处者，思而不能去也；妇人见之，请于父母曰'与为人妻，宁为夫子妾'者，十数而未止也。未尝有闻其唱者也，常和人而已矣。无君人之位以济乎人之死，无聚禄以望⑦人之腹，又以恶骇天下，和而不唱，知不出乎四域，且而雌雄合乎前。是必有异乎人者也。寡人召而观之，果以恶骇天下。与寡人处，不至以月数，而寡人有意乎其为人也；不至乎期年，而寡人信之。国无宰，寡人传国焉。闷然而后应，泛然而若辞。寡人丑乎，卒授之国。无几何也，去寡人而行。寡人恤焉若有亡也，若无与乐是国也。是何人者也？"

仲尼曰："丘也尝使于楚矣，适见豘⑧子食于其死母者，少焉眴若，皆弃之而走。不见己焉尔，不得类焉尔。所爱其母者，非爱其形也，爱使其形者也。战而死者，其人之葬也不以翣⑨资；刖者之屦，无为爱之。皆无其本矣。为天子之诸御，不爪翦、不穿耳；取妻者止于外，不得复使。形全犹足以为尔，而况全德之人乎！今哀骀它未言而信，无功而亲，使人授己国，唯恐其不受也，是必才全而德不形者也。"

哀公曰："何谓才全？"仲尼曰："死生、存亡、穷达、贫富、贤与不肖、毁誉、饥渴、寒暑，是事之变，命之行也，日夜相代乎前，而知不能规乎其始者也，故不足以滑和，不可入于灵府。使之和、豫、通而不失于兑，使日夜无郤而与物为春。是接而生时于心者也。是之谓才全。"

"何谓德不形？"曰："平者，水停之盛也。其可以为法也，内保之而外不荡也。德者，成和之修也。德不形者，物不能离也。"

哀公异日以告闵子⑩曰："始也吾以南面而君天下，执民之纪⑪而忧其死，吾自以为至通矣。今吾闻至人之言，恐吾无其实，轻用吾身而亡其国。吾与孔丘非君臣也，德友而已矣！"

注释

①叔山无趾：虚构的人物。②踵：脚后跟，这里指用脚后跟走路。叔山无趾被砍去脚趾，所以只能用脚后跟来走路。③尊足者：尊于足者，比

脚更尊贵的东西，这里指道德修养。④全德：形体没有残缺。⑤一条：一致，一样的。⑥哀骀它：哀骀，丑貌。它是假托人名。⑦望：月满，引申指使之饱。⑧独(tún)：同"豚"，小猪。⑨翣(shà)：棺材装饰。⑩闵子：姓闵，名损，孔子的弟子。⑪纪：纲纪。

译文

鲁国有个被砍去脚趾的人，名叫叔山无趾，靠脚后跟走路去拜见孔子。孔子对他说："你极不谨慎，早先犯了过错才留下如此的后果。虽然今天你来到我这里，可是怎么能够追回以往呢！"叔山无趾说："我只因不识事理而轻率作践自身，所以才失掉了脚趾。如今我来到你这里，还保有比双脚更为可贵的道德修养，所以我想竭力保全它。苍天没有什么不覆盖，大地没有什么不托载，我把先生看作天地，哪知先生竟是这样的人！"孔子说："我孔丘实在浅薄。先生怎么不进来呢，请把你所知晓的道理讲一讲。"

叔山无趾走后，孔子对他的弟子说："你们要努力啊！叔山无趾是一个被砍掉脚趾的人，还努力进学来补救先前做过的错事，何况身形体态健全的人呢！"

叔山无趾对老子说："孔子还未能达到至人的境地吧？他为什么总把自己当成个学者呢？他还在祈求奇异虚妄的名声能传扬于外，他不知道至人总是把这一切看作是束缚自己的枷锁呢！"老子说："你怎么不使他把生和死看成一样、把是与非看作是齐一的，从而解除他的枷锁，这样就可以了吧？"叔山无趾说："这是上天加给他的处罚，哪里可以解除！"

鲁哀公问孔子："卫国有个相貌丑陋的人，叫哀骀它。和他相处的男人，都思慕着他不肯离开；女人见了他，都请求父母说'与其做别人的正妻，不如做这位先生的妾侍'，并反复请求，不肯罢休。从来也没有听说他倡导过什么，不过总是附和别人罢了。他既没有人君的地位来救济人民的危难，也没有积蓄来使人填饱肚子，加上容貌丑陋，足以使天下人惊骇，附和他人却不倡导，知识也超不出四方范围，可是女人男人都聚拢在他面前，他肯定有与众不同之处。寡人把他召来一看，果然是副丑陋得吓死人的模样。他和寡人相处，不到一个月，寡人就已经倾慕于他的为人了；不到一年，寡人就完全信任他了。国家还没有宰相，寡人把国家大事委托给他。他心不在焉地应承了，又漠不关心地像要拒绝一样。寡人感到难堪，最终还是把国家大事委托给他。没有多久，他就离开寡人走了。寡人忧心忡忡，觉得像失去了什么，似乎感到再没有人和我一起在这个国家快乐了。这是个什么样的人呀？"

孔子说："我曾经出使楚国，遇见一群小猪在它们已经死去的母亲身上吮奶。不一会儿它们显得很惊慌，都抛开母猪跑了。因为它们发现母亲看不见自己才这样，不像活着的样子。小猪之所以爱自己的母亲，不是爱它的形貌，而是爱它主宰形貌的精神。战斗的死难者，他们安葬时无须装饰；受过刖刑的人的鞋子，无须再爱惜。因为它们都已经丧失本元了。作为天子的侍从，不剪指甲，不穿耳孔；娶妻的人留在宫外，不再担任事务。形体完整的人尚且能够做到这样，何况是有完美道德的人呢！如今哀骀它没说什么就取得了信任，没做什么就受人敬重，让人甘愿把国家大事委托给他，还唯恐他不肯接受，那他必定是个德才兼备而不外露的人啊。"

鲁哀公问："什么叫德才兼备呢？"孔子回答："死和生、存和亡、穷和达、贫和富、贤和不肖、毁和誉、饥和渴、寒和暑，这些都是事物的变化、天命的运行，是白天黑夜交替不断的，可是人的智力还无法窥探到它的初起。所以，不要被它扰乱平和的本性，不要让它扰乱纯真的心灵。保持自己心灵顺逸而不失怡悦的心情；保持自己的感应力日夜流转不息，从而和万物共同汲取阳春生气。这便是接应万物并从内心感应四时变化。这就是德才兼备。"

鲁哀公又问："什么叫作德性不外露呢？"孔子说："平衡是水平静的状态。它可以用作标准，内部保持静止而外表不会动荡。德性就是培养和顺的修养。德性不外露的话，万物就不会离开了。"

有一天鲁哀公把孔子这番话告诉闵子，说："起初我坐朝当政统治天下，掌握国家的纲纪而忧心人民的死活，便自以为是最通达的了。如今我听到至人的名言，真忧虑没有实在的政绩，轻率作践自身而使国家危亡。我跟孔子不是君臣关系，而是以德相交的朋友了。"

闉跂支离无脤①说卫灵公，灵公说之，而视全人，其脰肩肩②。瓮瓷大瘿③说齐桓公，桓公说之；而视全人，其脰肩肩。

　　故德有所长而形有所忘，人不忘其所忘，而忘其所不忘，此谓诚忘。故圣人有所游，而知为孽，约为胶，德为接④，工为商。圣人不谋，恶用知？不斫恶用胶？无丧恶用德？不货恶用商？四者，天鬻⑤也。天鬻者，天食也。既受食于天，又恶用人！有人之形，无人之情。有人之形，故群于人；无人之情，故是非不得于身。眇⑥乎小哉，所以属于人也；謷⑦乎大哉，独成其天。

　　惠子谓庄子曰："人故无情乎？"庄子曰："然。"

　　惠子曰："人而无情，何以谓之人？"庄子曰："道与之貌，天与之形，恶得不谓之人？"

　　惠子曰："既谓之人，恶得无情？"庄子曰："是非吾所谓情也，吾所谓无情者，言人之不以好恶内伤其身，常因自然而不益生也。"

　　惠子曰："不益生，何以有其身？"庄子曰："道与之貌，天与之形，无以好恶内伤其身。今子外乎子之神，劳乎子之精，倚树而吟，据槁梧而瞑。天选子之形，子以坚白鸣。"

注　释

　　①闉(yīn)跂支离无脤(shèn)：虚构人物。闉跂，跛脚。支离，此指伛背。脤，通"唇"。②脰(dòu)肩肩：脰，颈项。肩肩，细长的样子。③瓮瓷(àng)大瘿(yǐng)：颈下的瘤子大如瓮盎。瓮瓷，腹大口小的陶制盛器。瓷，同"盎"。瘿，瘤。④德为接：把施德看作交接外物的手段。⑤天鬻：天，自然。鬻，通"育"，养育的意思。⑥眇(miǎo)：微小。⑦謷(áo)：高大的样子。

译　文

　　一个跛脚、伛背、无唇的人游说卫灵公，卫灵公十分喜欢他；再看看那些形体完整的人，他们的脖颈实在是太细了。一个颈上长着大如瓮盎的瘤子的人游说齐桓公，齐桓公十分喜欢他；再看看那些形体完整的人，他们的脖颈实在是太细了。

所以，在德性方面有超出常人的地方，别人就会遗忘形体上的缺陷。人们不忘记所应当忘记的形体，而忘记了所不应当忘记的德性，这就叫真正的遗忘。因而圣人总能自得地出游，把智慧看作是祸根，把盟约看作是禁锢，把施恩布德看作是交接外物的手段，把工巧看作是商贾的行为。圣人从不谋虑，哪里用得着智慧？圣人不求雕斫，哪里用得着禁锢？圣人从不感到缺损，哪里用得着施恩布德？圣人从不买卖以谋利，哪里用得着经商？这四种做法叫作天养。所谓天养，就是禀受自然的饲养。既然受养于自然，又哪里用得着人为！有了人的形貌，不一定有人内在的真情。有了人的形体，所以与人结成群体；没有人的真情，所以是与非都不会汇聚在他的身上。渺小呀，因为寄形貌于常人之中！伟大呀，因为与天地同道。

惠施问庄子："人本来没有情欲吗？"庄子说："是这样的。"

惠施又问："人如果没有情欲，又怎么能叫作人呢？"庄子说："道赋予他容貌，天赋予他形体，怎么能不叫人呢？"

惠施说："既然称作人，那哪能没有情欲呢？"庄子说："你所说的情欲不是我所说的情欲。我所说的情欲，是说人不要用喜好和厌恶从内部伤害自己的身体，一切顺乎自然却不要人为地去补充活力。"

惠施说："不增加活力，怎么能够保有自己的身体呢？"庄子说："道赋予他容貌，天赋予他形体，不要用喜好和厌恶从内部伤害自己的身体。现在你消耗你的神智，劳累你的精力。靠在树下吟咏，伏在干枯的梧桐上睡觉。上天赐予了你这个形体，你就用坚白论来争论不休。"

大宗师

知天之所为，知人之所为者，至矣！知天之所为者，天而生也；知人之所为者，以其知之所知，以养其知之所不知，终其天年而不中道夭者，是知之盛也。虽然，有患。夫知有所待而后当，其所待者特未定也。庸讵知吾所谓天之非人乎？所谓人之非天乎？

且有真人而后有真知。何谓真人？古之真人，不逆寡，不雄成[1]，不谟士[2]。若然者，过而弗悔，当而不自得也；若然者，登高不栗，入水不濡，入火不热。是知之能登假于道者也若此。

　　古之真人，其寝不梦，其觉无忧，其食不甘，其息深深，真人之息以踵，众人之息以喉。屈服者，其嗌言若哇。其耆欲深者，其天机浅。

　　古之真人，不知说生，不知恶死，其出不䜣，其入不距。翛然而往，翛然而来而已矣。不忘其所始，不求其所终。受而喜之，忘而复之。是之谓不以心捐道，不以人助天，是之谓真人。若然者，其心志，其容寂，其颡頯。凄然似秋，暖然似春，喜怒通四时，与物有宜而莫知其极。故圣人之用兵也，亡国而不失人心。利泽施乎万世，不为爱人。故乐通物，非圣人也；有亲，非仁也；天时，非贤也；利害不通，非君子也；行名失己，非士也;亡身不真,非役人也。若狐不偕、务光、伯夷、叔齐、箕子、胥馀、纪他、申徒狄,是役人之役,适人之适,而不自适其适者也。③

古之真人,其状义④而不朋,若不足而不承;与乎其觚而不坚也,张乎其虚而不华也;邴邴⑤乎其似喜乎,崔乎其不得已乎,滀乎进我色也,与乎止我德也,厉⑥乎其似世乎,警乎其未可制也,连乎其似好闭也,悗乎忘其言也。以刑为体,以礼为翼,以知为时,以德为循。以刑为体者,绰乎其杀也;以礼为翼者,所以行于世也;以知为时者,不得已于事也;以德为循者,言其与有足者至于丘也,而人真以为勤行者也。故其好之也一,其弗好之也一。其一也一,其不一也一。其一与天为徒,其不一与人为徒,天与人不相胜也,是之谓真人。

注释

①雄:夸耀。②不谟(mó)士:意谓无心于事,虚己以游。谟,谋。士,通"事"。③"若狐不偕"句:狐不偕,尧时贤人,尧授之天下而不受,投河而死。务光,夏朝隐士,汤让天下而不受,负石投庐水而死。伯夷、叔齐,商末孤竹君二子,叔齐让国于伯夷,伯夷不受,后二人赴周,阻谏武王伐纣未果,隐于首阳山,拒食周粟,终饿死。箕子,一说名胥馀,纣王叔父,因谏言不被采纳而佯狂。胥馀,多谓箕子。纪他,躲避汤让位于己的隐士。申徒狄,一说即墨狄,因不忍见纣王暴虐而负石投河自尽。④义:通"峨",高大的样子。⑤邴(bǐng)邴:形容喜悦。⑥厉:疑为"广"字之误。

译文

能够通晓天地自然的运化之道,明白人的行为,就达到认识的极致了。能够通晓自然运化之理,是顺应自然而知;明白人的行为,是用其智力所能知道的道理,去保养其智力所不能知道的,直到享尽天年而中途夭折,这就是聪慧的极致了。虽然这样,其中还是有隐忧存在。正确的认识必须依赖于一定的条件,而这个条件却是不断变化的,怎么知道我所说的出于自然不是

人为的呢？我所说的人为不是出于自然呢？

先有真人然后才有真知。什么样的人才是真人呢？古时候的真人，不拒绝薄德无智的愚人，不夸耀成功，无心于事而虚己遨游。像这样的人，虽有差失而不懊悔，虽合机宜而不快意；像这样的人，登攀高处而不畏惧，潜入水底不觉被沾湿，走到火中不感到炽热，只有认识达到大道的境界才能如此。

古时候的真人，睡觉不会做梦，睡醒毫无忧虑，不沉迷于甘美的饮食，呼吸深沉舒缓。真人的呼吸直达脚跟，众人的呼吸只到喉咙。争辩的人理屈词穷时，言语吞吐喉头好像受到阻碍一般。凡是嗜欲深的人，他的天然的根器就浅了。

古时候的真人，不为生存感到欣喜，也不惧怕死亡；无拘无束地降生人世，又无忧无虑地回归自然。不忘记生命之源，守而不失；不寻求归宿，而一任自然；受生之后常自得其乐，复归于自然而忘记是死。这就叫作不以欲心弃自然之道，不以人为助天命之常。能够这样，就可以叫作真人。像此等人，他们专心于道，心里忘怀了一切，容貌寂然安闲，额头广大宽平；他们表情像冷肃的秋天，又像春天那样和煦温暖；喜怒的变化像四季那样自然，随时合宜，无迹可寻。所以，古代圣人使用武力，灭掉敌国却不失掉敌国的民心；利益和恩泽广施于万世，却不是为了偏爱什么人。乐于交往取悦外物的人，不是圣人；有偏爱就算不上是仁人；伺机行事，不是贤人；不能看到利害的相通和相辅，算不上是君子；办事求名而失掉自身的本性，不是有识之士；丧失身躯却与自己的真性不符，不是能役使世人的人。像狐不偕、务光、伯夷、叔齐、箕子、胥馀、纪他、申徒狄，这样的人都是被人所役使，都是使别人安适，而不是自己得到安适的人。

古时候的真人，形象高大而不崩坏，好像有所不足却不愿受之于外；安闲超群而不固执，心胸宽广清虚而并不浮华；畅然怡悦，似有喜色，不得已则后动！容颜和悦，亲切和蔼，宽厚之德使人乐于归服，胸襟宽广无边，高傲自得而不可驾驭，绵邈深长好像是闭口缄默，不经心的样子好像忘其言谈。以刑律作为主体，以礼仪作为辅助，用智慧审时度势，以坚持高尚道德作为处世的原则。以刑律作为主体，就是杀伐果断；把礼仪作为辅助，就是以礼仪为治世的辅助；用智慧审时度势，就是不得已地应付事情；以坚持高尚道德作为处世的原则,就好像有脚的人都能登上山岳,人们却以其为勤于行走的人。所以,真人无心好恶,好与恶都是同一心境,真人抱一,相同与不同都是一样的。真人处于混同心境时,则与自然天道同游;处于差别境界时,则与世人混迹。天人合德,互不相胜,这就叫作真人。

死生,命也,其有夜旦之常,天也。人之有所不得与,皆物之情也。彼特以天为父,而身犹爱之,而况其卓乎!人特以有君为愈乎己,而身犹死之,而况其真乎!

泉涸,鱼相与处于陆,相呴以湿,相濡以沫,不如相忘于江湖。与其誉尧而非桀也,不如两忘而化其道。

夫大块①载我以形,劳我以生,佚我以老,息我以死。故善吾生者,乃所以善吾死也。夫藏舟于壑,藏山于泽,谓之固矣!然而夜半有力者负之而走,昧者不知也。藏小大有宜,犹有所遁。若夫藏天下于天下而不得所遁,是恒物之大情也。特犯人之形而犹喜之。若人之形者,万化而未始有极也,其为乐可胜计邪!故圣人将游于物之所不得遁而皆存。善妖善老,善始善终,人犹效之,又况万物之所系,而一化之所待乎!

夫道,有情有信,无为无形;可传而不可受,可得而不可见;自本自根,未有天地,自古以固存;神鬼神帝,生天生地;在太极之先而不为高,在六极之下而不为深,先天地生而不为久,长于上古而不为老。狶韦氏②得之,以挈天地;伏戏氏得之,以袭气母;维斗③得之,终古不忒;日月得之,终古不息;堪坏④得之,以袭昆仑;冯夷⑤得之,以游大川;肩吾得之,以处大山;黄帝得之,以登云天;颛顼得之,以处玄宫;禺强⑥得之,立乎北极;西王母⑦得之,坐乎少广,莫知其始,莫知其终;彭祖得之,上及有虞,下及五伯⑧;傅说⑨得之,以相武丁,奄有天下,乘东维、骑箕尾而比于列星。

注释

①大块:大地。②狶韦氏:传说中的远古时代的帝王。③维斗:即北斗星。④堪坏:传说中人面兽身的昆仑山神。⑤冯夷:传说中的黄河

之神，即河伯。⑥禺强：传说中的海神。⑦西王母：古代神话中的女神，居于少广山。⑧五伯：指夏伯昆吾、殷伯大彭、豕韦、周伯齐桓、晋文。⑨傅说：殷商时代的贤才，高宗武丁的相。传说傅说死后成了星精，故有"乘东维、骑箕尾"之说。

译文

生死是生命的必然过程，它好像昼夜运行不息，符合自然的规律。人是无法干预的，这都符合事物变化的情理。人皆以天为生父，而且爱戴它，何况对于卓然独立的大道呢！世人认为国君的才智、地位超过自己，应为其效忠而牺牲，何况对待卓绝的真人呢！

泉水枯竭了，鱼相互拥挤在陆地上，用呼吸的湿气相互滋润，用唾沫相互沾湿，还不如在江湖里彼此相忘。与其赞美尧而非议桀，不如把他们都忘掉而与道化而为一。

大地用形体托载我，用生长使我勤劳，用衰老使我闲逸，用死亡使我安息。所以，把我的出生看作好事，也就应该把我的死亡也看作好事。把船隐藏在山谷中，把山隐藏在大泽中，可以说是很可靠了的。然而，半夜有个大力士把它背走，睡着的人是不会知道的。将小东西隐藏在大东西里是非常适宜的了，然而还是会有所遗失的。假若把天下隐藏在天下中是不会亡失的，这是万物普遍的至理。人们一旦被大自然铸成人形就欣喜若狂。但人的形体，千变万化而没有穷尽，因有形体就会欣喜，那么以后欣喜的事哪里能计算清楚呢？所以，圣人游心于无得无失的自然，与道共存。对待能够明白寿命长短和生死的人，人们尚且效法他，何况对待万物的宗师、千变万化所依赖的大道呢！

道是真实而又确凿可信的，然而它又是无为和无形的；道可以感知却不可以口授，可以领悟却不可以面见；道自身就是本、就是根，还未出现天地的时代道就已经存在；道引出鬼神、上帝，产生天地；道在太极之上却并不算高，在六极之下并不算深，先于天地存在还不算久，长于上古还不算老。狶韦氏得到它，用来统驭天地；伏羲氏得到它，用来调和元气；北斗星得到它，永远不会改变方位；太阳和月亮得到它，永远不停息地运行；堪坏得到它，用来入主昆仑山；冯夷得到它，用来巡游大江大河；肩吾得到它，用来驻守泰山；黄帝得到它，用来登上云天；颛顼得到它，用来居处玄宫；禺强得到它，用来立足北极；西王母得到它，用来坐镇少广山，不知有生死、始终的变化；彭祖得到它，从虞舜时代一直活到五伯时代；傅说得到它，用来辅佐武丁，统治整个天下，死后乘驾东维星，骑坐箕宿和尾宿，永远排列在星神的行列里。

南伯子葵问乎女偊①曰："子之年长矣，而色若孺子，何也？"曰："吾闻道矣。"

南伯子葵曰："道可得学耶？"曰："恶！恶可！子非其人也。夫卜梁倚有圣人之才而无圣人之道，我有圣人之道而无圣人之才。吾欲以教之，庶几其果为圣人乎？不然，以圣人之道，告圣人之才，亦易矣。吾犹守而告之，参日而后能外天下；已外天下矣，吾又守之，七日而后能外物；已外物矣，吾又守之，九日而后能外生；已外生矣，而后能朝彻；朝彻而后能见独；见独而后能无古今；无古今而后能入于不死不生。杀生者不死，生生者不生。其为物，无不将也，无不迎也，无不毁也，无不成也，其名为撄宁。撄宁也者，撄而后成者也。"

南伯子葵曰："子独恶乎闻之？"曰："闻诸副墨之子，副墨之子闻诸洛诵之孙，洛诵之孙闻之瞻明，瞻明闻之聂许，聂许闻之需役，需役闻之於讴，於讴闻之玄冥，玄冥闻之参寥，参寥闻之疑始。"

注释

①南伯子葵问乎女偊（yǔ）：南伯子葵、女偊，虚构人物。

译文

南伯子葵问女偊说："你年岁这样大，而容颜却像童子，这是什么原因呢？"女偊回答道："我得道了。"

南伯子葵说："道可以学习吗？"女偊说："唉！不可以！你不是能学道的人。卜梁倚有圣人的天赋却没有圣人虚淡凝寂的心境，我有圣人虚淡凝寂的心境却没有圣人的天赋。我想用虚淡凝寂来教诲他，或许他果真能够成为圣人吧？即使不能，用圣人之道去传授圣人之才，那就容易了。我还是坚持把大道传授给他，三日之后他就能遗忘天下；他既已遗忘天下，我又坚持把大道传授给他，七日之后他能遗忘万物；他既已遗忘万物，我又坚持将大道传授给他，九日之后他能忘掉自身；他既已遗忘自身，而后他便能够彻悟；他能够明彻，而后就能够体悟大道；他能体悟大道，而后他就能超越古今的时空界限；他能超越古今，而后他就能达到无生无死的最高境界。死者未曾来，生者未曾生。大道作为万物之宗，无所不送，无所不迎，无所不毁，无所不成。这就叫作'撄宁'。所谓'撄宁'，就是说虽置身纷纭扰动、交争互触之地却不受干扰，而后才能修炼成虚淡凝寂的心境。"

南伯子葵问："你从哪学了道呢？"女偊回答说："我从文字那里得到的，文字从诵读者那里得到的，诵读者从目视明晰那里得到的，目视明晰从附耳私语那里得到的，附耳私语从待时行使那里得到的，待时行使从吟咏领会那里得到的，吟咏领会从幽渺深远那里得到的，幽渺深远从参悟寥远那里得到的，参悟寥远从不能推测的起始那里得到的。"

子祀、子舆、子犁、子来①四人相与语曰："孰能以无为首，以生为脊，以死为尻，孰知死生存亡之一体者，吾与之友矣！"四人相视而笑，莫逆于心，遂相与为友。

俄而子舆有病，子祀往问之。曰："伟哉，夫造物者，将以予为此拘拘②也。曲偻发背，上有五管，颐隐于齐③，肩高于顶，句赘④指天。"阴阳之气有沴⑤，其心闲而无事，跰𨇤而鉴于井，曰："嗟乎！夫造物者又将以予为此拘拘也！"

子祀曰："女恶之乎？"曰："亡，予何恶！浸假而化予之左臂以为鸡，予因以求时夜⑥；浸假而化予之右臂以为弹，予因以求鸮炙；浸假而化予之尻以为轮，以神为马，予因以乘之，岂更驾哉！且夫得者，时也；失者，顺也；安时而处顺，哀乐不能入也。此古之所谓县解也，而不能自解者，物有结之。且夫物不胜天久矣，吾又何恶焉！"

俄而子来有病，喘喘然将死，其妻子环而泣之。子犁往问之，曰："叱！避！无怛化！"倚其户与之语曰："伟哉造化！又将奚以汝为，将奚以汝适？以汝为鼠肝乎？以汝为虫臂乎？"

子来曰："父母于子，东西南北，唯命之从。阴阳于人，不翅⁷于父母；彼近吾死而我不听，我则悍矣，彼何罪焉！夫大块载我以形，劳我以生，佚我以老，息我以死。故善吾生者，乃所以善吾死也。今之大冶铸金，金踊跃曰'我且必为镆铘'，大冶必以为不祥之金。今一犯⁸人之形而曰'人耳！人耳！'夫造化者必以为不祥之人。今一以天地为大炉，以造化为大冶，恶乎往而不可哉！"成然寐，蘧然觉。

注　释

①子祀、子舆、子犁、子来：虚构的人物。②拘拘：屈曲不伸的样子。③齐：通"脐"，肚脐。④句（gōu）赘：颈椎隆起状如赘瘤。⑤沴（lì）：阴阳之气不和而生出的灾祸。⑥时夜：司夜，即报晓的公鸡。⑦翅：同"啻"，仅。⑧犯：遇，承受。

译　文

子祀、子舆、子犁、子来四个人在一块谈论说："谁能够把无当作头，把生当作脊柱，把死当作尾骨，谁能够通晓生死存亡浑然一体的道理，我们就可以跟他交朋友了。"四个人都会心地相视而笑，心心相印，于是相互结成了朋友。

不久子舆生了病，子祀前去探望他。子舆说："伟大啊，造物者！把我变成如此屈曲不伸的样子！腰弯背驼，五脏穴道朝上，下巴隐藏在肚脐之下，肩部高过头顶，弯曲的颈椎形如赘瘤朝天隆起。"阴阳二气不和，酿成如此灾祸，可是子舆却十分闲逸，好像没有生病似的。他蹒跚地来到井边对着井水照看自己，说："哎呀，造物者竟把我变得如此屈曲不伸！"

子祀说："你讨厌这屈曲不伸的样子吗？"子舆回答："没有，我怎么会讨厌这副样子！假如造物者逐渐把我的左臂变成公鸡，我便用它来报晓；假如造物者逐渐把我的右臂变成弹弓，我便用它来打斑鸠烤熟了吃。假如造物者把我的臀部变成车轮，把我的精神化成骏马，我就乘坐它，难道还要寻找别的车马吗？生命的获得是因为适时，生命的丧失是因为顺应；安于适时而处之顺应，悲哀和欢乐都不会侵入心房。这就是古人所说的解除了倒悬之苦，然而不能自我解脱的原因，则是受到了外物的束缚。况且事物的变化不能超越自然的力量已经很久很久了，我又怎么能厌恶自己现在的变化呢！"

不久子来也生了病，气息急促将要死去，他的妻子儿女围在床前哭泣。子犁前往探望，对家属说："嘿，走开！不要惊扰他由生而死的变化！"子犁靠着门跟子来说话："伟大啊，造物者！又将把你变成什么，把你送到何方？把你变化成老鼠的肝脏吗？把你变化成虫蚁的臂膀吗？"

子来说:"子女对于父母,无论东西南北,他们都只能听从吩咐调遣。自然的变化对于人,则不啻父母;它使我靠拢死亡而我却不听从,那么我就太蛮横了,但它有什么过错呢!大地把我的形体托载,用生存来劳苦我,用衰老使我闲适,用死亡使我安息。所以,把我的存在看作是好事,也应该把我的死亡看作是好事。现在如果有一个高超的冶炼工匠铸造金属器皿,金属熔解后跃起说'我将必须成为良剑镆铘',冶炼工匠必定认为这是不吉祥的金属。如今人一旦承受了人的外形,便说'成人了成人了',造物者一定会认为这是不吉祥的人。如今把浑一的天地当作大熔炉,把造物者当作高超的冶炼工匠,用什么方法来驱遣我不可以呢!"于是安闲熟睡似的离开人世,又忽然惊喜地醒过来。

子桑户、孟子反、子琴张①三人相与语,曰:"孰能相与于无相与,相为于无相为?孰能登天游雾,挠挑无极,相忘以生,无所终穷?"三人相视而笑,莫逆于心,遂相与为友。

莫然有间而子桑户死,未葬。孔子闻之,使子贡往侍事焉。或编曲,或鼓琴,相和而歌,曰:"嗟来桑户乎!嗟来桑户乎!而已反其真,而我犹为人猗!"子贡趋而进曰:"敢问临尸而歌,礼乎?"二人相视而笑曰:"是恶知礼意!"

子贡反,以告孔子,曰:"彼何人者耶?修行无有而外其形骸,临尸而歌,颜色不变,无以命之。彼何人者邪?"孔子曰:"彼游方之外者也,而丘游方之内者也。外内不相及,而丘使女往吊之,丘则陋矣!彼方且与造物者为人,而游乎天地之一气。彼以生为附赘县疣②,以死为决疣溃痈。夫若然者,又恶知死生先后之所在!假于异物,托于同体;忘其肝胆,遗其耳目;反覆终始,不知端倪;芒然彷徨乎尘垢之外,逍遥乎无为之业。彼又恶能愦愦然为世俗之礼,以观众人之耳目哉!"

子贡曰:"然则夫子何方之依?"孔子曰:"丘,天之戮民③也。虽然,吾与汝共之。"子贡曰:"敢问其方?"孔子曰:"鱼相造乎水,人相造乎道。相造乎水者,穿池而养给;相造乎道者,无事而生定。故曰:鱼相忘乎江湖，人相忘乎道术。"子贡曰："敢问畸人。"曰："畸人者，畸于人而侔于天。故曰：天之小人，人之君子；天之君子，人之小人也。"

注释

①子桑户、孟子反、子琴张：皆为虚构人物。②附赘县疣：附生在人身的瘤。附，附生。赘，肉瘤。县，通"悬"，悬生。疣，瘤疖。③天之戮民：被苍天施给刑罚的人。孔子自以为不能摆脱天之枷锁，故谓己"天之戮民"。

译文

子桑户、孟子反、子琴张三人相互结交，他们说："谁能在无心中相交，在无迹中相助呢？谁能登天绝尘，徘徊于太虚，相忘生死，与道同游于无穷之境呢？"他们会心地相视而笑，彼此心意相通，淡然相处，于是就相互结交为朋友。

他们相交不久，子桑户死去，尚未埋葬。孔子听到子桑户死去的噩耗，便派子贡前去吊唁和帮助治丧。子琴张和孟子反却一个编撰词曲，一个弹琴，相互应和而歌，他们说："哎呀，桑户啊！哎呀，桑户啊！你已经复归大道，我们尚且为人啊！"子贡快步走到他们跟前说："请问对着死人的尸体唱歌，合乎礼仪吗？"子琴张和孟子反相视而笑道："你们这种人哪里会懂得礼的真正意义呢！"

子贡回去，把所见所闻告诉孔子，说："他们都是什么人呢？他们没有德行修养，把形骸置之度外，对着尸体歌唱，全无哀戚之色，不知称他们为什么人。他们究竟是什么样的人呢？"孔子说："他们都是超脱凡人，逍遥于世外的人，我孔丘只是生活在礼仪法度里，世外之人和世内之人彼此不相干。我派你去吊唁子桑户，看来我是何等鄙陋啊！他们正在与造物者结成伴侣，与大道浑然一体。他们把人的生命看作附生在人身上的多余的瘤，把人的死亡看作皮肤上的脓疮溃破。像他们这样的人，又哪里知道生死的差别！假借于不同物体，而共成一身；忘掉身上的肝胆，忘掉向外的耳目；从生到死，循环往复，不见头绪；茫然无所挂牵地逍遥于世外，彷徨于空寂无为之荒野。他们又怎么能地去做烦琐的世俗礼仪，让众人听闻和观看呢！"

子贡说："那么，先生将依从方外还是依从方内呢？"孔子说："我孔丘，是被苍天施给刑罚的人。虽然如此，我未能超脱，我还是与你共游于方内。"子贡说："请问用什么方法呢？"孔子说："鱼相生于水，人相生于道。相生于水的鱼，掘地成池而供养丰足；相生于道的人，彷徨无为而心性平静。所以说，鱼相忘在江湖中，人相忘在大道里。"子贡说："请问什么叫不同于世俗的方外之人？"孔子说："不同于世俗的方外之人，不同于世人却与大自然相合。所以说，大自然的小人，是人世间的君子；大自然的君子，也就是人世间的小人。"

颜回问仲尼曰："孟孙才①，其母死，哭泣无涕，中心不戚，居丧不哀。无是三者，以善处丧盖鲁国，固有无其实而得其名者乎？回壹怪之。"

仲尼曰："夫孟孙氏尽之矣，进于知矣，唯简之而不得，夫已有所简矣。孟孙氏不知所以生，不知所以死；不知就先，不知就后；若化为物，以待其所不知之化已乎！且方将化，恶知不化哉？方将不化，恶知已化哉？吾特与汝，其梦未始觉者邪！且彼有骇形而损心，有旦宅而无情死精。孟孙氏特觉，人哭亦哭，是自其所以乃。且也相与'吾之'耳矣，庸讵知吾所谓'吾之'乎？且汝梦为鸟而厉乎天②，梦为鱼而没于渊。不识今之言者，其觉者乎？其梦者乎？造适不及笑，献笑不及排，安排而去化，乃入于寥天一。"

意而子③见许由。许由曰："尧何以资汝？"意而子曰："尧谓我：'汝必躬服仁义而明言是非。'"许由曰："而奚来为轵？夫尧既已黥汝以仁义，而劓汝以是非矣，汝将何以游夫遥荡恣睢转徙之涂乎？"意而子曰："虽然，吾愿游于其藩④。"

许由曰："不然。夫盲者无以与乎眉目颜色之好，瞽者无以与乎青黄黼黻⑤之观。"意而子曰："夫无庄⑥之失其美，据梁⑦之失其力，黄帝之亡其知，皆在炉捶之间耳。庸讵知夫造物者之不息我黥而补我劓，使我乘成以随先生邪？"

许由曰："噫！未可知也。我为汝言其大略：吾师乎！吾师乎！整万物而不为义，泽及万世而不为仁，长于上古而不为老，覆载天地刻雕众形而不为巧，此所游已。"

注释

①孟孙才：姓孟孙，名才，鲁国人。②厉乎天：至于天。③意而子：虚构的人物。④藩：篱笆，这里指边缘地带。⑤黼黻（fǔ fú）：古代礼服上绣的花纹。⑥无庄：虚构的古代美人之名，代表不打扮的意思。⑦据梁：虚构的古代勇夫之名，代表强梁之意。

译文

颜回请教孔子说："孟孙才的母亲死了，他哭丧的时候没有掉眼泪，看不出悲伤的神情，守丧期间也不哀痛。没有这三者，竟能以善于处理丧事而名扬鲁国，难道真有可以名不副实的吗？我颜回感到很奇怪。"

孔子说："孟孙才已经尽到治丧之礼了，并且超过了知晓服丧礼仪的人，他想简化办丧礼仪却很难做到，而他实际上已有所简化了。孟孙才不知人为何生，不知人为何死；他不知求先生，不知寻后死；他像是正在变成一物，他在等待一种自己也不知道将要变成何物的变化！况且正要变化时，又如何知道不变化呢？没有改变的时候，怎么知道改变了呢？只是我和你，正在做梦而没有睡醒呢！孟孙才认为他母亲在变化中虽有形体之动，其心并无丧失；虽有躯体的转化，而无精神之丧。孟孙才独自觉醒，别人哭泣，他也跟着哭泣，所以才如此哭泣而不哀痛。世人看到自己暂时有了形体，就相互说'这是我'，怎么知道暂时有了形体的'我'，就是属于'我'呢？你做梦变成鸟而飞向天空，做梦变成鱼而潜入水中。不知道现在说话的我，是醒着呢，还是在做梦呢？人的内心忽然快乐时，是来不及笑的；笑声突然发出时，是来不及事先安排的；只有任凭大道安排而由其变化，才可以进入虚空寂寥的自然境界，与大道浑然成为一体。"

意而子拜访许由。许由说："尧把什么东西给予了你？"意而子说："尧对我说：'你一定得亲身实践仁义并明白无误地阐明是非。'"许由说："你怎么还要来我这里呢？尧已经用仁义在你的额上刻下了印记，又用是非割下了你的鼻子，你将凭借什么游处于逍遥放荡、纵任不拘、辗转变化的道途呢？"意而子说："虽然这样，我还是希望能游处于大道的边缘地带。"

许由说："不对。盲人没法欣赏姣好的眉目和容颜，也没法赏鉴礼服上各种不同颜色的花纹。"意而子说："无庄不再打扮而忘掉自己的美丽，据梁不再逞强而忘掉自己的勇力，黄帝闻道而忘掉自己的智慧，他们都经过了道的磨砺。怎么知道那造物者不会养息我受黥刑的伤痕和补全我受劓刑而残缺的鼻子，使我得以保全身躯而跟随先生呢？"

许由说："唉！这是不可能知道的。我还是给你说个大概吧：道是我伟大的宗师啊！我伟大的宗师啊！调和万物不是为了某种道义，把恩泽施于万世不是出于仁义，长于上古不算老，包容天地、雕刻万物之形也不算技巧。这就进入道的境界了。"

颜回曰："回益①矣。"仲尼曰："何谓也？"曰："回忘礼乐矣。"曰："可矣，犹未也。"

他日复见，曰："回益矣。"曰："何谓也？"曰："回忘仁义矣！"曰："可矣，犹未也。"

他日复见，曰："回益矣！"曰："何谓也？"曰："回坐忘矣。"仲尼蹴然曰："何谓坐忘？"颜回曰："堕肢体，黜聪明，离形去知，同于大通，此谓坐忘。"仲尼曰："同则无好也，化则无常也。而果其贤乎！丘也请从而后也。"

子舆与子桑友，而霖雨十日。子舆曰："子桑殆病矣！"裹饭而往食之。至子桑之门，则若歌若哭，鼓琴曰："父邪？母邪？天乎？人乎？"有不任其声②而趋举其诗焉。

子舆入，曰："子之歌诗，何故若是？"曰："吾思夫使我至此极者而弗得也。父母岂欲吾贫哉？天无私覆，地无私载，天地岂私贫我哉？求其为之者而不得也。然而至此极者，命也夫！"

注释

①益：增益。指经过修养而进入道的境界。②不任其声：声音微弱。

译文

颜回说："我有进步了。"孔子说："你的进步是指什么呢？"颜回说："我已经忘掉礼乐了。"孔子说："忘掉礼乐，有可能入道，然而还是没有进入大道。"

过了几天，颜回又去拜见孔子，说："我又有进步了。"孔子说："你的进步又是指什么呢？"颜回说："我已经忘掉仁义了。"孔子说："忘掉仁义，有可能入道，然而还是没有进入大道。"

过了几天，颜回又去拜见孔子，说："我又有进步了。"孔子说："你的进步又是指什么说呢？"颜回说："我静坐而忘掉一切了。"孔子惊奇而变容地说："什么叫作静坐而忘掉一切呢？"颜回说："毁废形体，泯灭见闻，抛弃形智，与大道浑然一体，这就叫作静坐而忘掉一切。"孔子说："与大道浑同则无偏好，顺应大道的变化就不会滞守常理。你果真成为贤人了啊！那我孔丘也要跟在你的后面学习修道了。"

子舆和子桑是好朋友，连绵的阴雨下了十日。子舆说："子桑恐怕已经饿倒了。"便包着饭食前去给他吃。刚到子桑门前，子舆就听见子桑好像在唱歌，又好像在哭泣，而且还弹着琴："是父亲呢，还是母亲呢？是天呢，还是人呢？"声音微弱而诗句急促。

子舆走进屋子说："你唱诗歌，为什么是这种调子？"子桑回答说："我在探寻使我达到如此困乏和窘迫的原因，然而没有找到。父母难道会希望我贫困吗？苍天没有偏私地覆盖着整个大地，大地没有偏私地托载着所有生灵，天地难道会单单让我贫困吗？寻找使我贫困的原因，可是我没能找到答案。那么我达到如此困乏的境地的原因，是命吧！"

庄子选译 ○ 内篇

应帝王

啮缺问于王倪，四问而四不知。啮缺因跃而大喜，行以告蒲衣子①。蒲衣子曰："而乃今知之乎？有虞氏②不及泰氏③。有虞氏其犹藏仁以要人，亦得人矣，而未始出于非人。泰氏其卧徐徐。其觉于于，一以己为马，一以己为牛。其知情信，其德甚真，而未始入于非人。"

肩吾见狂接舆。狂接舆曰："日中始④何以语女？"

肩吾曰："告我：君人者⑤以己出经式义度，人孰敢不听而化诸！"

狂接舆曰："是欺德也。其于治天下也，犹涉海凿河，而使蚊虻负山也。夫圣人之治也，治外乎？正而后行，确乎能其事者而已矣。且鸟高飞以避矰弋⑥之害，鼷鼠深穴乎神丘之下，以避熏凿⑦之患。而曾二虫之无如！"

天根游于殷阳⑧，至蓼水之上，适遭无名人⑨而问焉，曰："请问为天下。"

无名人曰："去！汝鄙人也，何问之不豫也！予方将与造物者为人，厌，则又乘夫莽眇之鸟，以出六极之外，而游无何有之乡，以处圹埌之野。汝又何帠⑩以治天下感予之心为？"

又复问，无名人曰："汝游心于淡，合气于漠，顺物自然而无容私焉，而天下治矣。"

注 释

①蒲衣子：虚构人物。②有虞氏：指舜。③泰氏：传说中的上古帝王。④日中始：虚构人物。⑤君人者：国君。⑥矰（zēng）弋：捕鸟的器具。矰是鸟网，弋是系有丝绳的箭。⑦熏凿：烟熏和挖掘。⑧天根游于殷阳：天根，虚构人物。殷阳，殷山的南面。⑨无名人：虚构人物。⑩何帠（yì）：何故，为什么。

译文

啮缺向王倪请教，问了四次，王倪都回答说不知道。啮缺因此高兴得跳了起来，把这件事告诉蒲衣子。蒲衣子说："现在你知道了吧？有虞氏不如泰氏。有虞氏还心怀仁义，以此来结人心，虽然也获得了人心，却未能超然物外。而泰氏睡眠时呼吸舒缓，醒来时悠闲自在，任人把自己称为马或是牛，他的心智真实不虚，他的品德纯真高尚，丝毫没有受到外物的牵累。"

肩吾见到狂接舆。狂接舆说："日中始对你都说了些什么？"

肩吾说："他告诉我，那些做国君的，凭自己的想法制定各种法规，人们谁敢不听从而归服呢？"

狂接舆说："这是虚伪骗人的做法。他这样去治理天下，就如同在大海里开凿河道，让蚊虫背负大山一样。圣人治理天下，难道是用法度来约束人们的外表吗？圣人是先端正自己，而后才去感化他人，任凭人们能够做的事情去做就是了。譬如鸟儿知道高高飞起来躲避罗网弓箭的伤害，鼹鼠知道深深藏在神坛下的洞穴中来避免烟熏挖掘的祸患。难道人还不如鸟和鼹鼠吗？"

天根在殷阳游览，走到蓼水岸边，恰巧碰见无名人，便问道："请问治理天下的办法。"

无名人说："走开！你这鄙陋的人，为何要问这些令人不快的问题！我正要和造物者结伴遨游，一旦厌烦就乘像鸟一样的轻盈清虚的气流，飞出天地四方之外，畅游于极端虚寂的地方，歇息在广阔无边的旷野。你又为何要用治理天下的梦话来触动我的心呢？"

天根再次询问，无名人说："你的心神要安于淡漠，你的形气要合于虚寂，顺着万物的自然本性而不掺杂私意，天下就可以大治了。"

阳子居①见老聃曰："有人于此，向疾②强梁③，物彻疏明，学道不倦。如是者，可比明王乎？"

老聃曰："是于圣人也，胥易技系④，劳形怵心者也。且曰虎豹之文来田，猨狙之便、执嫠之狗来藉。如是者，可比明王乎？"

阳子居蹴然曰："敢问明王之治。"

老聃曰："明王之治：功盖天下而似不自己，化贷万物而民弗恃⑤，有莫举⑥名，使物自喜；立乎不测，而游于无有者也。"

郑有神巫曰季咸，知人之死生、存亡、祸福、寿夭，期以岁月旬日，若神。郑人见之，皆弃而走。列子见之而心醉，归，以告壶子⑦，曰："始吾以夫子之道为至矣，则又有至焉者矣。"

壶子曰："吾与汝既其文，未既其实。而固得道与？众雌而无雄，而又奚卵焉！而以道与世亢，必信，夫故使人得而相汝。尝试与来，以予示之。"

明日，列子与之见壶子，出而谓列子曰："嘻！子之先生死矣，弗活矣，不以旬数矣！吾见怪焉，见湿灰⑧焉。"

列子入，泣涕沾襟以告壶子。壶子曰："乡吾示之以地文，萌乎不震不止⑨。是殆见吾杜德机也。尝又与来。"

明日，又与之见壶子。出而谓列子曰："幸矣！子之先生遇我也，有瘳矣，全然有生矣！吾见其杜权矣！"

列子入，以告壶子。壶子曰："乡吾示之以天壤，名实不入，而机发于踵。是殆见吾善者机也。尝又与来。"

明日，又与之见壶子。出而谓列子曰："子之先生不齐，吾无得而相焉。试齐，且复相之。"

列子入，以告壶子。壶子曰："吾乡示之以太冲莫胜。是殆见吾衡气机也。鲵桓之审为渊，止水之审为渊，流水之审为渊。渊有九名，此处三焉。尝又与来。"

明日，又与之见壶子。立未定，自失而走。壶子曰："追之！"列子追之不及。反，以报壶子曰："已灭矣，已失矣。吾弗及已。"

壶子曰："乡吾示之以未始出吾宗。吾与之虚而委蛇，不知其谁何，因以为弟靡⑩，因以为波流，故逃也。"

然后列子自以为未始学而归。三年不出。为其妻爨，食豕如食人，于事无与亲。雕琢复朴，块然独以其形立。纷而封哉，一以是终。

注释

①阳子居：多认为是主张"贵己"的杨朱。②向疾：敏捷如响。向，通"响"。③强梁：强悍果断。④技系：被技术所束缚而不能脱身。⑤弗恃：不觉有所依赖。⑥举：显示，表现出。⑦壶子：名林，号壶子，郑国人，是列子的老师。⑧湿灰：喻毫无生机。⑨止：通行本作"正"，据《阙误》引江南古藏本改。⑩弟靡：随风摆动，形容没有定相。弟，通"稊"，茅草类。

译文

阳子居见到老聃，问道："有这样一个人，做事敏捷果断，看问题通透明达，学习勤奋不倦。这种人，可以和圣明之王相比吗？"

老聃说："这样的人在圣人看来，不过就像有才智的小吏，被自己的技艺职守所困，终日劳碌，担惊受怕罢了。况且虎豹由于皮有花纹而招来捕猎，猕猴由于灵便、猎狗由于会捕捉狐狸而招来拘系。这种人能够和圣明之王相比吗？"

阳子居惭愧地说："请问圣明之王是如何治理天下的呢？"

老聃说："圣明之王治理天下，功绩遍布天下却好像与自己无关；化育万物而百姓却不觉得有所依赖；有功德却无意去显露，而让万物欣然自得；立于不可测见之地，生活在至虚无为的境地。"

郑国有一个名叫季咸的神巫，能够占卜人的生死存亡和祸福寿命，所预言的时间，哪年哪月哪日，都能如期发生，料事如神。郑国人见了他，因为害怕知道自己的凶日，都远远逃走。列子却被他的神算所折服，回来后便把此事告诉壶子，说："当初我还以为先生的道术是最高深的，没想到还有更加高深的。"

壶子说："我教授你的都是外在的东西，还没有展现道的本质，难道你就认为自己得道了吗？就像只有许多雌性而没有雄性，又怎能产卵呢？你用表面的道与世人较量，希望得到肯定，所以才让神巫窥测到你的心迹，从而要给你相面，占卜吉凶。试着把他带来，让他给我看看相。"

第二天，列子与季咸一起来见壶子。季咸出来后，对列子说："唉，你的先生快要死了，活不成了，不超过十天了！我见他形色怪异，犹如湿灰一样毫无生机。"

列子回到屋里，泪水沾湿了衣裳，把季咸的话告诉了壶子。壶子说："刚才我表现给他看的是大地般的寂静，茫然无知，不动不止。他大概是看到了我闭塞生机的景象。你试着再同他一起来看看。"

第二天，列子又跟季咸一起来见壶子。季咸出来后，对列子说："你的先生幸亏遇上了我，现在可以痊愈了，完全有生机了！我看见他闭塞的生机开始活动了！"

列子回到屋里，把季咸的话告诉了壶子。壶子说："刚才我表现给他看的是天地间的一丝生机，名利不入于心，一丝生机从脚跟升起。他大概是看到了我这一丝生机。你试着再同他一起来看看。"

第二天，列子又跟季咸一起来见壶子。季咸出来后，对列子说："你的先生神情恍惚不定，我无法给他相面。等他心神安宁的时候，我再给他看相。"

列子回到屋里，把季咸的话告诉了壶子。壶子说："我刚才表现给他看的是无迹可寻的太虚境界。他大概是看到了我心气平和的情形。鲸鱼盘旋的深水是渊，不流动的深水是渊，流动的深水是渊。渊有九种，我给他看的只是三种。你试着再同他一起来看看。"

第二天，列子又跟季咸一起来见壶子。季咸还没有站稳，就感觉不对，便惊慌地逃走了。壶子说："追上他！"列子没有追上，回来告诉壶子说："他已经跑掉了，不见踪迹。我追不上他了。"

壶子说："刚才我表现给他看的并不是我的根本之道。我不过是和他周旋，犹如草随风披靡，犹如水随波逐流，他弄不明白，只得逃走。"

此后列子才认识到自己并没有学到什么，返回家中，三年不出家门。他替妻子烧火做饭，把喂猪当作供人吃饭，对待一切事物无所偏爱。他扬弃浮华，返璞归真，无知无识、不偏不倚的样子犹如土块立于地上。他在纷乱的世事中固守着质朴，终身如此。

无为名尸①，无为谋府，无为事任，无为知主。体尽无穷，而游无朕②。尽其所受乎天，而无见得，亦虚而已。至人之用心若镜，不将不迎，应而不藏，故能胜物而不伤。

南海之帝为儵③，北海之帝为忽，中央之帝为浑沌④。儵与忽时相与遇于浑沌之地，浑沌待之甚善。儵与忽谋报浑沌之德，曰："人皆有七窍以视听食息，此独无有，尝试凿之。"日凿一窍，七日而浑沌死。

注释

①尸：主。②无朕：无迹象，无征兆。朕，兆。③儵（shū）：与下文的忽皆为虚构人物。"儵""忽"二字都含神速意，喻有为。④浑沌：虚构人物。"浑沌"是纯朴自然的意思，喻无为。

译文

不要承担附加的名誉，不要作为智慧的府库，不要担当事物的责任，不要成为智慧的主宰。体悟大道，应化没有穷尽；逍遥自在，游于无物之处。尽享自然所赋予的本性而不自现人为的所得，这正是虚寂无为的心境。至人用心犹如明镜，物来不迎，物去不送，物来应照，物去不留，所以能够超脱物外，不为外物所害。

南海的帝王名叫儵，北海的帝王名叫忽，中央的帝王名叫浑沌，儵和忽时常在浑沌的境内相遇，浑沌对他们很好。儵和忽商量回报浑沌对他们的好处，说："人们都有七窍，用来看、听、饮食、呼吸，唯独他没有，我们试着给他凿出来。"于是他们每天凿出一窍，到了第七天浑沌就死了。

外篇

外篇包括从《骈拇》至《知北游》的十五篇，大多是对庄子思想的进一步阐发。就风格来说，相比内篇机趣横生、汪洋自恣、自然成文的风格，外篇的灵动气息略显欠缺。有人认为外篇是庄子和其弟子合作写成，可聊备一说。

骈　拇①

骈拇枝指，出乎性哉，而侈于德；附赘县疣，出乎形哉，而侈于性；多方乎仁义而用之者，列于五藏哉，而非道德之正也。是故骈于足者，连无用之肉也；枝于手者，树无用之指也；多方骈枝于五藏之情者，淫僻于仁义之行，而多方于聪明之用也。

是故骈于明者，乱五色，淫文章，青黄黼黻之煌煌非乎？而离朱②是已。多于聪者，乱五声，淫六律，金石丝竹黄钟大吕之声非乎？而师旷是已。枝于仁者，擢德塞性以收名声，使天下簧鼓以奉不及之法非乎？而曾史③是已。骈于辩者，累瓦结绳窜句，游心于坚白同异之间，而敝跬誉无用之言非乎？而杨墨④是已。故此皆多骈旁枝之道，非天下之至正也。

彼至正⑤者，不失其性命之情。故合者不为骈，而枝者不为岐；长者不为有馀，短者不为不足。是故凫胫虽短，续之则忧；鹤胫虽长，断之则悲。故性长非所断，性短非所续，无所去忧⑥也。意仁义其非人情乎，彼仁人何其多忧也？

且夫骈于拇者，决之则泣；枝于手者，龁之则啼。二者，或有余于数，或不足于数，其于忧一也。今世之仁人，蒿目而忧世之患；不仁之人，决性命之情而饕贵富。故意仁义其非人情乎？自三代以下者，天下何其嚣嚣也？

且夫待钩绳规矩而正者，是削其性者也；待绳约胶漆而固者，是侵其德者也；屈折礼乐，呴俞仁义，以慰天下之心者，此失其常然也。天下有常然。常然者，曲者不以⑦钩，直者不以绳，圆者不以规。方者不以矩，附离不以胶漆，约束不以缰索。故天下诱然⑧皆生，而不知其所以生；同焉皆得，而不知其所得。故古今不二，不可亏也。则仁义又奚连连如胶漆缰索而游乎道德之间为哉，使天下惑也？

注释

①骈拇：脚的第一趾与第二趾连生。②离朱：黄帝时人，能看到百步之外的秋毫之末。③曾史：曾参和史鰌，二人均以仁孝著称。史鰌，名佗，字子鱼，春秋时卫国大夫。④杨墨：杨朱和墨翟。⑤至正：至道正理，本然之理。⑥无所去忧：没有什么忧虑的。⑦以：用。⑧诱然：自然而然。

译文

脚的第一趾与第二趾相连，手的大拇指旁多生一指，是天生多余的部位；肉瘤、毒疮虽是后天所生，但对自然的本性来说，也是多余的；想方设法要施行仁义的念头，虽然比列于身体本身的五脏，却不是纯正的道德。因此，脚趾并生，不过多连了一块无用的肉；手上长六指，不过多长了一个无用的指头；超出了五脏之情，走上仁义的歪门邪道，只不过是小聪明而已。

因此视觉过于敏锐，难道不是搅乱五色、迷乱文采、绣制出青黄相间的华丽服饰而炫人眼目吗？离朱就是这样。听觉过于灵敏，难道不是搅乱五音、混淆六律，让金、石、丝、竹、黄钟、大吕的各种音调失调吗？师旷就是这样。过于仁义，难道不是拔擢伪德、闭塞真性来捞取名声，而使天下的人争相鼓噪信守不可能做到的礼法吗？曾参和史鰌就是这样。过于能言善辩，难道不是堆砌辞藻、穿凿文句，将心思驰骋于坚白同异论题的诡辩之中，而艰难疲惫地罗列无数废话去追求短暂的声誉吗？杨朱和墨翟就是这样。所以说这些都是多余的、矫造而成的不正之法，绝不是天下的至理和正道。

那纯正的道，不失去它的本性。所以，脚趾连生不能算是骈趾，枝生一指也不能算是多余；长的不能看作多余，短的不能看作不足。野鸭的腿虽短，给它接上一节就会带来痛苦；鹤的腿虽长，截下一节就会带来悲哀。所以，本来长的不能截短，本来短的不能接长，没有什么可以忧虑的。我想那仁义大概不是人的本性吧，那些仁者为何那么多忧虑呢？

况且对于脚趾连生的人来说，分裂两脚趾他就会哭泣；对于枝生一指的人来说，咬断歧指他也会哀啼。以上两种情况，有的是多于正常的手指数，有的是少于正常的脚趾数，而它们所导致的忧患却是一样的。如今世上的仁人，放目远视而忧虑人间的祸患；那些不仁的人，摒弃人的本真和自然而贪求富贵。仁义恐怕不是人所固有的真情吧？不然从夏、商、周三代以来，天下人又怎么会喧嚣竞逐呢？

用规矩、准绳来矫正形体，就是伤害了事物的本性；用绳索、胶漆来加固，就是侵蚀了事物的原貌；规定礼节和音调，和气地履行仁义，用以安慰天下，就是违背了最初的自然之性。天下事物都有它的自然本性，这种自然本性就是指：曲的不用曲尺，直的不用绳墨，圆的不用圆规，方的不用矩尺，黏合的不用胶漆，捆绑的不用绳索。所以，天下事物任其自然而然地生长却不知道生的缘故，万物存在而不知道存在的缘故。因而古今的道理并无两样，都无法损害。那么，仁义为什么不断地如同胶漆黏合、绳索捆绑那样往复于人性道德之间，使天下人感到困惑呢？

夫小惑易方①，大惑易性。何以知其然邪？自有虞氏招仁义以挠天下也，天下莫不奔命于仁义。是非以仁义易其性与？故尝试论之：自三代以下者，天下莫不以物易其性矣！小人则以身殉利；士则以身殉名；大夫则以身殉家；圣人则以身殉天下。故此数子者，事业不同，名声异号，其于伤性以身为殉，一也。臧与谷，二人相与牧羊而俱亡其羊。问臧奚事，则挟策读书；问谷奚事，则博塞以游。二人者，事业不同，其于亡羊均也。伯夷死名于首阳之下，盗跖②死利于东陵之上。二人者，所死不同，其于残生伤性均也。奚必伯夷之是而盗跖之非乎？天下尽殉也：彼其所殉仁义也，则俗谓之君子；其所殉货财也，则俗谓之小人。其殉一也，则有君子焉，有小人焉。若其残生损性，则盗跖亦伯夷已，又恶取君子小人于其间哉！

且夫属③其性乎仁义者，虽通如曾史，非吾所谓臧④也；属其性于五味，虽通如俞儿⑤，非吾所谓臧也；属其性乎五声，虽通如师旷，非吾所谓聪⑥也；属其性乎五色，虽通如离朱，非吾所谓明⑦也。吾所谓臧者，非仁义之谓也，臧于其德而已矣；吾所谓臧者，非所谓仁义之谓也，任其性命之情而已矣；吾所谓聪者，非谓其闻彼也，自闻而已矣；吾所谓明者，非谓其见彼也，自见而已矣。夫不自见而见彼，不自得而得彼者，是得人之得而不自得其得者也，适人之适而不自适其适者也。夫适人之适而不自适其适，虽盗跖与伯夷，是同为淫僻也。余愧乎道德⑧，是以上不敢为仁义之操⑨，而下不敢为淫僻之行也。

注释

①小惑易方：惑，迷惑。易，发迹。方，方向。②盗跖(zhí)：春秋时代的大盗。③属：从属，归向。一说"属"读zhǔ，接连、缀系的意思。两种说法皆通。④臧：善、好的意思。⑤俞儿：相传为齐人，味觉灵敏，善于辨别味道。⑥聪：听觉灵敏。⑦明：视觉敏锐。⑧道德：这里指对宇宙万物和事物变化运动规律的认识。⑨操：节操，操守。

译文

小糊涂会迷失方向，大糊涂会丧失本性。凭什么知道如此呢？自从虞舜标榜仁义而扰乱天下以来，天下之人没有不为仁义而疲于奔命的。这不就是以仁义错乱了本性吗？所以，我且来试论这个问题：自夏、商、周三代以来，天下没有不因外物而错乱本性的！小人为了追求利益而牺牲自己，士人为了追求名声而牺牲自己，大夫为了维护家室而牺牲自己，圣人为了治理天下而牺牲自己。这四种人，事业虽不相同，名声虽不一样，但从损伤本性、自己这一点上看，却是相同的。臧与谷二人同去放羊，都把羊丢失了。问臧当时在干什么，他说正在那里捧着简册读书；问谷当时在干什么，他说正在那里下棋。他们二人所做的事情虽不相同，但都丢失了羊。伯夷死于首阳山下是为名，盗跖死于东陵之上是为利，他们二人所死的原因虽不同，但在丧生害性上却是相同的。既然如此，又何必去肯定伯夷而否定盗跖呢！天下人都在为某种目的而牺牲自己，有的为仁义而死，世人称为君子；有的为财富而死，世人称为小人。同样都是死，却有君子与小人的区别；如果以丧生害性来说，盗跖与伯夷本无两样，又何必区分什么君子、小人呢！

况且，把自己的本性缀连于仁义，即使如同曾参和史鰌那样通达，也不是我所认为的完美；把自己的本性缀连于甜、酸、苦、辣、咸五味，即使如同俞儿那样精通于此，也不是我所认为的完善；把自己的本性缀连于五声，即使如同师旷那样通晓音律，也不是我所认为的聪敏；把自己的本性缀连于五色，即使如同离朱那样通晓色彩，也不是我所认为的视觉敏锐。我所说的完善，绝不是仁义之类的东西，而是说自然本性完善罢了；我所说的完善，绝不是所谓的仁义，而是放任天性、保持真情罢了；我所说的聪敏，不是说能听到别人什么，而是指能够内审自己罢了；我所说的视觉敏锐，不是说能看见别人什么，而是指能够看清自己罢了。不能看清自己而只能看清别人，不能安于自得而向别人索求的人，这就是索求别人之所得而不能安于自己所应得的人，也就是贪图达到别人所达到而不能安于自己所应达到的境界的人。贪图达到别人所达到而不安于自己所应达到的境界，无论盗跖与伯夷，都同样是滞乱邪恶的。我有愧于对宇宙万物本体的认识和对事物变化规律的理解，所以，我上不能奉行仁义的节操，下不愿从事滞乱邪恶的行径。

马　蹄①（节选）

马，蹄可以践霜雪，毛可以御风寒，龁草饮水，翘足而陆，此马之真性也。虽有义台路寝②，无所用之。及至伯乐，曰："我善治马。"烧之，剔之，刻之，雒之。连之以羁馽③，编之以皁栈④，马之死者十二三矣；饥之渴之，驰之骤之，整之齐之，前有橛饰⑤之患，而后有鞭笾之威，而马之死者已过半矣。陶者曰："我善治埴⑥。圆者中规，方者中矩。"匠人曰："我善治木。曲者中钩，直者应绳。"夫埴木之性，岂欲中规矩钩绳哉！然且世世称之曰："伯乐善治马，而陶匠善治埴木。"此亦治天下者之过也。

吾意善治天下者不然。彼民有常性，织而衣，耕而食，是谓同德。一而不党，命曰天放。故至德之世，其行填填，其视颠颠。当是时也，山无蹊隧，泽无舟梁；万物群生，连属其乡；禽兽成群，草木遂长。是故禽兽可系羁而游，鸟鹊之巢可攀援而窥。夫至德之世，同与禽兽居，族与万物并。恶乎知君子小人哉！同乎无知，其德不离；同乎无欲，是谓素朴。素

庄子选译 外篇

朴而民性得矣。及至圣人，蹩躠为仁，踶跂为义，而天下始疑矣；澶漫为乐，摘僻⑦为礼，而天下始分矣。故纯朴不残，孰为牺尊！白玉不毁，孰为珪璋！道德不废，安取仁义！性情不离，安用礼乐！五色不乱，孰为文采！五声不乱，孰应六律！夫残朴以为器，工匠之罪也；毁道德以为仁义，圣人之过也。

……

注释

①马蹄：这里将马被人驯服而丧失本性的事与人被礼乐仁义束缚而失去本性的事相互对照，批判礼法道德败坏人性。②义台路寝：义台，仪台。路寝，正室。③羁馽(zhí)：羁，马笼头。馽，马前蹄绊绳。④皂(zào)

栈：皁，马槽。栈，马棚。⑤橛饰：橛，马嚼。饰，马缨。⑥埴（zhí）：黏土。⑦摘僻：烦琐。

译文

马的蹄子可以踏霜踩雪，皮毛可以挡风御寒。吃草喝水，撒腿跳跃，这就是马的真性。虽然有仪台正室，对它却没有用处。后来出了伯乐，他自称："我善于驯服马。"于是就给它烙印，给它剪毛，给它钉蹄，给它戴笼头。用笼头和缰绳绑着它，用马槽和马棚围着它，使马死了十分之二三；使它饥饿、使它口渴，使它奔驰、使它快跑，使它整饰、使它划一，前有马嚼马缨的束缚、后有马鞭马棒的威压，使马死了半数。陶工说："我善于做土坯。圆的符合圆规，方的符合矩尺。"木匠说："我善于做木块。曲的符合曲尺的弯度，直的合乎墨线的直度。"黏土、木料的本性，难道是想符合圆规、矩尺、曲尺、墨线的要求吗？然而人们世代称赞他们说："伯乐善于驯马，陶工、木匠善于做土坯、木块。"这也是治理天下之人的过错啊。

我想善于治理天下的人不是这样的。人民具有不变的自然本性，织布穿衣，耕作进食，这叫作共同的本能。纯一不偏私，这叫作天赐的自由，所以，在道德最高尚的时代，人们的行为都很稳重，人们的面目都很质朴。在这个时代，山中没有小路，水上没有船只桥梁；万物共同生长，居住的地方相连接；禽兽成群结队，草木自然成长。因此人们可以牵着禽兽玩耍，可以爬到树上窥视鸟鹊的窝。在道德最高尚的时代，人同禽兽一起居住，跟万物聚焦共处。哪里知道什么君子、小人呢？人跟无知的东西一样，他的天性不会失掉；人跟没有欲望的东西一样，这叫作纯朴。纯朴说明人性的存在。等到出了圣人，苦心经营仁义，天下开始迷惑了。放纵作乐，扭捏制礼，天下开始崩解了。所以，原始的木头不被破开，怎么造出祭祀的酒樽来？白净的玉石不被雕琢，怎么造出珍贵的珪璋来？道德不被废弃，哪用得着仁义？天性不被支离，哪用得着礼乐？五色不被搅乱，哪需编织文采？五声不被破坏，哪需调配六律？破开原始的木头用来制造器皿，是工匠的罪过；毁弃道德来制定仁义，是圣人的罪过。

胠箧①

将为胠箧、探囊、发匮之盗而为守备，则必摄缄縢，固扃鐍，此世俗之所谓知也。然而巨盗至，则负匮揭箧担囊而趋，唯恐缄縢扃鐍之不固也。然则乡之所谓知者，不乃为大盗积者也？

故尝试论之。世俗之所谓知者，有不为大盗积者乎？所谓圣者，有不为大盗守者乎？何以知其然邪？昔者齐国邻邑相望，鸡狗之声相闻，罔罟之所布，耒耨之所刺，方二千余里。阖四竟之内，所以立宗庙社稷，治邑屋州闾乡曲者，曷尝不法圣人哉？然而田成子②一旦杀齐君而盗其国，所盗者岂独其国邪？并与其圣知之法而盗之，故田成子有乎盗贼之名，而身处尧舜之安。小国不敢非，大国不敢诛，十二世有齐国，则是不乃窃齐国并与其圣知之法以守其盗贼之身乎？

尝试论之。世俗之所谓至知者，有不为大盗积者乎？所谓至圣者，有不为大盗守者乎？何以知其然邪？昔者龙逢斩，比干剖，苌弘胣③，子胥靡④。故四子之贤而身不免乎戮。故跖之徒问于跖曰："盗亦有道乎？"跖曰："何适而无有道邪？夫妄意室中之藏，圣也；入先，勇也；出后，义也；知可否，知也；分均，仁也。五者不备而能成大盗者，天下未之有也。"由是观之，善人不得圣人之道不立，跖不得圣人之道不行。天下之善人少而不善人多，则圣人之利天下也少而害天下也多。

故曰：唇竭则齿寒，鲁酒薄而邯郸围⑤，圣人生而大盗起。掊击圣人，纵舍盗贼，而天下始治矣。夫川竭而谷虚，丘夷而渊实。圣人已死，则大盗不起，天下平而无故矣！圣人不死，大盗不止。虽重圣人而治天下，则是重利盗跖也。为之斗斛以量之，则并与斗斛而窃之；为之权衡以称之，则并与权衡而窃之；为之符玺以信之，则并与符玺而窃之；为之仁义以矫之，则并与仁义而窃之。何以知其然邪？彼窃钩者诛，窃国者为诸侯，诸侯之门而仁义存焉，则是非窃仁义圣知邪？故逐于大盗，揭诸侯，窃仁义并斗斛权衡符玺之利者，虽有轩冕之赏弗能劝，斧钺之威弗能禁。此重利盗跖而使不可禁者，是乃圣人之过也。

故曰："鱼不可脱于渊，国之利器不可以示人。"彼圣人者，天下之利器也。非所以明天下也。故绝圣弃知，大盗乃止；擿玉毁珠，小盗不起；焚符破玺，而民朴鄙；掊斗折衡，而民不争；殚残天下之圣法，而民始可与论议；擢乱六律，铄绝竽瑟，塞瞽旷之耳，而天下始人含其聪矣；灭文章，散五采，胶离朱之目，而天下始人含其明矣；毁绝钩绳而弃规矩，攦工倕⑥之指，而天下始人有其巧矣。故曰：大巧若拙。削曾史之行，钳杨墨之口，攘弃仁义，而天下之德始玄同矣。彼人含其明，则天下不铄矣；人含其聪，则天下不累矣；人含其知，则天下不惑矣；人含其德，则天下不僻矣。彼曾、史、杨、墨、师旷、工倕、离朱，皆外立其德，而以爚乱⑦天下者也，法之所无用也。

注释

①胠(qū)箧：指偷窃。胠，撬开。箧，小箱。从偷窃财物联系盗窃国柄，指明它们的本质是一样的，都是圣人智慧流毒天下的恶果，因此圣人之道与强盗逻辑是一致的，亟须绝圣弃智，盗乱方止。②田成子：春秋时齐国大夫陈恒。他杀齐简公夺权。③苌(cháng)弘胣(chǐ)：苌弘，周景王、周敬王时刘文公的大夫。胣，车裂。④子胥靡：子胥，姓伍，名员，楚国人，父兄被平王杀而投吴王夫差，因谏夫差被赐死，投尸江中。"靡"，通"糜"，烂。⑤鲁酒薄而邯郸围：楚宣王会诸侯，鲁恭公迟到，且献酒薄味，宣王怒而攻打鲁国。梁惠王早拟攻赵，但担心楚国援赵，今见楚伐鲁，立即趁机兵围邯郸。⑥工倕(chuí)：尧时巧匠。⑦爚(yuè)乱：迷乱。爚，火光。

译文

为了抵御撬箱子、摸袋子、开柜子种种偷窃而进行防备，就一定要绑紧绳子，关紧锁钮，这就是世俗所说的聪明。然而，大窃贼一到，总是背上柜

子、提起箱子、抬着袋子就跑，他还唯恐捆绳和锁钮不牢固呢。这么说过去所认为的聪明人，不就是给大窃贼准备财物的人吗？

所以我试着谈谈这个问题。世俗所认为的聪明人，有不给大窃贼积蓄财物的吗？所认为的圣人，有不给大窃贼看守财物的吗？何以知道是这样呢？以前齐国邻近的城邑相互望得见，鸡狗的叫声相互听得见，渔网撒到的地方，犁锄所耕作的地方，方圆两千多里。总合四境之内，所有建立的宗庙、神坛、谷祠，所有管辖的县邑、州区、乡村，何尝不是效法圣人呢？然而田成子一旦杀了齐

庄子 选译 ◎ 外篇

国国君就窃取国柄,他所窃取的难道仅仅是他的国家吗?就连那神圣的充满智慧的礼法也窃走了,所以,田成子虽有盗贼的名声,可是却享有如同尧舜帝王那样的安逸。小的国家不敢非议它,大的国家不敢讨伐它,在齐国经历了十二世,这不正是窃取齐国及其神圣智慧的礼法来守护他的盗贼名声吗?

我试着谈谈这点。世俗所认为的最聪明的人,有不给大窃贼积蓄财物的吗?所认为最圣明的人,有不给大窃贼看守财物的吗?何以知道是这样呢?以前关龙逢被杀头,王子比干被挖心,苌弘遭受车裂,伍子胥糜烂了尸体。以这四个人的贤明却没能保全身体免于杀戮。所以,盗跖的徒众问盗跖说:"盗贼也有道义吗?"

盗跖说:"哪里没有道义呀?猜测房里所藏的物品,就称得上英明了;抢先进

去，就称得上勇敢了；最后出来，就称得上义气了；能把握成功与否，就称得上明智了；分赃均匀，就称得上仁惠了。不具备这五项是不能成为大盗贼的。"由此可见，好人得不到圣人之道就不能立身，盗跖得不到圣人之道就无法行窃。天下的好人少而坏人多，正是因为圣人有益于天下少而有害于天下多。

所以说，嘴唇没了牙齿就冷了，鲁国的酒味淡薄就引发赵国的邯郸遭受围攻，圣人出现了大盗贼也就起来了。只有抨击圣人，放走盗贼，天下才会太平，河川干涸，溪谷便空虚，山丘铲平了深渊也就填满了。圣人死了，那么大盗贼就不再出现了，天下也就平安无事了。圣人不死，大盗贼就不会停止。虽然尊重圣人的言行来治理天下，实质上却使盗跖之流得到更多的利益。圣人制作斗斛来量东西，盗贼就连同斗斛一起偷走；圣人制作秤锤、秤杆来称东西，盗贼就连同秤锤、秤杆一起偷走；圣人制作符契、印玺来作为凭证，盗贼就连同符契、印玺一起偷走；圣人制定仁义来矫正人心，盗贼就连同仁义一起偷走。何以知道是这样呢？那个偷窃带钩的人会被杀头，窃取国柄的人反倒成为诸侯，诸侯的门庭有仁义存在里面，这不正是窃取仁义圣智了吗？所以，追随大盗贼，争夺诸侯之位，盗窃仁义，以及斗斛、秤锤、秤杆、符契、印玺利益的人，即使有高官的奖赏也不能劝止他，有刑罚的威压也不能禁止他。这种使盗跖之流得到更多的利益，使得他们处于不可禁止的局面，正是圣人的罪过。

所以说："鱼儿不可以脱离渊泽，国家的权柄不可以显示给人。"那圣人便是天下的权柄，不能够将他展示给天下，所以，杜绝圣明抛弃智巧，大盗贼才会止息；扔掉玉器、毁掉珠宝，小窃贼才不产生；烧掉符契砸掉印玺，人就变得质朴了；打碎升斗、折断秤杆，人就不会争执了；彻底摧毁天下的圣法，人们才可以共同讨论大道；搞乱六律，销绝竽瑟，堵塞师旷的耳朵，天下的人才拥有听力；消灭图纹，离散五色，粘住离朱的眼睛，天下的人才拥有视力；销毁一切钩绳，抛弃圆规矩尺，折断工倕的手指，天下的人才隐匿自己的技艺。所以说，天然大巧却似笨拙。消除曾参、史鳅的忠孝，钳住杨朱、墨翟善辩的嘴巴，摒弃仁义，天下人的德行才能混同而齐一。人人都保有原本的视觉，天下就不会出现毁坏；人人都保有原本的听觉，天下就不会出现忧患；人人都保有原本的智巧，天下就不会出现迷惑；人人都保有原本的秉性，天下就不会出现邪恶。曾参、史䲡、杨朱、墨翟、师旷、工倕和离朱，都外露并炫耀自己的德行，而且用来迷乱天下之人，这就是圣治之法没有用处的原因。

子独不知至德之世乎？昔者容成氏、大庭氏、伯皇氏、中央氏、栗陆氏、骊畜氏、轩辕氏、赫胥氏、尊卢氏、祝融氏、伏牺氏、神农氏①，当是时也，民结绳而用之。甘其食，美其服，乐其俗，安其居，邻国相望，鸡狗之音相闻，民至老死而不相往来。若此之时，则至治已。今遂至使民延颈举踵，曰"某所有贤者"，赢粮而趣之，则内弃其亲而外弃其主之事，足迹接乎诸侯之境，车轨结②乎千里之外，则是上好知之过也。

上诚好知而无道，则天下大乱矣。何以知其然邪？夫弓弩毕弋机变之知多，则鸟乱于上矣；钩饵、罔罟、罾笱③之知多，则鱼乱于水矣；削格罗落罝罘④之知多，则兽乱于泽矣；知诈渐毒，颉滑坚白、解垢同异之变多，则俗惑于辩矣。故天下每每⑤大乱，罪在于好知。故天下皆知求其所不知而莫知求其所已知者，皆知非其所不善而莫知非其所已善者，是以大乱。故上悖日月之明，下烁山川之精，中堕四时之施⑥，惴耎⑦之虫，肖翘⑧之物，莫不失其性。甚矣，夫好知之乱天下也！自三代以下者是已。舍夫种种⑨之民而悦夫役役之佞；释夫恬淡无为而悦夫啍啍之意，啍啍已乱天下矣！

注释

①容成氏、大庭氏……神农氏：传说中的古代帝王或部落首领，但多数不见于经传。②结：往来交错。③罾笱（zēng gǒu）：罾，用竿子支撑的渔网。笱，用作捕鱼的竹笼。④罝罘（jū fú）：捕兽的网。⑤每每：即"昧昧"，昏昏的意思。⑥施：推移。⑦耎（ruǎn）：蠕动的样子，这里指附地而生的小虫。⑧肖翘：飞在空中的小虫。⑨种种：淳朴的样子。

译文

你不知道那个盛德的时代吗？从前容成氏、大庭氏、伯皇氏、中央氏、栗陆氏、骊畜氏、轩辕氏、赫胥氏、尊卢氏、祝融氏、伏牺氏、神农氏，在那个时代，人民靠结绳的办法记事，他们把粗疏的饭菜当作美味，把朴素的衣衫当作华服，把淳厚的风俗当作欢乐，把简陋的居所当作安适，邻近的国家相互观望，鸡狗之声相互听闻，百姓直至老死也互不往来。像这样的时代，可说是真正的太平治世了。可是当今竟然使百姓伸长脖子、踮起脚说"某个地方出了圣人"，于是带着干粮疾趋而往，抛弃了双亲，离开了君王，足迹频繁出现在诸侯的国境，车轮印迹往来交错于千里之外，这就是统治者追求圣智的过错。

统治者一心追求圣智而不遵从大道，那么天下必定会大乱啊。怎么知道是这样呢？弓弩、鸟网、弋箭、机关之类的智巧多了，鸟儿就只会在空中不安地乱飞；钓饵、渔网、鱼笼之类的智巧多了，鱼儿就只会在水里乱游；木栅、兽栏、兽网之类的智巧多了，野兽就只会在草泽里乱窜；诳骗欺诈、奸黠狡猾的坚白之辩、言词诡曲的同异之谈等权变多了，世俗的人就只会被诡辩所迷惑。所以，天下昏昏大乱，罪过就在于喜好智巧。所以，天下人都只知道追求他所不知道的，却不知道探索他已经知道的；都知道谴责他所认为不好的，却不知道否定他所已经赞同的，因此天下大乱。所以，对上遮掩了日月的光辉，对下消解了山川的精华，居中损毁了四时的交替，就连附生地上蠕动的小虫，飞在空中的蛾蝶，也没有不丧失原有真性的。追求智巧扰乱天下，竟到了如此地步！自夏、商、周三代以来的情况就是这样。抛弃那众多淳朴的百姓，而喜好那钻营狡诈的谄佞小人；废止那恬淡无为的自然风尚，喜好那喋喋不休的说教，喋喋不休的说教已经搞乱了天下啊！

在 宥（节选）

闻在宥天下①，不闻治天下也。在之也者，恐天下之淫②其性也；宥之也者，恐天下之迁其德也。天下不淫其性，不迁其德，有治天下者哉？昔尧之治天下也，使天下欣欣焉人乐其性，是不恬也；桀之治天下也，使天下瘁瘁③焉人苦其性，是不愉也。夫不恬不愉，非德也；非德也而可长久者，天下无之。

人大喜邪，毗④于阳；大怒邪，毗于阴。阴阳并毗，四时不至，寒暑之和不成，其反伤人之形乎！使人喜怒失位，居处无常，思虑不自得，中道不成章，于是乎天下始乔诘卓鸷，而后有盗跖曾史之行。故举天下以赏其善者不足，举天下以罚其恶者不给；故天下之大，不足以赏罚。自三代以下者，匈匈焉终以赏罚为事，彼何暇安其性命之情哉！

而且说明邪，是淫于色也；说聪邪，是淫于声也；说仁邪，是乱于德也；说义邪，是悖于理也；说礼邪，是相于技也；说乐邪，是相于淫也；说圣邪，是相于艺也；说知邪，是相于疵也。天下将安其性命之情，之八者，存可也，亡可也。天下将不安其性命之情，之八者，乃始脔卷㺄囊⑤而乱天下也。而天下乃始尊之惜之。甚矣，天下之惑也！岂直过也而去之邪！乃斋戒以言之，跪坐以进之，鼓歌以儛⑥之。吾若是何哉！

故君子不得已而临莅天下，莫若无为。无为也，而后安其性命之情。故贵以身于为天下，则可以托天下；爱以身为天下，则可以寄天下。故君子苟能无解其五藏，无擢其聪明，尸居而龙见⑦，渊默而雷声，神动而天随，从容无为而万物炊累焉，吾又何暇治天下哉！

注　释

①在宥天下：听任天下宽然自存，即"无为而治"。②淫：扰乱。③瘁（cuì）瘁：忧愁。④毗：损伤。⑤㺄（cāng）囊：扰攘纷争的样子。⑥儛（wǔ）：舞。⑦尸居而龙见：尸居，居处宁静。龙见，精神像腾龙显现一般。

译　文

只听说过让天下自然而然地发展，没有听说过要控制天下。所谓安然自在，是唯恐天下人扰乱了自身的本性；所谓安然宽容，是唯恐天下人改变自身的常态。哪里用得着去治理天下呢？过去尧治理天下，让天下人欣喜而使之天性快乐，这是不安宁的表现；桀治理天下，让天下人忧愁而使之天性苦闷，这是不欢愉的表现。不宁静或不欢愉，这都不是人恒常的性情，违逆了人恒常的性情还能够长治久安的，恐怕天下没有这种情况。

　　人们过度欢欣，定会损伤阳气；人们过度愤怒，定会损伤阴气。阴与阳相互侵害，四时就不会顺应而至，寒暑也就不会调和形成，这反倒会伤害自身吧！使人喜怒失却常态，居处不定，考虑问题不得要领，办什么事都半途失去章法，于是天下就开始出现种种不平，而后便产生盗跖、曾参、史鲢等各个不同的行为和做法。所以，动员天下所有力量来奖励人们行善还嫌不够，动员天下所有力量来惩戒劣迹还嫌不足；因此天下虽大仍不足以用来赏善罚恶。自夏、商、周三代以来，始终喋喋不休地把赏善罚恶当作当政之急务，他们又哪里有心思去安定人的自然本性和真情呢！

　　而且，喜好目明，这是沉溺于五彩；喜好耳聪，这是沉溺于声乐；喜好仁爱，这是扰乱人的自然常态；喜好道义，这是违反事物的常理；喜好礼仪，这就助长了烦琐的技巧；喜好音乐，这就助长了淫乐；喜好圣智，这就助长了技艺；喜好智巧，这就助长了琐细之差的争辩。天下人想要安于自然赋予的真情和本性，这八种做法，存留可以，丢弃也可以；天下人不想安于自然赋予的真情和本性，这八种做法，就会成为拳曲不伸、扰攘纷争的因素而迷乱天下了。可是，天下人竟然会尊崇它、珍惜它，为其所迷惑竟达到如此地步！这种种现象岂止是一代一代地流传下来呀！人们还虔诚地谈论它，恭敬地传颂它，欢欣地供奉它，对此我又能怎么样呢！

　　所以，君子如果迫不得已去治理天下，最好的办法就是无所作为。无所作为之后才能使天下人的本性和真情得到稳定的保持。所以，把自身看得比天下还重要的人，才可以把天下托付给他；把爱护自身看得比爱护天下还重要的人，才可以把天下寄托于他。因此，君子若不去敞开他的五藏欲望，不有意显露他的才华机智，居处宁静，而精神却像腾龙显现一般，身心安稳像深渊一般沉默，精神活动却像打雷一般震动天下，精神活动都合于自然，从容自在，无所作为，而万物则像炊烟游尘一样自由自在，那么我又何必抽出时间去治理天下呢？

崔瞿①问于老聃曰："不治天下，安藏②人心？"

老聃曰："女慎，无撄人心。人心排下而进上，上下囚杀，淖约柔乎刚强。廉刿雕琢，其热③焦火，其寒凝冰，其疾俯仰之间而再抚四海之外。其居也，渊而静；其动也，县而天。偾骄而不可系者，其唯人心乎！昔者黄帝始以仁义撄人之心，尧舜于是乎股无胈④，胫无毛，以养天下之形。愁其五藏以为仁义，矜其血气以规法度。然犹有不胜也。尧于是放谨兜⑤于崇山，投三苗⑥于三峗，流共工⑦于幽都，此不胜天下也。夫施及三王而天下大骇矣，下有桀、跖，上有曾、史，而儒墨毕起。于是乎喜怒相疑，愚知相欺，善否相非，诞信相讥，而天下衰矣；大德不同，而性命烂漫矣；天下好知，而百姓求竭矣。于是乎斤锯制焉，绳墨杀焉，椎凿决焉。天下脊脊⑧大乱，罪在撄人心。故贤者伏处太山嵁岩之下，而万乘之君忧栗乎庙堂之上。今世殊死⑨者相枕也，桁杨者相推也，刑戮者相望也，而儒墨乃始离跂攘臂乎桎梏之间。噫，甚矣哉！其无愧而不知耻也甚矣！吾未知圣知之不为桁杨椄槢也，仁义之不为桎梏凿枘也，焉知曾史之不为桀跖嚆矢⑩也！故曰：绝圣弃知而天下大治。"

黄帝立为天子十九年，令行天下，闻广成子在于空同之上，故往见之。曰："我闻吾子达于至道，敢问至道之精。吾欲取天地之精，以佐五谷，以养民人。吾又欲官阴阳以遂群生，为之奈何？"广成子曰："而所欲问者，物之质也；而所欲官者，物之残也。自而治天下，云气不待族而雨，草木不待黄而落，日月之光益以荒矣。而佞人之心翦翦者，又奚足以语至道！"

黄帝退，捐天下，筑特室，席白茅，闲居三月，复往邀之。

注释

①崔瞿：虚构的人物。②藏：乃"臧"字之讹。"臧"是善的意思。③热：与下句的"寒"分别形容情绪激动和情绪低落。④胈（bá）：大腿上的肉。⑤谨（huān）兜：人名，传说跟尧作对，被尧放逐。⑥三苗：帝尧时代的古国名，地处南方。⑦共工：帝尧的水官。⑧脊脊：通"藉藉"，相互

践踏的样子。⑨殊死：斩首。殊，断。⑩嚆（hāo）矢：即响箭，这里含有导向、先导的意思。

译文

崔瞿子向老聃请教："不治理天下，怎么能使人心向善？"

老聃回答说："你应谨慎，不要随意扰乱人心。人们的心情总是压抑便消沉颓丧，而得志便趾高气扬，不过消沉颓丧或者趾高气扬都像是受到拘禁和伤害一样自累自苦，唯有柔弱顺应能软化刚强。端方而棱角外露容易受到挫折和伤害，情绪激烈时像熊熊大火，情绪低落时像凛凛寒冰。内心变化格外迅速，如同转眼间再次巡游四海之外。静处时深幽宁寂，活动时悬腾高天。骄矜不羁而无所拘系的，恐怕就只是人的内心活动吧！当年黄帝开始用仁义来扰乱人心，于是尧和舜疲于奔波，大腿上无肉、小腿上秃毛，如此奔忙以养育天下众多的形体，满心焦虑地推行仁义，并耗费心血来制定法度。然而他还是未能治理好天下。此后尧将谨兜放逐到南方的崇山，将三苗放逐到西北的三峗，将共工放逐到北方的幽都，这些就是没能治理好天下的明证。延续到夏、商、周三代更是多方面地惊扰了天下的人民，下有夏桀、盗跖之流，上有曾参、史鳅之流，而儒家和墨家的争辩又全面展开。这样一来，快乐的人与愤怒的人相互猜疑，愚钝的人与聪明的人相互欺诈，行善的人与作恶的人相互责难，荒诞的人与信实的人相互讥讽，因而天下也就逐渐衰败了；基本观念和生活态度如此不同，人类的自然本性散乱了；天下都追求智巧，百姓便纷争迭起。于是用斧锯之类的刑具来惩罚他们，用绳墨之类的法度来规范他们，用椎凿之类的肉刑来惩处他们。天下因相互践踏而大乱，罪在扰乱了人心。因此贤能的人隐居于高山深谷之中，而帝王诸侯忧心如焚，在朝堂之上战栗。当今之世，遭受杀害的人尸体一个压着一个，戴着脚镣手铐而坐大牢的人一个挨着一个，受到刑具伤害的人更是举目皆然，而儒家、墨家竟然在枷锁和羁绊中挥手舞臂地奋力争辩。唉，真是太过分了！他们不知惭愧、不识羞耻竟然达到这等地步！我不知道那所谓的圣智是不是脚镣手铐上用作连接左右两部分的插木，我也不明白那所谓的仁义是不是枷锁上用作加固

庄子选译 ◎ 外篇

95

的孔穴和木栓，又怎么知道曾参和史鰌之流不是夏桀和盗跖的先导呢！所以说，断绝圣人，抛弃智慧，天下就会得到治理而太平无事。"

黄帝做了十九年天子，诏令通行天下，听说广成子居住在空同山上，特意前往拜见他，说："我听说先生已经通晓至道，冒昧地向您请教至道的精华。我一心想获取天地的灵气，用来帮助五谷生长，用来养育百姓。我又希望能主宰阴阳，从而使众多生灵遂心地成长，对此我该怎么办？"广成子回答说："你所想问的，是万事万物的根本；你所想主宰的，是阴阳二气。自从你治理天下，天上的云气不等到聚集就下起雨来，地上的草木不等到枯黄就飘落凋零，太阳和月亮的光亮也渐渐地晦暗下来。你这个谄佞之人心地是那么偏狭和恶劣，又怎么能够谈论至道！"

黄帝听了这一席话便退了回来，弃置朝政，筑起清心寂智的静室，铺着洁白的茅草，谢绝交往，独居三个月，再次前往求教。

广成子南首而卧，黄帝顺下风①膝行而进，再拜稽首而问曰："闻吾子达于至道，敢问：治身奈何而可以长久？"广成子蹶然而起，曰："善哉问乎！来，吾语女至道。至道之精，窈窈冥冥；至道之极，昏昏默默。无视无听，抱神以静，形将自正。必静必清，无劳女形，无摇女精，乃可以长生。目无所见，耳无所闻，心无所知，女神将守形，形乃长生。慎女内，闭女外，多知为败。我为女遂于大明之上矣，至彼至阳之原也，为女入于窈冥之门矣，至彼至阴之原也。天地有官，阴阳有藏；慎守女身，物将自壮。我守其一以处其和。故我修身千二百岁矣，吾形未常衰。"黄帝再拜稽首曰："广成子之谓天矣！"

广成子曰："来，余语女。彼其物无穷，而人皆以为有终；彼其物无测，而人皆以为有极。得吾道者，上为皇而下为王；失吾道者，上见光而下为土。今夫百昌皆生于土而反于土。故余将去女，入无穷之门，以游无极之野。吾与日月参②光，吾与天地为常。当我缗③乎，远我昏④乎！人其尽死，而我独存乎！"

注 释

①顺下风：从下方。②参：同"辉"。③缗（mín）：此指不在意，无所察觉。④昏：通"缗"。

译 文

广成子头朝南躺着，黄帝跪着用膝盖走进来，行完叩头触地的大礼后说："我听说您精通至道，请问怎样修身才能长生？"广成子迅速起身，说："问得好啊！过来，我告诉你至道。至道的核心，昏昏暗暗；至道的极尽，晦涩沉寂。什么都不看，什么都不听，持守着精神的安宁，你的躯体自然健康。一定要心静，一定要神清，不要劳累你的身形，不要动摇你的精神，你才会长生。眼睛不要看什么东西，耳朵不要听什么东西，内心不要有什么智巧，让你的精神守护你的形体，这样你才会长生。坚守你的内心世界，排除外物的干扰，智巧多会败坏你的修为。我帮助你达到光明的地方，使你达到至阳的本原。我帮助你进入深远的地方，使你达到至阴的本原。天地都有所主宰，阳和阴各有其居所，慎重地持守你的身躯，万物会自然生长、繁盛起来。我执守至道的纯一，把握至道的和谐，所以，我修身至今已有一千二百多年，而我的身躯却没有衰老。"黄帝再次叩头行礼说："广成子真可谓是与自然浑然一体了。"

广成子说："过来，我告诉你。宇宙间的事物是无穷无尽的，而人们都认为会有尽头；宇宙间的事物是高深莫测的，而人们都认为有形迹可寻。领悟我的道的人，上可以成为皇帝，下可以成为王侯；丧失了我的道，生时仅见天光，死后化为腐土。如今百物昌盛都生长于大地而复归于大地，所以，我将离开你，进入无穷的境界，遨游于没有边际的旷野。我将与日月同辉，我将与天地同寿。迎我而来，我不在意；离我而去，我也不在意。人们都会死去，唯独我会永存！"

云将①东游，过扶摇②之枝而适遭鸿蒙③。鸿蒙方将拊脾④雀跃而游。云将见之，倘然止，贽然立，曰："叟何人邪？叟何为此？"鸿蒙拊脾雀跃不辍，对云将曰："游！"云将曰："朕愿有问也。"鸿蒙仰而视云将曰：

"吁！"云将曰："天气不和，地气郁结，六气不调，四时不节。今我愿合六气之精以育群生，为之奈何？"鸿蒙拊脾雀跃掉头曰："吾弗知！吾弗知！"云将不得问！

又三年，东游，过有宋之野，而适遭鸿蒙。云将大喜，行趋而进曰："天⑤忘朕邪？天忘朕邪？"再拜稽首，愿闻于鸿蒙。鸿蒙曰："浮游不知所求，猖狂不知所往。游者鞅掌⑥，以观无妄。朕又何知！"云将曰："朕也自以为猖狂，而民随予所往；朕也不得已于民，今则民之放也！愿闻一言。"

鸿蒙曰："乱天之经⑦，逆物之情，玄天弗成，解兽之群而鸟皆夜鸣，灾及草木，祸及止虫⑧。噫！治人之过也。"云将曰："然则吾奈何？"鸿蒙曰："噫！毒哉！仙仙乎归矣。"云将曰："吾遇天难，愿闻一言。"

鸿蒙曰："噫！心养！汝徒处无为，而物自化。堕尔形体，吐尔聪明，伦与物忘，大同乎涬溟⑨，解心释神，莫然无魂。万物云云，各复其根，各复其根而不知。浑浑沌沌，终身不离。若彼知之，乃是离之。无问其名，无窥其情，物固自生。"云将曰："天降朕以德，示朕以默。躬身求之，乃今也得。"再拜稽首，起辞而行。

注释

①云将：虚构的人物。②扶摇：此指一种神树。③鸿蒙：虚构的人物。④拊脾：拍击大腿。脾，通"髀"，大腿。⑤天：指鸿蒙。云将尊其如上天。⑥鞅掌：众多，纷扰。⑦经：纺织物上的纵线，引申为常规。⑧止虫：止，同"豸"，无脚的虫子。⑨涬溟：自然之气。

译文

云将去东方游历，经过扶摇神树的枝旁时正好遇到鸿蒙。鸿蒙正拍着大腿跳跃着游玩。云将见到他，惊疑地停下来，一动不动地站着问："老先生是什么人？老先生为什么来这里？"鸿蒙拍着大腿跳跃不停，对云将说："游玩啊！"云将又说："我想向您请教。"鸿蒙抬头看看云将说："啊！"云将说："上天之气不和谐,地上之气有郁结,六气不顺畅,四季变化不合节时。如今我想融合六气的精华来养育众生灵,怎么样去做呢?"鸿蒙拍着腿跳跃着回过头来答:"我不知道!我不知道!"云将没有得到答案。

又过了三年,云将再次巡游东方,路经宋国的原野恰好又遇到鸿蒙。云将非常高兴,赶忙上前说:"您忘记我了吗?您忘记我了吗?"再次叩头行礼,希望鸿蒙教导。鸿蒙说:"随便游巡,不知道求取什么;散散漫漫,不知道往哪里。游于纷纷扰扰之中,去体察宇宙的本真,我又知道什么。"云将说:"我也认为无所用心,可百姓却追随在我身后,我不得已同人民联系,现在又被人民仿效。想听听您的见解。"

鸿蒙说:"扰乱了自然的常规,违背了事物的本性,自然的原貌被破坏了。野兽离散,鸟儿夜啼,草木遭灾,虫子遭难。噫!这是治理人民的罪过啊!"云将说:"但是我该怎么办?"鸿蒙说:"噫!你中毒太深了,快点回去吧!"云将说:"我遇到你很不容易,想听听您的见解。"

鸿蒙说:"唉,你去养心吧!你只要顺应自然无所作为,万物就会自生自灭。毁掉你的形体,杜塞你的听觉、视觉,常规和万物一起被忘记,与自然之气相融通,解除你的心虑,释放你的精神,无所用心而内心混沌。万物纷纭复杂,各自返回它的根本,各自返回根本而不带智巧,混混沌沌保持真性,终身不相违背。假如使用智巧,就会违背本真。不要询问它的名称,不要窥究它的实情,万物本来会自然生长。"云将说:"你把道理传授给了我,告诉我要持守虚静,亲自去追求道,今天才得到。"再次叩头行礼,起身告辞而去。

世俗之人,皆喜人之同乎己而恶人之异于己也。同于己而欲之,异于己而不欲者,以出乎众为心也。夫以出乎众为心者,曷常①出乎众哉?因众以宁所闻,不知众技②众矣。而欲为人之国者,此揽乎三王之利而不见其患者也,此以人之国侥幸也,几何侥幸而不丧人之国乎?其存人之国也,无万分之一;而丧人之国也,一不成而万有馀丧矣!悲夫,有土者之不知也!

夫有土者,有大物③也。有大物者,不可以物;物而不物,故能物物④。明乎物物者之非物也，岂独治天下百姓而已哉！出入六合，游乎九州，独往独来，是谓独有。独有之人，是谓至贵。

大人⑤之教，若形之于影，声之于响。有问而应之，尽其所怀，为天下配。处乎无响，行乎无方。挈汝适复之挠挠，以游无端，出入无旁，与日无始。颂论形躯，合乎大同。大同而无己。无己，恶乎得有有。睹有者，昔之君子；睹无者，天地之友。

……

注释

①曷常：何尝。②众技：众人的智慧。③大物：拥有万物。④物物：主宰天下之物。⑤大人：即上句的"至贵"的人。

译文

世俗的人，都喜欢别人与自己相同，不喜欢别人与自己不同。希望别人与自己相同，不希望别人与自己不同的人，是想出人头地。以出人头地为目的人，又何尝能超越众人呢？因为得到大家的认同而心安，但并不如大家的智慧多。想要成为别人君王的人，他们是只看到了夏、商、周三代帝王的利益，而看不到后患的人。这样做是凭借国家的权力来侥幸谋取个人的利益，而这种侥幸谋利又不丧失国家的人又有多少呢？他们中能保持住国家权力的人，还不到万分之一；丧失掉国家权力的人，一无所成还留下了万般祸患。可悲啊，拥有土地的君王们实在不明智啊！

拥有土地的国君，必然拥有万物。拥有万物却不可以受外物所役使，使用外物而不为外物所役使，所以能够主宰天下万物。明白了拥有外物又能主宰外物的人本身就不是物，哪里只是治理天下百姓啊！这样的人能往来于天地四方，游乐于整个世界，无拘无束地去，又自由自在地来，这样的人就叫作拥有万物而又超脱于万物。拥有万物而又超脱于万物的人，就称得上是至高无上的贵人。

至贵之人的教诲，就好像形体对于身影，声音对于回响。有提问就有应答，竭尽自己所能，为天下人的提问做出应答。至人处身于没有声响的境界，活动在变化不定的地方，引领着纷扰世界的人们，遨游于无始无终的大道之中，或出或进都无须依傍，像跟随太阳那样周而复始，没有尽头；容颜、谈吐和形体都和众人一样，也就无所谓自身。无所谓自身，哪里看得到各种物象！看到了自身和各种物象的存在，这是过去的君子；看不到自身和各种物象的存在，就跟永恒的天地结成了朋友。

天　地（节选）

天地虽大，其化均也；万物虽多，其治一也；人卒虽众，其主君也。君原于德而成于天，故曰：玄古之君天下，无为也，天德而已矣。

以道观言而天下之名正，以道观分而君臣之义明，以道观能而天下之官治，以道泛观而万物之应备。故通于天地者，德也；行于万物者，道也；上治人者，事也；能有所艺者，技也。技兼于事，事兼于义，义兼于德，德兼于道，道兼于天，故曰：古之畜天下者，无欲而天下足，无为而万物化，渊静而百姓定。记曰："通于一而万事毕，无心得而鬼神服。"

夫子曰："夫道，覆载万物者也，洋洋乎大哉，君子不可以不刳心焉。无为为

之之谓天，无为言之之谓德，爱人利物之谓仁，不同同之之谓大，行不崖异①之谓宽，有万不同之谓富。故执德之谓纪，德成之谓立，循于道之谓备，不以物挫志之谓完。君子明于此十者，则韬②乎其事心之大也，沛乎其为万物逝也。若然者，藏金于山，沈珠于渊；不利货财，不近贵富；不乐寿，不哀夭；不荣通，不丑穷。不拘一世之利以为己私分，不以王天下为己处显。显则明。万物一府，死生同状。"

夫子曰："夫道，渊乎其居也，漻③乎其清也，金石不得无以鸣。故金石有声，不考④不鸣。万物孰能定之！夫王德之人，素逝而耻通于事，立之本原而知通于神，故其德广。其心之出，有物采之⑤。故形非道不生，生非德不明，存形穷生⑥，立德明道，非王德者邪？荡荡乎！忽然出，勃然动，而万物从之乎！此谓王德之人。视乎冥冥，听乎无声。冥冥之中，独见晓焉；无声之中，独闻和焉。故深之又深，而能物焉⑦；神之又神，而能精焉⑧。故其与万物接也，至无而供其求，时骋而要其宿⑨，大小长短修远。"

注释

①崖异：伟岸，奇异。指与众不同。②韬：容藏。③漻(liú)：清澈的样子。④考：敲打。⑤有物采之：有外物感应他。⑥存形穷生：保全形体延续生命。⑦能物焉：能够从中产生万物。⑧能精焉：能够从中产生出精神。⑨宿：会聚，归宿。

译文

天地虽然大，但它们的运动变化却是均匀平衡的；万物虽然众多，它们的条理却是一致的；百姓虽然多，但他们的主宰是君王。国君要顺应事物的本原而成事于自然，所以说，远古的君主统治天下，只是一切自然无为，任其变化罢了。

从道的观点来看待称谓，天下的名称都合理；用道的观点来看待职分，君臣各自的道义就分明；用道的观点来看待才能，天下的官员都会尽职；用道的观点来遍观事物，则万物自得又自足。所以通达于天的是德；能通行万物的是道；居上位可以统治人民的，是礼乐、刑政等事；才能可以充分发挥，靠的是技巧。技艺合于礼乐等事，礼乐等事合于义理，义理合于德，德合于道，道合于自然。所以说，古代养育天下的人，没有什么奢求却能使天下富足，无所作为而万物自然变化，深沉虚静而百姓安定。古书中记载："通晓大道则万事可成，无心获取则鬼神折服。"

孔子说："覆盖和托载万物的道，是多么广阔而盛大啊！君子不能不挖空心胸，排除杂念。无所作为地去做叫作自然，无所作为地表达叫作德，给人带来慈爱、给万物带来利益叫作仁，使不同的事物归于同一的本性叫作大，行为不与众不同叫作宽容，内心包含了万种差异叫作丰富。所以，执守自然的禀赋叫作纲纪，以道德去实践叫作立身社会建功立业，遵循于道叫作完备，不因外物而挫伤志向就是完美无缺。君子若是理解了这十个方面，就会心胸宽广而包含万物，他的德泽会像湍急的流水一样汇集一处，成为万物的归向。像这样，就会隐藏金子于深山，沉溺珠宝于深渊；不贪图财物，不趋求贵富；不以长寿为乐，不以短寿为悲；不以通达为荣耀，不以困乏为耻辱；不谋取天下的利益作为个人的私利，不以称王于天下作为显耀的资本。显耀就是向外彰明。但世上万物终会归于一体，生与死同一，并无差别。"

孔子说："道，安宁如深渊，清澈又清流。钟磬之类的乐器，不合于道，就无法发出声响。所以，钟磬不敲击，便不会作响。万物的感应，谁能够准确把握呢！盛德的人，虚怀而游，以沉溺于俗务为耻辱，立身于本原而智慧通达在神秘之境。他德行宽广，心思外露，有外物感应他。所以，没有道，形体就不能产生；没有德行，本性就不能彰明。保全形体延续生命、培养德行、宣扬大道，这不就是盛德之人吗？浩渺盛大啊！突然出现，勃然运行，万物都在追随，这就是具有盛德的人。道，看上去是那么幽暗深渺，听起来又是那么寂然无声。然而幽暗深渺之中却能见到光明的真迹，寂然无声之中却能听到万物唱和的共鸣。幽深而又幽深，却能够从中产生万物；玄妙而又玄妙，却能够从中产生精神。所以，道与万物相接，虚寂却能满足万物的需求，时时驰骋纵放却能聚合万物成其归宿，无论是大还是小，是长还是短，是高还是远。"

黄帝游乎赤水①之北，登乎昆仑之丘而南望。还归，遗其玄珠②。使知③索之而不得，使离朱索之而不得，使喫诟④索之而不得也，乃使象罔⑤，象罔得之。黄帝曰："异哉！象罔乃可以得之乎？"

　　尧之师曰许由，许由之师曰啮缺，啮缺之师曰王倪，王倪之师曰被衣⑥。

　　尧问于许由曰："啮缺可以配天乎？吾藉王倪以要之。"许由曰："殆哉，圾乎天下！啮缺之为人也，聪明叡知，给数以敏，其性过人，而又乃以人受天。彼审乎禁过，而不知过之所由生。与之配天乎？彼且乘人而无天。方且本身而异形，方且尊知而火驰，方且为绪使，方且为物絯，方且四顾而物应，方且应众宜，方且与物化而未始有恒。夫何足以配天乎！虽然，有族有祖，可以为众父而不可以为众父父。治，乱之率也，北面之祸也，南面之贼也。"

　　尧观乎华。华封人曰："嘻，圣人！请祝圣人，使圣人寿。"尧曰："辞。""使圣人富。"尧曰："辞。""使圣人多男子。"尧曰："辞。"封人曰："寿、富、多男子，人之所欲也。女独不欲，何邪？"尧曰："多男子则多惧，富则多事，寿则多辱。是三者，非所以养德也，故辞。"封人曰："始也我以女为圣人邪，今然君子也。天生万民，必授之职。多男子而授之职，则何惧之有？富而使人分之，则何事之有？夫圣人，鹑居而鷇⑦食，鸟行而无彰。天下有道，则与物皆昌；天下无道，则修德就闲；千岁厌世，去而上仙；乘彼白云，至于帝乡；三患莫至，身常无殃，则何辱之有？"封人去之。尧随之，曰："请问。"封人曰："退已！"

注释

　　①赤水：神话中的水名。②玄珠：比喻道。③知：虚构的人名，有才智、智慧的意思。④喫(chī)诟：虚构的人名，善于闻声辩言的意思。⑤象罔：虚构的人名。"象"指形，"罔"则指"无"或"忘"，因而"象罔"之名代表无智、无视、无闻的意思。⑥被衣：虚构的隐士，清廉而脱俗。⑦鷇(kòu)：初生待哺的小鸟。

译 文

  黄帝在赤水的北岸游玩，登上昆仑山巅向南观望，不久返回，丢失玄珠。他派才智超群的知去寻找未能找到，派善于明察的离朱去寻找未能找到，派善于闻声辩言的喫诟去寻找也未能找到。于是让无智、无视、无闻的象罔去寻找，象罔找回了玄珠。黄帝说："奇怪啊！象罔怎么能够找到呢？"

  尧的老师叫许由，许由的老师叫啮缺，啮缺的老师叫王倪，王倪的老师叫被衣。

  尧问许由说："啮缺可以做天子吗？我想借助于他的老师来请他做天子。"许由说："恐怕天下也就危险了！啮缺这个人，耳聪目明、智慧超群，行动办事快捷机敏，他天赋过人，而且能用人的心智去对应并调和自然的禀赋。他明白怎样制止过失，不过他并不知晓过失产生的原因。让他做天子吗？他将借助于人为而抛弃天然，将会把自身看作万物归向的中心而着意改变万物固有的形迹，将会尊崇才智而急急忙忙地为求知和驭物奔走驰逐，将会被细末的琐事所役使，将会被外物所拘束，将会环顾四方而使万物顺应自己，将会奢求万物处处合宜，将会参与万物的变化而又不曾有什么定准。这样的人怎么能够做天子呢？虽然如此，有了同族人的聚集，就会有一个全族的先祖；可以成为一方百姓的统领，却不能成为诸方统领的君主。治理天下，必将是天下大乱的先导，这就是臣子的祸患，国君的祸根。"

  尧在华巡视。华地守护封疆的人说："啊，圣人！请让我为圣人祝愿吧，祝愿圣人长寿。"尧说："不用了。""祝愿圣人富有。"尧说："不用了。""祝愿圣人多男儿。"尧说："不用了。"守护封疆的人说："寿诞、富有和多男儿，这是人们都想得到的。你偏偏不希望得到，为什么呢？"尧说："多个男孩子就多了忧惧，多财物就多出了麻烦，寿命长就会多受些困辱。这三个方面都无助于培养无为的观念和德行，所以我谢绝你对我的祝愿。"

  守护封疆的人说："起初我把你看作圣人，现在看来只是个君子。苍天让万民降生人间，必定会授给他一定的差事。男孩多了，给他们的差事也就多了，有什么好忧惧的！富有了就把财物分给众人，有什么麻烦的！圣人总是像鹌鹑一样随遇而安、居无常处，像雏鸟一样仰头待哺，就像飞鸟一样不留下一点踪迹；天下太平，就跟万物一同昌盛；天下纷乱，就修身养性趋就闲暇；寿诞千年而厌恶活在世上，便离开人世而升天成仙；驾驭那朵朵白云，去天与地交接的地方；寿诞、富有、多男孩子所导致的多辱、多事、多惧都不会降临于我，身体也不会遭殃，那么还会有什么屈辱呢！"守护封疆的人离开了尧。尧却跟在他的后面，说："希望能得到你的指教。"守护封疆的人说："你还是回去吧！"

尧治天下，伯成子高①立为诸侯。尧授舜，舜授禹，伯成子高辞为诸侯而耕。禹往见之，则耕在野。禹趋就下风，立而问焉，曰："昔尧治天下，吾子立为诸侯；尧授舜，舜授予，而吾子辞为诸侯而耕。敢问其故何也？"子高曰："昔尧治天下，不赏而民劝，不罚而民畏；今子赏罚而民且不仁；德自此衰，刑自此立，后世之乱自此始矣！夫子阖②行邪，无落吾事。"俋俋③乎耕而不顾。

泰初有无，无有无名；一④之所起，有一而未形。物得以生谓之德；未形者有分，且然无间谓之命；留动而生物，物成生理谓之形；形体保神，各有仪则谓之性。性修反德，德至同于初。同乃虚，虚乃大。合喙鸣。喙鸣合，与天地为合。其合缗缗⑤，若愚若昏，是谓玄德，同乎大顺。

夫子问于老聃曰："有人治道若相放⑥，可不可，然不然。辩者有言曰：'离坚白，若县宇，若是则可谓圣人乎？'"

老聃曰："是胥易技系、劳形怵心者也。执狸之狗成田，猿狙之便自山林来。丘，予告若，而所不能闻与而所不能言：凡有首有趾、无心无耳者众；有形者与无形无状而皆存者尽无。其动止也，其死生也，其废起也，此又非其所以也，有治在人。忘乎物，忘乎天，其名为忘己。忘己之人，是之谓入于天。"

将闾葂见季彻曰："鲁君谓葂也曰：'请授教。'辞不获命，既已告矣，未知中否⑦，请尝荐之。吾谓鲁君曰：'必服恭俭，拔出公忠之属而无阿私，民孰敢不辑⑧！'"

季彻局局⑨然笑曰："若夫子之言，于帝王之德，犹螳螂之怒臂以当

车轶，则必不胜任矣！且若是，则其自为处危，其观台多物，将往，投迹者众。"

将闾葂覤覤然惊曰："葂也汒^⑩若于夫子之所言矣，虽然，愿先生之言其风也。"

季彻曰："大圣之治天下也，摇荡民心，使之成教易俗，举灭其贼心而皆进其独志，若性之自为，而民不知其所由然。若然者，岂兄^⑪尧舜之教民，滀溇然弟之哉！欲同乎德而心居矣。"

注释

①伯成子高：虚构的人名。②阖：何不。③俋（yì）俋：用力耕地的样子。④一：此指混一的状态，初始的形态。⑤缗缗：此指混合无迹的样子。⑥放：悖逆。⑦未知中否：不知道对还是不对。⑧辑：和睦。⑨局局：俯身而笑。⑩汒（máng）：迷茫。⑪兄：看重、尊崇。

译文

唐尧统治天下，伯成子高被立为诸侯。尧把帝位让给了舜，舜又把帝位让给了禹，伯成子高便辞去诸侯的职位而去从事耕作。夏禹前去拜见他，伯成子高正在地里耕作。夏禹快步上前居于下方，恭敬地站着问伯成子高："当年尧统治天下，立先生为诸侯。尧把帝位让给了舜，舜又把帝位让给了我，可是先生却辞去了诸侯的职位而从事耕作。我冒昧地问您，这是为什么呢？"伯成子高说："当年帝尧统治天下，不需奖励而百姓自然勤勉，不需惩罚而人民自然敬畏。如今你施行赏罚的办法，百姓还是不仁不爱，德行从此衰败，刑罚从此建立，后世之乱也就从此开始了。先生你怎么不走开呢？不要耽误我的事情！"于是低下头去用力耕地，不再理睬。

宇宙源起的太初之时，一切只存在于"无"，而没有存在也就没有称谓；混一的状态就是宇宙的初始，不过混一之时，还远未形成个别的形体。万物从混一的状态中产生，这就叫作自得；未形成形体时禀受的阴阳之气已经有了区别，不过阴阳的交合却是如此吻合而无缝隙，这就叫作天命；阴气滞留阳气运动而后生成万物，万物生成生命的机理，这就叫作形体；形体守护精神，各有轨迹与法则，这就叫作本性。善于修身养性就会返归自得，自得的程度达到完美的境界就等同于太初之时。同于太初之时心胸就会无比虚豁，心胸无比虚豁就能包容广大。混同合一之时说起话来就像鸟鸣一样无心于是非和爱憎，说话跟鸟一样无别，则与天地融合共存。混同合一是那么不露踪迹，好像蒙昧又好像昏暗，这就叫深奥玄妙的大道，也就如同返回本真使一切归于自然。

孔子问老聃说:"有人修道却与大道相违背,承认那些不能认可的,把不正确的当作正确的。善于辩论的人说:'离析的石头质坚、色白,好像高悬于天空一样清楚醒目。'这样的人可以称为圣人吗?"

老聃说:"这如同更换职事的小官吏和被技能所累的工匠那样,形体困顿而心神不宁。善于捕捉狸的狗被人所拘系,猿猴行动敏捷却被人从山林中捕来。孔丘,我告诉你一些你所不能听到和不能讲出的道理,凡是业已成形的大多无知无闻,有形的事物和无形的大道是不可能共同存在的。运动、静止、生存、死亡、衰败、兴盛,全都出于自然,却不知为何会这样。对人进行治理的话,就要忘掉外物,忘掉天命,这就叫忘己。忘掉自己的人,才叫作与自然浑然一体。"

将闾葂见季彻说:"鲁国国君对我说:'请指授我治国之道。'我推辞不掉告诉了他,不知道说得对还是不对,请让我说给你听听。我对鲁国国君说:'为政必须做到恭敬节俭,选拔公正忠直的人而没有偏私,百姓岂敢不和睦!'"

季彻听后俯身大笑道:"您说的这些话,用于帝王的德性,如同螳螂奋臂挡车,必然失败。如果真是这样,就会身处高危,就像多景物的高楼,众多的事物必将归往,奔向那里的人必定很多。"

将闾葂吃惊地说:"我对您的话感到迷茫。尽管如此,也请您讲一个大概。"

季彻说:"伟大的圣人治理天下,让百姓的性情自然生发,使他们受到教化,改掉陋习,消除有为之心,从而促进他们的得道之志,发自内心自然而然地去做,而百姓却不知道是这样。像你所说,难道要去推崇尧舜教化百姓的做法,而混沌不分地盲从吗?圣人希望百姓顺应自然的本性,使他们心安。"

子贡南游于楚,反于晋,过汉阴,见一丈人方将为圃畦,凿隧而入井,抱瓮而出灌,搰搰然①用力甚多而见功寡。子贡曰:"有械于此,一日浸百畦,用力甚寡而见功多,夫子不欲乎?"

为圃者仰而视之,曰:"奈何?"曰:"凿木为机,后重前轻,挈水若抽,数如泆汤,其名为槔②。"为圃者忿然作色而笑曰:"吾闻之吾师,有机械者必有机事,有机事者必有机心。机心存于胸中,则纯白不备。纯白不备,则神生不定。神生不定者,道之所不载也。吾非不知,羞而不为也。"

子贡瞒然③惭，俯而不对。有间，为圃者曰："子奚为者邪？"

曰："孔丘之徒也。"

为圃者曰："子非夫博学以拟圣④，於于⑤以盖众，独弦哀歌以卖名声于天下者乎？汝方将忘汝神气，堕汝形骸，而庶几乎！汝身之不能治，而何暇治天下乎！子往矣，无乏吾事。"

子贡卑陬失色，顼顼然不自得，行三十里而后愈。

其弟子曰："向之人何为者邪？夫子何故见之变容失色，终日不自反邪？"

曰："始吾以为天下一人耳，不知复有夫人也。吾闻之夫子，事求可，功求成，用力少，见功多者，圣人之道。今徒不然。执道者德全，德全者形全，形全者神全。神全者圣人之道也。托生与民并行而不知其所之，汒乎⑥谆备哉！功利机巧必忘夫人之心。若夫人者，非其志不之，非其心不为。虽以天下誉之，得其所谓，謷然不顾；以天下非之，失其所谓，傥然⑦不受。天下之非誉无益损焉，是谓全德之人哉！我之谓风波之民。"反于鲁，以告孔子。孔子曰："彼假修浑沌氏⑧之术者也。识其一，不知其二；治其内，而不治其外。夫明白入素，无为复朴，体性抱神，以游世俗之间者，汝将固惊邪？且浑沌氏之术，予与汝何足以识之哉！"

注释

①搰（kū）搰然：用力的样子。②槔（gāo）：桔槔，原始的提水工具。③瞒然：羞愧的样子。④拟圣：仿效圣人。⑤於于：夸矜。⑥汒乎：深远不可测。⑦傥然：无动于衷的样子。⑧浑沌氏：庄子虚构的人名。

译文

子贡向南巡游到楚国。返回晋国时，在汉水的南岸，遇到一位开畦种菜的老翁，挖了一条水渠连通水井，抱着瓦罐取水浇地，费力很多但功效甚微。

子贡说："这里有一种器械，一天可以浇灌百畦菜地，用力少而功效大，您不想试试吗？"

灌园的老人仰首望着子贡说："应该如何做呢？"子贡说："把木材加工成机械，后重前轻，提水就像从井中抽水似的，水流迅速犹如沸腾的水向外溢出，其名叫桔槔。"灌园的老人面露怒色而讥笑道："我听我的老师说，有了机械之类的东西必定会出现机巧之类的事情；有了机巧之类的事情，必定会出现机变之类的心思。机变的心思存在胸中，便不能保全纯洁的本性；不能保全纯洁空明的本性，便心神不定；心神不宁，便不能载负大道。我不是不知道你说的机械，只不过是感到羞耻而不愿去做。"

子贡羞愧满面，低下头去不说话。

过了一会儿，灌园的老人说："你是干什么的？"

子贡说："我是孔丘的弟子。"

灌园的老人说："你不是以博学仿效圣人，以夸矜超群出众，自唱自和哀叹世事之歌，周游天下卖弄名声的人吗？你遗忘机巧之心，不执守形骸，就可以渐渐接近于道！你自身都不能治理，哪里还有空闲去治理天下呢！你去吧，不要耽误了我灌溉田园。"

子贡惭愧失色，怅然若失而难以自持，走出三十里，才渐渐恢复常态。

子贡的弟子说："刚才的那个人是干什么的？您见到他为何颜色突变，整天都恢复不了常态呢？"

子贡说："起初我认为我的老师是天下的圣人，不知道还有刚才那位。我听老师说：事情要考虑可行性，功业要追求成功，用力少而成效大的，才是圣人之道。如今才知道并非这样。领悟大道的人，德性完备，德性完备的人形体健全，形体健全的人精神完备。精神完备，才是圣人之道。得道者寄托于身形与世人同行，却不知道去往哪里，真可谓深远不可测而谆和完备啊！这样的人，功利机巧不会放在他的心上。像这样的人，不符合他心志的就不去追求，不符合他本性的就不去作为。即使天下人都赞赏他，只要与他的言论一致，便会傲然不顾；即使天下人都指责他，只要与他的言论不一致，便会无动于衷。天下人的指责和赞赏，对他而言，没有增益，也没有损伤，这才是德行完备的人啊！我却是那种心神不定，为世俗牵动的人啊！"

子贡返回鲁国，把这事告诉孔子。孔子说："他是修炼浑沌氏主张的人，只知其一而不知其二；只顾及内在的修养，却忘记外在的修为。那些明澈素洁、真朴无为、体悟本性、护持精神并悠闲自在地遨游于世俗之间的人，你有什么好惊讶的呢？而且浑沌氏的主张，你我怎么能够懂得呢！"

谆芒①将东之大壑，适遇苑风②于东海之滨。苑风曰："子将奚之？"曰："将之大壑。"曰："奚为焉？"曰："夫大壑之为物也，注焉而不满，酌焉而不竭，吾将游焉！"

苑风曰："夫子无意于横目之民③乎？愿闻圣治。"谆芒曰："圣治乎？官施而不失其宜，拔举而不失其能，毕见情事而行其所为，行言自为而天下化。手挠顾指，四方之民莫不俱至，此之谓圣治。"

"愿闻德人。"曰："德人者，居无思，行无虑，不藏是非美恶。四海之内共利之之谓悦，共给之之谓安；怊乎④若婴儿之失其母也，傥乎若行而失其道也；财用有馀而不知其所自来，饮食取足而不知其所从，此谓德人之容。"

"愿闻神人。"曰："上神乘光，与形灭亡，此谓照旷。致命尽情，天地乐而万事销亡，万物复情，此之谓混冥⑤。"

注　释

①谆芒：虚构的人物，代表谆和、迷茫的意思。②苑风：虚构的人物。③横目之民：瞻仰圣人之治的百姓。④怊（chāo）乎：怅然有所失的样子。⑤混冥：混沌幽昏而与至道冥合。

译　文

谆芒向东到大海去，正巧在东海之滨遇到苑风。苑风问："你打算去哪儿呢？"谆芒说："打算去大海。"苑风又问："去做什么呢？"谆芒说："大海作为一种物象，江河注入它不会满溢，不停地舀取它不会枯竭，因而我将到大海游乐。"

苑风说："先生无意关心庶民百姓吗？希望能听到圣人之治。"谆芒说："圣人之治吗？设置官吏和施布政令处处合宜得体，举贤任才而不遗漏一个能人，让每个人都能看清事情的真情实况，去做自己应该做的事，在行为和谈吐上人人都能自觉自动，天下自化。挥手示意，四方的百姓没有谁不会聚而来，这就叫圣人之治。"

苑风说："希望能听到什么是顺应外物而凝神自得的人。"谆芒说："顺应外物而凝神自得的人，居处时没有思索，行动时没有谋虑，心里不留存是非美丑。四海之内人人共得其利就是喜悦，人人共享财货便是安定；那悲伤的样子像婴儿失去了母亲，那怅然若失的样子又像行路时迷失了方向；财货使用有余却不知道是从哪里来的，饮食取用充足却不知道是从哪儿得到的，这就是顺应外物凝神自得的人的仪态举止。"

苑风说："希望再听到什么是神人。"谆芒说："精神超脱物外的神人驾驭着光亮，跟所有事物的形迹一道消失，这就叫普照万物。穷尽天命和变化的真情，与天地同乐而万事自然消亡，万物也就自然恢复真情，这就叫混沌幽昏而与道冥合的境界。"

门无鬼与赤张满稽①观于武王之师。赤张满稽曰："不及有虞氏乎！故离②此患也。"

门无鬼曰："天下均治而有虞氏治之邪？其乱而后治之与？"

赤张满稽曰："天下均治之为愿，而何计以有虞氏为？有虞氏之药疡③也，秃而施髢④，病而求医。孝子操药以修慈父，其色燋然，圣人羞之。

"至德之世，不尚贤，不使能，上如标枝⑤，民如野鹿，端正而不知以为义，相爱而不知以为仁，实而不知以为忠，当而不知以为信，蠢动而相使，不以为赐。是故行而无迹，事而无传。"

孝子不谀其亲，忠臣不谄其君，臣子之盛也。亲之所言而然，所行而善，则世俗谓之不肖子；君之所言而然，所行而善，则世俗谓之不肖臣。而未知此其必然邪？世俗之所谓然而然之，所谓善而善之，则不谓之道谀⑥之人也。然则俗故严于亲而尊于君邪？谓己道人，则勃然作色；谓己谀人，则怫然作色。而终身道人也，终身谀人也，合譬饰辞聚众也，是终始本末不相坐。垂⑦衣裳，设采色，动容貌，以媚一世，而不自谓道谀；与夫人之为徒，通是非，而不自谓众人，愚之至也。知其愚者，非大愚也；知其惑者，非大惑也。大惑者，终身不解；大愚者，终身不灵®。三人行而一人惑，所适者犹可致也，惑者少也；二人惑则劳而不至，惑者胜也。而今也以天下惑，予虽有祈向，不可得也，不亦悲乎！

　　大声不入于里耳，《折杨》《皇荂》，则嗑然而笑。是故高言不止于众人之心；至言不出，俗言胜也。以二缶钟惑，而所适不得矣。而今也以天下惑，予虽有祈向，其庸可得邪？知其不可得也而强之，又一惑也，故莫若释之而不推，不推谁其比忧！厉之人夜半生其子，遽取火而视之，汲汲然唯恐其似己也。

　　……

注释

①门无鬼与赤张满稽：均为虚构的人物。②离：通"罹"，指遭受。③药疡(yáng)：用药治疗头疮。④施髢(dí)：戴假发。⑤标枝：自然长于树顶的树枝。⑥道谀：道，谄。道谀，同"谄谀"。⑦垂：穿上。⑧灵：知晓。

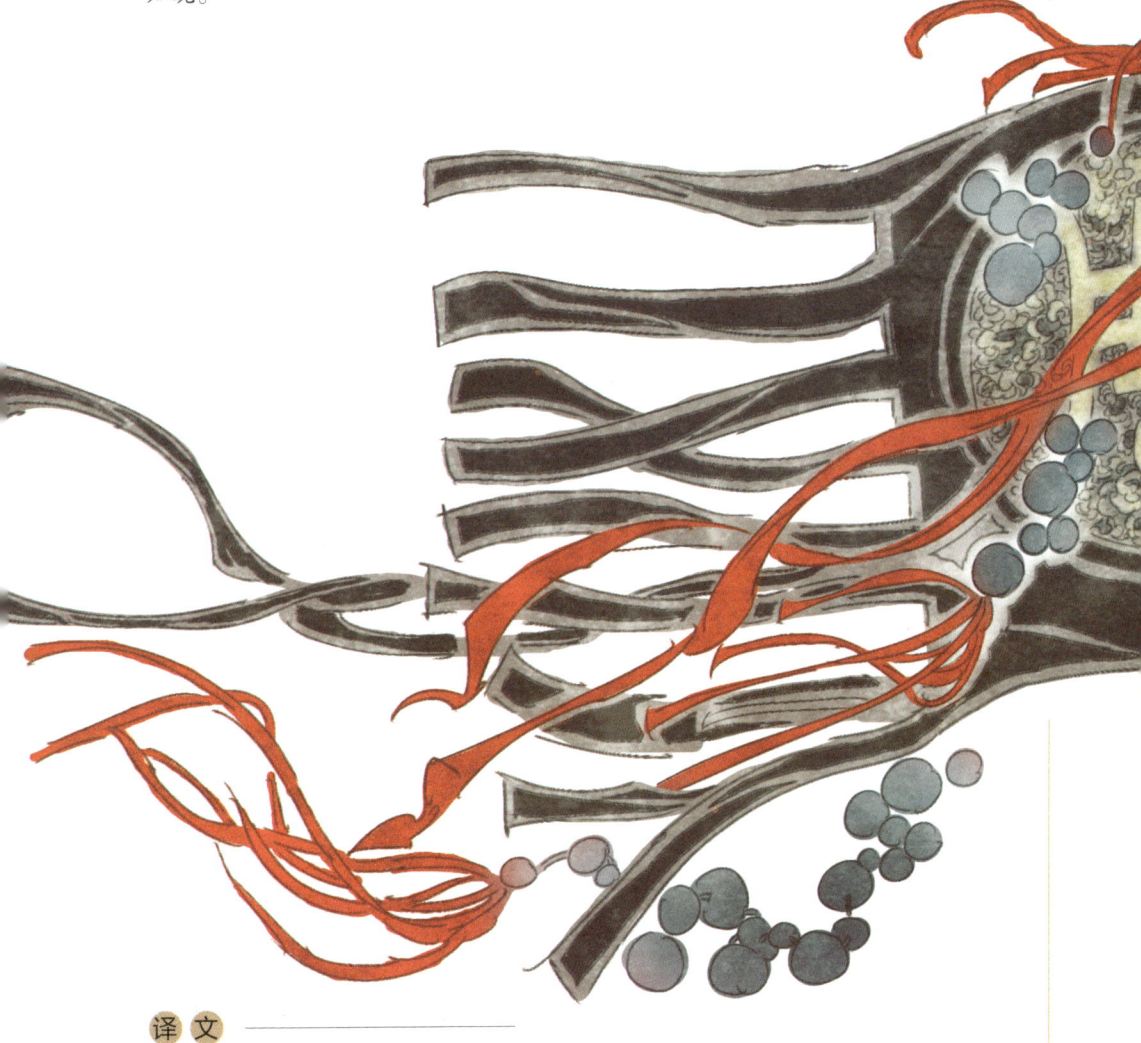

译文

门无鬼和赤张满稽看见周武王讨伐商纣的军队，赤张满稽说："周武王的确比不上虞舜啊！所以天下遭受这么大的祸患。"

门无鬼说："天下太平无事时虞舜才去治理呢，还是天下动乱才去治理？"

赤张满稽说:"天下安定是人们的心愿,还要虞舜干什么?虞舜治天下好比医治头疮,秃顶后戴假发,有了病才去求医一样。孝子拿着药去医治父亲,面色憔悴,圣人为他感到羞辱。

"大德盛行的时代,不崇尚贤才,不任用能人,帝王如同自然生长于树顶的枝条一样高枕无忧,百姓如同野鹿一样自在。百姓行为端正却不知道这就是道义,相互友爱却不知道这就是仁爱,真诚不伪却不知道这就是忠诚,办事妥帖却不知道这就是诚信,随意行动而相互帮助却不知道这就是恩赐,因此随性而行却不留下痕迹,有了事迹也不流传下去。"

孝子不奉承父母,忠臣不谄媚于君王,这是为人臣、人子的最好表现。对父母所说的都认可,对他们所做的都称善,世人便称他为不肖之子;对君王所说的都认可,对君王所做的都称善,世人便称他为不肖之臣。然而世俗观念真的都正确吗?世人所认为正确的就肯定它,认为好的就推崇它,却不说这种人是谄谀之人。然而世俗观念比父母还可敬,比君王还尊贵吗?有的人说他奉承人,就会勃然大怒;说他阿谀人,就登时变色。而事实上他终身都在奉承别人、阿谀别人,用比喻的辞令博取众人的欢心,却始终认识不到自己的过错。穿上华丽的衣裳,制造各种纹彩,打扮自己的容颜,以献媚于世人,却不认为自己是阿谀之人;与世俗为伍,以众人的是非为是非,却自认为同众人不一样,简直愚蠢到了极点。知道自己是愚昧的人,不是真正的愚昧;知道自己迷惑,不是真正的迷惑。真正迷惑的人,一辈子也找不到答案;真正愚蠢的人,一辈子也不能知晓。三个人一起行走,其中一个人迷惑,所要去的地方还可以到达,这是因为迷惑的人占少数;两个人迷惑,费尽力气也无法到达目的地,这是因为迷惑的人占了多数。如今,天下的人都迷惑了,我虽然有所祈求,却没有办法解决。这不是太可悲了吗!

高雅的音乐,世俗人不可能欣赏;《折杨》《皇荂》之类的民间小调,世俗人听了都会欣然而笑。所以,高雅的谈吐不可能留在世俗人的心里,而至理名言也不能从世俗人的口中说出,因为庸俗的言谈占了优势。用两只缶的俗音搅乱一口钟的正音,听者就会感到疑惑而无所适从。如今天下人都大惑不解,我即使有所寻求向往,怎么可能到达呢?明知不可能到达却要强求,这又是一大迷惑，所以不如弃置一旁不予推究。不去寻根究底，谁还会跟我一道忧愁！丑陋的人半夜里生下孩子，立即拿过火来照看，心情急切，唯恐生下的孩子像自己一样丑陋。

天　道（节选）

天道运而无所积，故万物成；帝道运而无所积，故天下归；圣道运而无所积，故海内服。明于天，通于圣，六通四辟①于帝王之德者，其自为也，昧然无不静者矣！圣人之静也，非曰静也善，故静也。万物无足以铙②心者，故静也。水静则明烛须眉，平中准，大匠取法焉。水静犹明，而况精神。圣人之心静乎！天地之鉴也，万物之镜也。夫虚静恬淡、寂漠无为者，天地之平而道德之至，故帝王圣人休焉。休则虚，虚则实，实者备矣。虚则静，静则动，动则得矣。静则无为，无为也则任事者责矣。无为则俞俞③，俞俞者忧患不能处，年寿长矣。夫虚静恬淡、寂漠无为者，万物之本也。明此以南乡，尧之为君也；明此以北面，舜之为臣也。以此处上，帝王天子之德也；以此处下，玄圣、素王④之道也。以此退居而闲游，江海山林之士服；以此进为而抚世，则功大名显而天下一也。静而圣，动而王，无为也而尊，朴素而天下莫能与之争美。夫明白于天地之德者，此之谓大本大宗，与天和者也；所以均调天下，与人和者也。与人和者，谓之人乐；与天和者，谓之天乐。

庄子曰："吾师乎！吾师乎！齑万物而不为戾，泽及万世而不为仁，长于上古而不为寿，覆载天地刻雕众形而不为巧，此之谓天乐。故曰：知天乐者，其生也天行，其死也物化。静而与阴同德，动而与阳同波。故知天乐者，无天怨，无人非，无物累，无鬼责。故曰：其动也天。其静也地，一心定而王天下；其鬼不祟，其魂不疲，一心定而万物服。言以虚静推于天地，通于万物，此之谓天乐。天乐者，圣人之心以畜天下也。"

……

注释

①六通四辟：六通，上下和东西南北相通。四辟，四季顺畅。②铙（náo）：通"挠"，扰乱。③俞俞：从容自得的样子。④玄圣、素王：玄圣、素王均指像老聃一样通晓大道、具有帝王之德而不居帝王之位的人。

译文

自然之道运行没有积滞，所以万物得以生成；帝王之道运行没有积滞，所以天下的百姓归顺；圣人之道没有积滞，所以四海之内的人都来归顺。了解自然规律，精通圣人之道，六合四时符合帝王之德的人，会让万物自然运行，万物都悄悄地自然生长。圣人内心宁静，并非认为宁静是好的所以才宁静，而是因为万物不能扰乱他的内心，所以处于虚寂而宁静的境地。水平静时可以照见人的须眉，其平面合乎水平的测定标准，所以工匠们取法于此。水平静时尚能这样清澈，更何况人的精神！圣人内心宁静啊！可以做天地的镜子，可以做世间万物的镜子。虚静、恬淡、寂寞、无为是天地的本原和道德修养的最高境界，所以古代的帝王圣人都坚守这个境界。保持这个境界则会内心空明，内心空明才是真正的充实，充实才能做到完备。内心空明才能做到宁静，宁静才能变化，变化才有所得，内心宁静则要无所作为，无所作为才能让做事的人尽职尽责。无所作为才能从容自得，从容自得的人就没有忧患，因而能延年益寿。那虚静、恬淡、寂寞、无为是万物的根本。明白这个道理就能处于君王之位，所以尧才会成为帝王；明白这个道理就能处于臣子之位，所以舜才会成为臣属。凭借这个道理而处于上位，这是君王的常德；凭借这个道理处于下位，这是玄圣、素王所持守的大道。凭借这个道理退隐而闲游，江海山林的隐士都会折服；凭借这个道理积极进取安抚天下，就会功勋卓著、名声显赫而使天下归一。虚静可以成为圣人，行动可以成为帝王，无为可受万物尊崇，朴素可以与天下争美。领悟了天地的规律，就掌握了根本和宗原，是与自然相和谐的人；由此可以均衡万物，体察民情。与人和谐，叫作人乐；与自然和谐，称为天乐。

庄子说："我的老师啊！我的老师啊！毁坏万物不以为是暴戾，恩施万世不认为是仁爱，生长于远古不认为是衰老，雕刻物形不认为是智巧，这就是所说的天乐。所以说：'懂得天乐的人，活着时顺应自然的运动，死亡后混同万物而变化。宁静与阴气具有相同的性质和常态，运动与阳气从属同流。'所以，懂得天乐的人，不会受到自然的忌恨，不会受到人们的责难，不会受到外物的牵累，不会受到鬼神的谴责。所以说：'运动时如同自然的运行，宁静时如同大地的沉寂。内心安定便能驾驭天下；魔鬼难以阻挡，形体不会疲倦，内心安定遂使万物折服。'这就是说，把虚静推广到天地，与万物相沟通，这就叫作天乐。所谓天乐，就是圣人的心性，可以以此来蓄养天下。"

昔者舜问于尧曰："天王①之用心何如？"尧曰："吾不敖无告②，不废穷民，苦死者，嘉孺子而哀妇人。此吾所以用心已。"舜曰："美则美矣，而未大也。"尧曰："然则何如？"舜曰："天德而出宁，日月照而四时行，若昼夜之有经，云行而雨施矣。"尧曰："胶胶扰扰乎！子，天之合也；我，人之合也。"夫天地者，古之所大也，而黄帝尧舜之所共美也。故古之王天下者，奚为哉？天地而已矣。

孔子西藏书于周室。子路谋曰："由闻周之征藏史③有老聃者，免而归居。夫子欲藏书，则试往因焉。"孔子曰："善。"

往见老聃，而老聃不许，于是繙④《六经》以说。老聃中其说，曰："大谩，愿闻其要。"孔子曰："要在仁义。"老聃曰："请问，仁义，人之性邪？"孔子曰："然。君子不仁则不成，不义则不生。仁义，真人之性也，又将奚为矣？"老聃曰："请问，何谓仁义？"孔子曰："中心物恺，兼爱无私，此仁义之情也。"老聃曰："意，几乎后言！夫兼爱，不亦迂乎！无私焉，乃私也。夫子若欲使天下无失其牧乎？则天地固有常矣，日月固有明矣，星辰固有列矣，禽兽固有群矣，树木固有立矣。夫子亦放德而行，循道而趋，已至矣；又何偈偈乎⑤揭仁义，若击鼓而求亡子焉？意，夫子乱人之性也！"

庄子 选译 外篇

注释

①天王：天子，指尧。因其具有天德，故称为天王。②无告：有苦无处诉、处境极为悲惨之人，或指鳏寡孤独者。③征藏史：掌管储藏典籍的史官。④繙（fān）：反复引述。⑤偈（jié）偈乎：有力的样子。

译文

从前舜问尧说："天王的用心怎样呢？"尧说："我不侮慢求告无门、处境悲惨的人，不抛弃贫穷之民，忧劳死者，心疼孤儿又怜悯寡妇，这就是我的用心之处。"舜说："好是很好，只是其心还不够宏大。"尧说："那么应该怎样呢？"舜说："天德运行而大地安宁，日月照耀而四时运行，好像昼夜更替之有常规，云行而雨降一样。"尧说："我真是纷扰多事啊！你与天道相合，我只是与人道相合。"天地，自古以来被认为是宏大的，为黄帝、尧、舜所共同赞美。所以，古时为天下之王的人，还要做什么呢？像天地那样虚静无为就是了。

孔子想把书藏到西边周王室的书库去。子路出主意说："我听说周王室的征藏史老聃，已经回到家乡隐居。先生想要藏书，不妨前去倚靠他。"孔子说："好。"

孔子前往拜见老聃，老聃不肯帮忙，于是孔子反复引述十二经加以解释。老聃中途打断了孔子，说："你说得太冗繁，我希望能够听到有关这些书的要旨。"孔子说："要旨就在于仁义。"老聃说："请问，仁义是人的本性吗？"孔子说："是的。君子如果不仁就不能成其名声，如果不义就不能立身社会。仁义的确是人的本性，离开了仁义又能干些什么呢？"老聃说："再请问，什么叫作仁义？"孔子说："中正和乐，兼爱无私，这就是仁义的实情。"老聃说："唉，你后面所说的这些话太危险了！兼爱天下，不是太迂腐了吗？说无私，正是希望获得更多的人对自己的爱。先生你是想让天下的人都不失去养育自身的条件吗？那么，天地原本就有自己的运动规律，日月原本就存在光亮，星辰原本就有各自的序列，禽兽原本就有各自的群体，树木原本就直立于地面。先生还是依自然的状态行事，顺着规律去进取，这就极好了。又何必如此急切地标榜仁义，就像是敲着鼓去寻找逃亡的人一样可笑？唉，先生扰乱了人的本性啊！"

士成绮①见老子而问曰："吾闻夫子圣人也，吾固不辞远道而来愿见，百舍重趼②而不敢息。今吾观子，非圣人也。鼠壤有余蔬，而弃妹之者，不仁也；生熟不尽于前，而积敛无崖。"老子漠然不应。

士成绮明日复见，曰："昔者吾有刺于子，今吾心正郤矣，何故也？"老子曰："夫巧知神圣之人，吾自以为脱焉。昔者子呼我牛也而谓之牛，呼我马也而谓之马。苟有其实，人与之名而弗受，再受其殃。吾服也恒服，吾非以服有服。"

士成绮雁行避影，履行遂进而问："修身若何？"老子曰："而容崖然，而目冲然，而颡頯然③，而口阚然，而状义然，似系马而止也。动而持，发也机，察而审，知巧而睹于泰，凡以为不信。边竟有人焉，其名为窃。"

注释

①士成绮：虚构的人物。②趼（jiǎn）：同"茧"。③頯（kuí）然：形容前额突出。

译文

士成绮见到老子便问："我听说您是一位圣人，所以，我不怕路途遥远而希望见到您，脚底磨出了一层又一层的茧子也不敢停下来休息。现在我见到您，觉得您不是一个圣人。老鼠洞边的土壤里有扔掉的剩余的粮食，您随意丢弃它们，这样是不仁；生熟食品堆在眼前，却还聚敛不止。"老子神情淡漠，没有作声。

士成绮第二天又来见老子，说："昨天我讽刺了您，今天我的这种感觉正在消失，这是什么原因？"老子说："你认为我是巧智神圣的人，我自认为早就不是了。过去你叫我牛，我就自称为牛；你叫我马，我自称为马。如果名副其实，别人给我的名称我却不去接受，那就会第二次遭受祸殃。我服从别人是一贯的，并不是因为要服从所以才服从。"

士成绮像雁一样侧身斜行，不敢践踏老子的足迹，慌乱之中忘了脱鞋就进入室内，问："如何修身呢？"老子说："你的仪容傲岸，你的眼睛突出，你的额头宽大高耸，你的嘴巴大张，你的体形高大，如同想要奔跑的马，只是因为被绳索拴住才暂时停住。蠢蠢欲动却矜持作态，一旦行动就好像离弦的箭；明察而又处处审慎，自恃智巧而外露骄恣之气，这种种表现，都是矫情伪态。边境上如果有这样的人，他的名字叫窃贼。"

夫子曰："夫道于大不终，于小不遗，故万物备。广广乎其无不容也，渊渊乎其不可测也。形德仁义，神之末也，非至人孰能定之！夫至人有世，不亦大乎，而不足以为之累；天下奋棅而不与之偕；审乎无假而不与利迁；极物之真，能守其本，故外天地①，遗万物，而神未尝有所困也。通乎道，合乎德，退仁义，宾礼乐②，至人之心有所定矣！"

世之所贵道者，书也。书不过语，语有贵也。语之所贵者，意也，意有所随。意之所随者，不可以言传也，而世因贵言传书。世虽贵之，我犹不足贵也，为其贵非其贵也。故视而可见者，形与色也；听而可闻者，名与声也。悲夫！世人以形色名声为足以得彼之情。夫形色名声，果不足以得彼之情，则知者不言，言者不知，而世岂识之哉！

桓公③读书于堂上，轮扁斫轮于堂下，释椎凿而上，问桓公曰："敢问公之所读者，何言邪？"公曰："圣人之言也。"曰："圣人在乎？"公曰："已死矣。"曰："然则君之所读者，古人之糟魄④已夫！"桓公曰："寡人读书，轮人安得议乎？有说则可，无说则死！"轮扁曰："臣也以臣之事观之。斫轮，徐则甘而不固，疾则苦而不入，不徐不疾，得之于手而应于心。口不能言，有数⑤存焉于其间。臣不能以喻臣之子，臣之子亦不能受之于臣，是以行年七十而老斫轮。古之人与其不可传也死矣，然而君之所读者，古人之糟魄已夫！"

注释

①外天地：无视天地。②宾礼乐：摈弃礼乐。③桓公：齐桓公。

庄子选译 外篇

④魄：同"粕"。⑤数：技艺。

译文

老子说："道，从大处看没有完结，从小处看没有遗失，所以万物之中无不存着道。它广阔而无所不包，深远而无法探测。刑罚、教化、仁爱、道义，是精神的末节，若不是至人，谁又能确定！至人统治天下，责任不是很大吗？但却不足以成为他的负担；天下人争夺权柄，他不与其同道，他内心清醒，无所凭借却不为利益所动；深究事物的本真，并能保持根本，所以能够无视天地，弃置万物，精神也不曾受到困扰。融通于道，合乎于德，辞却仁义，摒弃礼乐，至人的内心恬淡安静。"

世人所推崇和称道的是书籍。而书籍没有超越语言，语言自有它的可贵之处，比如它的意义。而意义的指向只可意会不可言传。世人因尊崇语言而流传书籍，无论世人如何尊崇，我却不看重它，因为世人所看重的并不是真正本质的东西。所以，可以看到的是形和色，可以听到的是名和声。可悲啊！世人以为从形色名声中可以探求事物的本质。形色名声不足以表明事物的本质，知道的人不会去说，说的人一定不知道，而世人又怎能认识到这一点呢？

齐桓公在堂上读书，轮扁在堂下砍削车轮。他放下锥凿走到堂上，向齐桓公问道："请问您读的是什么书？"齐桓公说："是记载圣人之言的。"轮扁又问："圣人还在吗？"齐桓公说："已经去世了。"轮扁说："如果这样，您所读的书，都是古人的糟粕啊！"齐桓公说："我在读书，制作车轮的人怎能随便议论呢！若能说出道理还可以，若说不出道理，我就要处死你。"轮扁说："我是从我做工的角度来观察的。砍削车轮，榫眼太宽就会松缓而不牢固；榫眼太紧就会涩滞而难以削入；不宽不紧，才能得心应手。虽然我嘴里说不出来，但是有一种技艺就存在于做工的过程中。我无法把这个技艺告诉给我的儿子，而我的儿子也无法从我这里获得这个奥秘。因此，我都快七十岁了，还在砍削车轮。古时候的人和他们那些不可言传的东西都已经消失了，那么您所读到的不过是古人的糟粕罢了！"

天 运（节选）

"天其运乎？地其处乎？日月其争于所乎？孰主张是？孰维纲是？孰居无事推而行是？意者①其有机缄而不得已邪？意者其运转而不能自止邪？云者为雨乎？雨者为云乎？孰隆施是？孰居无事淫乐而劝是②？风起北方，一西一东，有上彷徨，孰嘘吸是？孰居无事而披拂是？敢问何故？"

巫咸袑③曰："来！吾语女。天有六极五常④，帝王顺之则治，逆之则凶。九洛⑤之事，治成德备，监照下土，天下戴之，此谓上皇。"

……

注 释

①意者：恐怕，表猜想。②劝是：促成这种现象。③巫咸袑：巫咸，以筮占卜的创始者。袑，通"招"，打手势叫人来。④六极五常：六极，上下和东西南北。五常，即五行，金、木、水、火、土。⑤九洛：九州。

译 文

"天在运转吗？地是静止的吗？日月交替升空是在争夺居所吗？是谁在维系这些现象？是谁安居无事而推动这些现象的运行？恐怕有什么机关主宰着而使它不得不如此吧？恐怕是自行运转而无法停止吧？云层是为了降雨吗？雨水是在云层吗？是谁在兴云布雨呢？是谁安居无事，过分求乐而促成这些现象？风从北方吹起，一会儿向西一会儿向东，在天空中来回盘绕回旋，是谁吐纳气流造成了这种现象？是谁安居无事吹动它形成这些现象？请问是什么原因？"

巫咸招呼着说："来！我告诉你。大自然存在着六极和五常。帝王顺应它则天下太平，违背它则天下大乱。使九州的事务得到治理，道德完备，光照人间，受到天下人的拥戴，这就叫作上古帝王的治理。"

孔子西游于卫，颜渊问师金①曰："以夫子之行为奚如？"师金曰："惜乎，而夫子其穷哉！"颜渊曰："何也？"

师金曰："夫刍狗②之未陈也，盛以箧衍③，巾以文绣，尸祝斋戒以将之。及其已陈也，行者践其首脊，苏者取而爨之而已。将复取而盛以箧衍，巾以文绣，游居寝卧其下，彼不得梦，必且数眯焉。今而夫子亦取先王已陈刍狗，聚弟子游居寝卧其下。故伐树于宋，削迹于卫，穷于商周，是非其梦邪？围于陈蔡之间，七日不火食，死生相与邻，是非其眯邪？

"夫水行莫如用舟，而陆行莫如用车。以舟之可行于水也，而求推之于陆，则没世不行寻常④。古今非水陆与？周鲁非舟车与？今蕲行周于鲁，是犹推舟于陆也。劳而无功，身必有殃。彼未知夫无方之传，应物而不穷者也。

"且子独不见夫桔槔者乎？引之则俯，舍之则仰。彼，人之所引，非引人也，故俯仰而不得罪于人。故夫三皇五帝之礼义法度，不矜于同而矜于治。故譬三皇五帝之礼义法度，其犹柤梨橘柚邪！其味相反而皆可于口。

"故礼义法度者，应时而变者也。今取猨狙而衣以周公之服，彼必龁啮挽裂，尽去而后慊。观古今之异，犹猨狙之异乎周公也。故西施病心而矉⑤其里，其里之丑人见之而美之。归亦捧心而矉其里。其里之富人见之，坚闭门而不出；贫人见之，挈妻子而去之走。彼知矉美而不知矉之所以美。惜乎，而夫子其穷哉！"

注释

①师金：鲁国太师，名金。②刍狗：古代祭祀时，用茅草结扎成的狗。③箧衍：这里泛指箱子。④寻常：古代的长度单位，八尺为一寻，二寻为一常。⑤矉：同"颦"，皱眉的意思。

译 文

孔子向西游历到卫国，颜渊问师金道："您认为夫子此次卫国之行会怎么样？"师金说："可惜呀，你的老师一定会遭遇困厄啊！"颜渊说："为什么呢？"

师金说："用草扎成的狗还没有用于祭祀时，一定会用竹箱子装起来，用绣有纹饰的盖巾覆盖着，巫师斋戒后才迎它去祭祀。等到祭祀之后，路人踩踏它的头颅和脊背，打柴的人捡回去用它烧火煮饭而已；如果有人又把它取回来，用竹箱装起，用绣有纹饰的盖巾覆盖，游乐居处都在主人的身旁，即使他不做噩梦，也会一次又一次地受到妖魔的困扰。现在你的老师，也是在取法先王，并聚集众多弟子信奉先王的政治主张。所以，在宋国大树下讲习礼法而大树被砍伐，在卫国游说而被铲掉了所有的足迹，在宋国与东周遭到困穷，这不就是那样的噩梦吗？被乱兵围困在陈国和蔡国之间，整整七天没能生火就食，已临近死亡边缘，这不就是那压得喘不过气来的妖魔吗？

"在水上通行没有什么比得上用船，在陆地上通行没有什么比得上用车。如果因为船可以通行于水上，就要求也在陆上推它行走，那么终身也不能行走多远。古代与今天的不同不就像是水面和陆地的差异吗？西周与鲁国的不同不就像是船和车的差异吗？现在一心想在鲁国推行周王室的政治主张，这就像是在陆地上推船而行，徒劳而无功，自身也难免遭受祸殃。孔子全不懂得事物的运动变化并无定数，人们只能顺应事物于无穷之中。

"况且，你难道没见过那桔槔汲水的情景吗？用手去拉它就落下来，松开手它就仰起。那桔槔，由人牵引的，不是牵引人的，所以或俯或仰均不得罪人。所以，三皇五帝的礼义法度，不在于相同而为人顾惜，在于治理而为人看重。拿三皇五帝时代的礼义法度来打比方，就像山楂、梨、橘子、柚子四种酸甜不一的水果，它们的味道彼此不同却都能合乎人的口味。

"所以，礼义法度都是顺应时代而有所变化的东西。现在如果把猴子抓来给它穿上周公的衣服，它必定会咬碎或撕裂，直到剥光身上的衣服方才满足。观察古与今的差异，就像猴子不同于周公。从前西施心口疼痛而皱着眉头在邻里间行走，邻里中一位相貌丑陋的女人看了觉得很美，回去也模仿西施，双手捂着胸口皱起眉头。邻里的有钱人看见了，紧闭家门不出；穷人看

庄子选译 · 外篇

127

见了，带着妻儿跑开。那个丑女人只知道皱眉好看却不知道皱眉好看的原因。可惜呀，你的老师一定会遭遇困厄啊！"

孔子行年五十有一而不闻道，乃南之沛见老聃。老聃曰："子来乎？吾闻子，北方之贤者也，子亦得道乎？"孔子曰："未得也。"老子曰："子恶乎求之哉？"曰："吾求之于度数，五年而未得也。"老子曰："子又恶乎求之哉？"曰："吾求之于阴阳，十有二年而未得。"

老子曰："然。使道而可献，则人莫不献之于其君；使道而可进，则人莫不进之于其亲；使道而可以告人，则人莫不告其兄弟；使道而可以与人，则人莫不与其子孙。然而不可者，无佗也，中无主而不止，外无正而不行。由中出者不受于外，圣人不出；由外入者无主于中，圣人不隐。名，公器也，不可多取；仁义，先王之蘧庐也，止可以一宿而不可久处，觏而多责。古之至人，假道于仁，托宿于义，以游逍遥之虚①，食于苟简②之田；立于不贷之圃。逍遥，无为也；苟简，易养也；不贷，无出也。古者谓是采真之游。以富为是者，不能让禄；以显为是者，不能让名；亲权者，不能与人柄。操之则栗，舍之则悲，而一无所鉴，以窥其所不休者，是天之戮民也。怨、恩、取、与、谏、教、生、杀八者，正之器也，唯循大变无所湮③者为能用之。故曰：正者，正也。其心以为不然者，天门弗开矣。"

孔子见老聃而语仁义，老聃曰："夫播穅眯目，则天地四方易位矣；蚊虻噆肤，则通昔④不寐矣。夫仁义憯然乃愤吾心，乱莫大焉。吾子使天下无失其朴，吾子亦放风而动，总德而立矣，又奚杰然若负建鼓而求亡子者邪！夫鹄不日浴而白，乌不日黔而黑。黑白之朴不足以为辩，名誉之观不足以为广。泉涸，鱼相与处于陆，相呴以湿，相濡以沫，不若相忘于江湖。"

注释

①虚：通"墟"，境界。②苟简：简朴。③湮：塞滞。④昔：通"夕"。

译 文

孔子五十一岁还没有领悟大道,于是就到南方沛地去见老聃。老聃说:"您来了吗?我听说您是北方的贤者,您已经获得大道了吗?"孔子说:"还未得道。"老子说:"您是怎样寻求大道的?"孔子说:"我在规制、法度方面寻求大道,五年还未达成。"老子说:"你又怎样寻求大道呢?"孔子说:"我于阴阳变化中求道,十二年也没有达成。"老子说:"会是这样的。假使道可以献给人,则人无不把它献给自己的国君;假使道可以奉送,则人无不把它奉送给自己的父母;假使道可以告诉他人,则人无不把它告诉给自己的兄弟;假使道可以传给人,则人无不把它传给子孙。然而这是不可能的,没有其他原因,内心没有与道相应之主见,道就不能留下来;内心之道不被外界接受,就不能推行。道由心中发出,不为外界接受,圣人也就不会有所传教;由外面来的种种理论,与内心之主见不合,圣人也就不会有所怜惜。名誉,是众人公用之物,不可过多占有;仁义,乃是前代帝王的馆舍,只可以停留一宿,不可以久居。形迹昭彰必然会生出许多责难。古代的圣人,把仁看作是借路,把义看作是暂住。他游乐于逍遥自在的境界,生活简朴,寄身于不施给的立场之中,逍遥自在,就是无所作为;简朴,就容易满足;不施,也就没有耗费。古代的人把它称作是探求本真的遨游。看重财富,就不会让利于人;看重显赫,就不会让名于人;看重权力,就不会放权于人。这种人操持着这些,唯恐失去而提心吊胆;一旦丧失这些,心中就会苦悲。他们从没有鉴别,反省自己,而是无休止地追逐名利权势。这些都是会受到自然的惩罚的人。怨恨、恩惠、索取、施与、谏诤、教化、生存、杀戮,这八种方法是端正人的手段,只有顺应自然的变化而不为物欲塞滞的人才能使用。所以说,自正者才能正人。如果内心认为这不对,心灵的门户是不会打开的。"

孔子见到老聃后谈论仁义。老聃说:"飞扬的糠皮迷了眼睛,天地四方看起来就像变换了方位;蚊虻叮咬皮肤,就会通宵睡不着觉。仁义恶毒地扰乱人心,天下没有比这更严重的祸害了。如果您使天下人保持质朴,那么您也能顺应自然而行动,本性持守而立身于世,又为什么要急于标榜仁义,像背着大鼓去寻找逃亡的人呢?天鹅并不是天天沐浴才显出白色,乌鸦并不是天

天染黑才显出黑色。黑与白的本质，不值得分辨。名声和荣誉等外在的东西不值得张扬。泉水干涸了，鱼共同困在陆地上，它们相互吐着湿气来湿润彼此，相互用唾沫来沾湿彼此，其实倒不如在江湖里彼此相忘来得自在。"

孔子见老聃归，三日不谈。弟子问曰："夫子见老聃，亦将何规哉？"孔子曰："吾乃今于是乎见龙，龙合而成体，散而成章，乘云气而养乎阴阳。予口张而不能嗋①，予又何规老聃哉？"子贡曰："然则人固有尸居而龙见，雷声而渊默，发动如天地者乎？赐亦可得而观乎？"遂以孔子声见老聃。

老聃方将倨②堂而应，微曰："予年运而往矣，子将何以戒我乎？"子贡曰："夫三皇五帝之治天下不同，其系声名一也。而先生独以为非圣人，如何哉？"

老聃曰："小子少进！子何以谓不同？"对曰："尧授舜，舜授禹，禹用力而汤用兵，文王顺纣而不敢逆，武王逆纣而不肯顺，故曰不同。"

老聃曰："小子少进！余语汝三皇五帝之治天下。黄帝之治天下，使民心一。民有其亲死不哭，而民不非也。尧之治天下使民心亲，民有为其亲杀其杀③而民不非也。舜之治天下使民心竞，民孕妇十月生子，子生五月而能言，不至乎孩④而始谁，则人始有夭矣。禹之治天下使民心变，人有心而兵有顺，杀盗非杀人；自为种而'天下耳'，是以天下大骇，儒墨皆起。其作始有伦，而今乎妇女，何言哉！余语汝三皇五帝之治天下，名曰治之，而乱莫甚焉。三皇之知，上悖日月之明，下睽⑤山川之精，中堕四时之施。其知憯于蛎虿之尾，鲜规之兽，莫得安其性命之情者，而犹自以为圣人，不亦可耻乎？其无耻也！"子贡蹴蹴然立不安。

孔子谓老聃曰："丘治《诗》《书》《礼》《乐》《易》《春秋》六经，自以为久矣，孰知其故矣；以奸者七十二君，论先王之道而明周召之迹，一君无所钩用。甚矣夫！人之难说也，道之难明邪？"

老子曰："幸矣，子之不遇治世之君也！夫《六经》，先王之陈迹也，岂其所以迹哉！今子之所言，犹迹也。夫迹，履之所出，而迹岂履哉！夫

白鹢之相视，眸子不运而风化；虫雄鸣于上风，雌应于下风而风化。类自为雌雄，故风化。性不可易，命不可变，时不可止，道不可壅。苟得于道，无自而不可。失焉者，无自而可。"

孔子不出三月，复见曰："丘得之矣，乌鹊孺，鱼传沫，细要者化，有弟而兄啼。久矣，夫丘不与化为人。不与化为人，安能化人！"老子曰："可，丘得之矣！"

注释

①嗋（xié）：此指闭上嘴。②倨（jù）：通"踞"，伸开腿坐。③杀其杀：按亲疏程度区别丧礼的等级。④孩：小孩，幼儿。此引申为两三岁。⑤睽（kuí）：违背，扰乱。

译文

孔子拜见老聃回来以后，整整三天不讲话。弟子问道："先生见到老聃，对他作了什么劝谏吗？"孔子说："我竟然见到了真正的龙！龙，合在一起便

庄子 选译 外篇

成为一个整体，分散开来又成为华美的花纹，乘驾云气而养息于阴阳之间。我张大嘴巴久久不能合拢，又哪能劝谏老聃呢？"子贡说："人本来就有安稳不动而神采奕奕，沉静缄默而感人至深，动静犹如天地的吗？我也能见到他并亲自加以体察吗？"于是子贡借孔子弟子的名义前去拜见老聃。

老聃正伸腿坐在堂上，轻声地应答说："我年岁老迈，你将怎样来告诫我呢？"子贡说："远古时代三皇五帝治理天下的方法各不相同，然而却都有好的名声，唯独先生您不认为他们是圣人，这是为什么呢？"

老聃说："年轻人，你稍稍近前些！你凭什么说他们各有不同？"子贡回答："尧让位给舜，舜让位给禹，禹用力治水而汤用兵征伐，文王顺从商纣不敢有所悖逆，武王悖逆商纣而不顺服，所以说各不相同。"

老聃说："年轻人，你再稍微靠前些！我跟你说说三皇五帝治理天下的事。黄帝治理天下，使人民心地淳厚保持本真，百姓有谁的双亲死了而不哭泣，人们也不会加以非议。唐尧治理天下，使百姓敬重双亲，百姓中有谁按亲疏程度区别丧礼的等级，其他人也不会非议。虞舜治理天下，使百姓心存竞争，怀孕的妇女十个月生下孩子，孩子生下五个月就张口学话，不等长到两三岁就开始识人问事，于是开始出现夭折短命的现象。夏禹治理天下，使民心变诈，人人存有机变之心，因而动刀动枪成了理所当然之事，杀死盗贼不算杀人，人们各自结成团伙而肆意于天下，所以天下大受惊扰，儒家、墨家都纷纷而起。他们初始时还有伦有理，可是现在却不这样了，你还有什么可说的呢！我告诉你，三皇五帝治理天下，名义上叫作治理，而扰乱人性和真情没有什么比他们更严重的了。三皇的心智，对上遮掩了日月的光明，对下损害了山川的灵性，在中间破坏了四时的推移。他们的心智比蛇蝎之尾和野兽还狠毒，不能使本性和真情获得安宁，却还自以为是圣人。是不认为可耻吗，还是不知道可耻呢？"子贡听了惊惶不定，心神不安地站着。

孔子对老聃说："我研修《诗》《书》《礼》《乐》《易》《春秋》六部经书，自认为很久很久了，熟悉了旧时的各种典章制度；用违反先王之制的七十二个国君为例，论述先王治世的方略，彰明周公、召公的政绩，可是一个国君也没有取用我的主张。实在是难啊！是人难以规劝，还是大道难以彰明呢？"

老子说："幸运啊，你不曾遇到过治世的国君！六经，乃是先王留下的陈旧遗迹，哪里是先王遗迹的本原！如今你所谈论的东西，就好像是足迹；足迹是脚踩出来的，然而足迹难道就是脚吗！雌雄白鹢相互而视，眼珠子一动也不动便相诱而孕；有种虫，雄的在上方鸣叫，雌的在下方相应而生子；名叫类的兽，一身具备雌雄两性，不待交合而生子。本性不可改变，天命不可变更，时光不可停留，大道不可壅塞。假如真正得道，无论到哪里都不会受到阻遏；失道的人，无论到哪里都道路不通。"

孔子三月闭门不出，再次见到老聃说："我终于得道了。乌鸦和喜鹊是孵化而生，鱼儿借助水里的泡沫生育，蜜蜂自化而生，生下弟弟，哥哥失爱就会啼哭。我很久没有跟万物的自然变化相识为友了！不能跟自然的变化相识为友，又怎么能教化他人！"老子听后说："好。孔丘得道了！"

刻　意①

刻意尚行，离世异俗，高论怨诽，为亢而已矣。此山谷之士、非世之人，枯槁赴渊者之所好也。语仁义忠信，恭俭推让，为修而已矣。此平世之士、教诲之人，游居学者之所好也。语大功，立大名，礼君臣，正上下，为治而已矣。此朝廷之士、尊主强国之人，致功并兼者之所好也。就薮泽，处闲旷，钓鱼闲处，无为而已矣。此江海之士、避世之人，闲暇者之所好也。吹呴呼吸，吐故纳新，熊经鸟申，为寿而已矣。此道引之士、养形之人，彭祖寿考者之所好也。若夫不刻意而高，无仁义而修，无功名而治，无江海而闲，不道引而寿，无不忘也，无不有也。澹然无极而众美从之。此天地之道、圣人之德也。

故曰：夫恬惔寂漠②，虚无无为，此天地之本而道德之质也。故曰：圣人休休焉则平易矣。平易则恬惔矣。平易恬惔，则忧患不能入，邪气不能袭，故其德全而神不亏。故曰：圣人之生也天行，其死也物化。静而与阴同德，动而与阳同波。不为福先，不为祸始。感而后应，迫而后动，不得已而后起。去知与故，循天之理。故曰：无天灾，无物累，无人非，无鬼责。其生若浮，其死若休。不思虑，不豫谋。光矣而不耀，信矣而不期。其寝不梦，其觉无忧。其神纯粹，其魂不罢③。虚无恬惔，乃合天德。故曰：悲乐者，德之邪；喜怒者，道之过；好恶者，德之失。故心不忧乐，德之至也；一而不变，静之至也；无所于忤，虚之至也；不与物交，惔之至也；无所于逆，粹之至也。故曰：形劳而不休则弊，精用而不已则劳，劳则竭。水之性，不杂则清，莫动则平；郁闭而不流，亦不能清，天德之象也。故曰：纯粹而不杂，静一而不变，惔而无为，动而以天行，此养神之道也。

夫有干④越之剑者，柙⑤而藏之，不敢用也，宝之至也。精神四达并流，无所不极，上际于天，下蟠于地，化育万物，不可为象，其名为同帝。纯素之道，唯神是守。守而勿失，与神为一。一之精通，合于天伦。野语有之曰："众人重利，廉士重名，贤人尚志，圣人贵精。"故素也者，谓其无所与杂也；纯也者，谓其不亏其神也。能体纯素，谓之真人。

注释

①刻：借为高，提高。刻意：此处提高意志，力求恬淡无为，达到真人境界。②恬惔寂漠：惔，通"淡"。漠，通"寞"。③罢：通"疲"。④干：吴国溪名，产剑。在此代指吴。⑤柙：通"匣"。

译文

提高意志推崇品行，脱离世俗与众不同，发表高论批评时俗，只是为了清高罢了。这是隐居山谷的士子、对抗社会的人和自戕自沉的人所奉行的法则。谈论仁义忠信，讲究恭良俭让，只是为了修身罢了。这是治理世务的人、教育学生的人和边游说边讲学的人所奉行的。谈论功业，传播名声，规定君臣礼仪，维护上下等级，只是为了治理天下罢了。这是朝廷官员、推崇君主而壮大国家的人和致力于兼并诸侯的人所奉行的。躲在湖泽居于旷野，钓鱼消闲，只是无所作为罢了。这是隐居江海的人、躲避世扰的人和悠闲从容的人所奉行的。呼吸运气，吐故纳新，如熊似的悬吊、如鸟似的伸展，只是延长寿命罢了。这是导通气脉的方士、颐养身体的人和祈求有如彭祖寿命的人所奉行的。那些无须磨炼心志而能高尚，无须推行仁义而能修身，无须隐居江海而能闲适，无须导通气脉而能长寿，一切无心而自然得到，心境淡漠没有偏好的，所有美好的东西都随之而来。这才是天地之道，圣人之德呢。

所以说，恬淡寂寞，虚静无为，这是天地的准则和道的本质。所以，圣人从从容容就心平气和了。平和恬淡，则忧患不能侵入，邪气不能侵袭，因而德性完备则精神不亏损。所以说，圣人的生存是自然的运行，他的死亡是物理的变化。静止时跟阴气共存，运动时跟阳气同流。既不成为福祉的引导，也不成为祸害的根由。受到触发然后回应，受到逼迫然后启动，不得已然后反抗。摒弃智慧和习惯，遵循自然的道理。所以不遭受天灾，没有外物牵累，没有外人非议，没有鬼神的责罚。他活着如同浮游，他死去如同休息。不思虑事物，不预测未来，虽然光亮却不闪耀，虽然守信却不求兑现。他就寝时没有梦想，他清醒时没有忧虑。他的精神纯粹，他的魂魄永不疲倦。虚无恬淡，符合自然。所以说，悲伤和欢乐，是天性的偏邪；喜悦和愤怒，是天性的过失；喜好和厌恶，是天性的迷失。内心不怀忧乐，是天性的最高境界；执守纯一不变不动，是宁静的最高境界；不会与万物发生抵触，是虚空的最高境界；不跟外物发生关系，是恬淡的最高境界；不跟外物产生对抗是纯粹的最高境界。所以说，形体工作不停就会疲惫，精神消耗不断就会劳损，劳损就会生命衰竭。水的天性，不掺杂就清澈，不搅乱就平静，积郁闭塞不流动的话，也就不会清澈了。这是天性的表现。所以说，纯粹不混杂，宁静纯一不变不动。恬淡无为，按自然规律行动，这就是颐养心神的道理了。

拥有吴越宝剑的人，把剑放在匣里藏起来，舍不得用，珍贵极了。精神四处横流，没有不到的地方，上会合天，下遍及地，化育万物，不可捉摸，它的名字等同天地。维持纯朴的方式，唯有守护精神。守护不致丧失，就能和神明合为一体。精通了合一，也就符合了自然法则。民间有句俗语："普通的人看重利益，廉洁之士看重名声，贤明之人崇尚意志，圣人推崇精神。"所以谓朴素，是指事物没有任何掺杂；纯粹，是指精神没有亏损。能够表现纯粹朴素，就是真人。

缮 性

缮性于俗学以求复其初；滑欲于俗思，以求致其明，谓之蔽蒙之民。

古之治道者，以恬养知。知生而无以知为也，谓之以知养恬。知与恬交相养，而和理出其性。夫德，和也；道，理也。德无不容，仁也；道无不理，义也；义明而物亲，忠也；中纯实而反乎情，乐也；信行容体而顺乎文，礼也。礼乐偏行，则天下乱矣。彼正而蒙己德，德则不冒，冒则物必失其性也。

古之人，在混芒之中，与一世而得澹漠焉。当是时也，阴阳和静，鬼神不扰，四时得节，万物不伤，群生不夭，人虽有知，无所用之，此之谓至一。当是时也，莫之为而常自然。

逮德下衰，及燧人①、伏羲始为天下，是故顺而不一。德又下衰，及神农、黄帝始为天下，是故安而不顺。德又下衰，及唐虞始为天下，兴治化之流，澆②淳散朴，离道以为，险德以行，然后去性而从于心。心与心识，知而不足以定天下，然后附之以文，益之以博。文灭质，博溺心，然后民始惑乱，无以反其性情而复其初。由是观之，世丧道矣，道丧世矣，世与道交相丧也。道之人何由兴乎世，世亦何由兴乎道哉！道无以兴乎世，世无以兴乎道，虽圣人不在山林之中，其德隐矣。隐故不自隐。

古之所谓隐士者，非伏其身而弗见也，非闭其言而不出也，非藏其知而不发也，时命大谬也。当时命而大行乎天下，则反一无迹；不当时命而大穷乎天下，则深根宁极而待。此存身之道也。

古之行身者，不以辩饰知，不以知穷天下，不以知穷德，危然处其所而反其性已，又何为哉！道固不小行，德固不小识。小识伤德，小行伤道。故曰：正己而已矣。乐全之谓得志。

古之所谓得志者，非轩冕之谓也，谓其无以益其乐而已矣。今之所谓得志者，轩冕之谓也。轩冕在身，非性命也，物之傥来，寄者也。寄之，其来不可圉③，其去不可止。故不为轩冕肆志，不为穷约趋俗，其乐彼与此同，故无忧而已矣！今寄去而不乐。由之观之，虽乐，未尝不荒④也。故曰：丧己于物，失性于俗者，谓之倒置之民。

注释

①燧人：三皇之一，发明钻木取火和教人熟食。②㴠（jiāo）：同"浇"，浇薄。③圉：通"御"，抵挡。④荒：通"慌"，迷乱。

译文

用世俗之道理修身养性企图回归本真，用世俗观念陶冶性情企图明理求知，这是蔽塞昏昧的人。

古来修道的人，以恬淡颐养智慧。活着无须靠智慧行事，只是用智慧颐养恬淡。智慧和恬淡互相颐养，道德也就从中产生。所谓德，就是和顺；所谓有道理，就是条理。德无所不包，就是仁；道理无所不合，就是义；义理明白和与物相亲，就是忠；心中朴实又返归到情，就是乐；行为忠信，宽容仁爱又合乎自然节文，就是礼。礼乐偏行，天下就大乱了。别人德性纯正，却要强加自己的德性给别人，但德性是不能受蒙蔽的，被蒙蔽的事物就必然失去它本性。

古时的人，身处天地未分的混沌状态，能与他人淡然相处。在那个时代

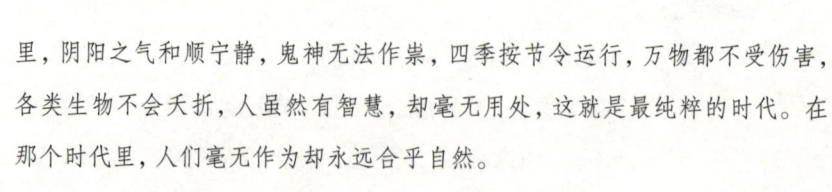

里，阴阳之气和顺宁静，鬼神无法作祟，四季按节令运行，万物都不受伤害，各类生物不会夭折，人虽然有智慧，却毫无用处，这就是最纯粹的时代。在那个时代里，人们毫无作为却永远合乎自然。

等到道德中落以后，轮到燧人氏、伏羲氏来掌控天下，只有顺从却不纯粹了。道德一天天衰落，轮到神农氏、黄帝来掌管天下，只有安定却不和顺了。道德又逐渐地衰落，轮到唐尧、虞舜来治理天下，兴起统治教化的风尚，淳朴的风气渐渐消解，为了求善而抛弃了自然之道，追求品行而摧残了天性，这样就舍弃了天性却有了私欲。彼此间用心智探察，已经不能够稳定天下了。然后又攀附文采，增加博识。一旦文采毁灭本质，博识淹没心性，那么就使人出现迷惑混乱，再也无法返回他的性情和复归他的本初了。由此看来，世俗使道德败坏，道也败坏了世俗，世俗和道相互败坏。有道的人凭什么复兴世道，世俗又凭什么复兴道呢？只要道无法复兴于世，世俗也就无法复兴道，即使圣人不躲在山林之中，他的德性也会隐藏起来。隐藏并非自己甘愿封锁。

古时的所谓隐士，并非藏起身子不再出现，并非闭塞言论不再作声，并非埋没才智不再表达，只因时运谬乱。恰逢时运而大道盛行天下，就返归纯一了无痕迹；不合时运而大道困于天下，就深藏静处地等待。这就是保全自身的方法了。

古时保全自身的人，不用诡辩文饰智慧，不用智慧困扰天下，更不用智慧来损伤道德，秉正地处在自己的位置和发挥自己的本性，除此之外自己还有什么可做的呢？道本来就不是小品行，德本来就不是小见识。小见识有伤于德，小品行有伤于道。所以说，端正自身就是了。保全天性叫作快意自适。

古时所谓得志，不是说得了高官厚禄，而是说它再也无法增加它的快乐了。如今所谓得志，是说高官厚禄。高官厚禄加在身上，不是性命原有的。外物偶尔到来，只是寄存。寄存的东西，它要来时难以抗拒，它要去时也难以遏止。所以不因为得到高官厚禄而得意忘形，不因为穷困受阻而趋炎附势，做到喜欢那个跟喜欢这个一样，所以可以无忧无虑。如今的人寄存物失去就怏怏不乐。由此可见，即使快乐，也未尝不会陷入心慌意乱。所以说，由于追逐外物而迷失自我，由于趋于时俗而迷失本性的人，被称作本末倒置的人。

秋　水

秋水时至，百川灌河，泾流之大，两涘①渚崖之间，不辨牛马。于是焉河伯欣然自喜，以天下之美为尽在己；顺流而东行，至于北海，东面而视，不见水端，于是焉河伯始旋其面目，望洋向若②而叹曰："野语有之，曰'闻道百，以为莫己若者'，我之谓也。且夫我尝闻少仲尼之闻而轻伯夷之义者，始吾弗信；今我睹子之难穷也，吾非至于子之门则殆矣，吾长见笑于大方之家。"北海若曰："井蛙不可以语于海者，拘于虚也；夏虫不可以语于冰者，笃于时也；曲士不可以语于道者，束于教也。今尔出于崖涘，观于大海，乃知尔丑，尔将可与语大理矣。天下之水，莫大于海：万川归之，不知何时止而不盈；尾闾泄之，不知何时已而不虚；春秋不变，水旱不知。此其过江河之流，不可为量数。而吾未尝以此自多者，自以比形于天地，而受气于阴阳，吾在天地之间，犹小石、小木之在大山也。方存乎见少，又奚以自多！计四海之在天地之间也，不似礨空③之在大泽乎？计中国之在海内，不似稊米之在大仓乎？号物之数谓之万，人处一焉；人卒④九州，谷食之所生，舟车之所通，人处一焉；此其比万物也，不似毫末之在于马体乎？五帝之所连，三王之所争，仁人之所忧，任士之所劳，尽此矣！伯夷辞之以为名，仲尼语之以为博。此其自多也，不似尔向之自多于水乎？"

河伯曰："然则吾大天地而小毫末，可乎？"北海若曰："否。夫物，量无穷，时无止，分无常，终始无故⑤。是故大知观于远近，故小而不寡，大而不多，知量无穷；证向今故，故遥而不闷，掇而不跂，知时无止；察乎盈虚，故得而不喜，失而不忧，知分之无常也；明乎坦涂⑥，故生而不悦，死而不祸，知终始之不可故也；计人之所知，不若其所不知；其生之时，不若未生之时；以其至小，求穷其至大之域，是故迷乱而不能自得也。由此观之，又何以知毫末之足以定至细之倪？又何以知天地之足以穷至大之域？"

注释

①涘(sì)：河岸。②若：北海神之名。③礨(lěi)空：石块的小孔。④卒：借为"萃"，聚集。⑤故：通"固"。⑥涂：通"途"。

译文

秋雨绵延不绝，河水按时上涨，千百条河流都灌注到黄河，使黄河干流大大加宽，两岸之间，河中小洲之上，望过去分辨不清是牛是马。于是河伯洋洋自得，以为天下壮美尽在自身了；顺河流向东走，到达北海，向东面望去，看不到水的边界，在这时候河伯才收敛了自满自得的神态，望着浩瀚无边的大海对北海神感叹道："俗话说：'听到的道理多了，就自以为没有人能赶得上自己。'我就是这样的人啊。我曾听说有人小看孔子的学识，轻视伯夷的信义，起初我不相信；直到我看到你的浩瀚无边，才发现我如果不到你这里来就糟了，我将长久地被懂得大道的人笑话。"北海神说："对于井底之蛙，不可以和它谈论大海，因为它受到居所的限制；对于夏天的虫子，不能和它谈论冰，因为它受到季节的限制；对于孤陋寡闻的人，不可以同他谈论大道，因为他所受到俗学的限制。现在你走出了河流两岸，看见了无边的大海，于是知道了自己的鄙陋，这样就可以同你讨论大道了。天下的水，没有比海再广大的了，千万条河都流向它，没有停止的时候，海也不会溢满；尾闾不停排放海水，海也永不枯竭；不论是春天还是秋天，大海都没有什么变化；不论是水涝还是干旱，大海都没有改变。大海的容量超过江河是没有办法估量的。而我从来没有因此而自满，因为我从天地那里继承了形体，从阴阳变化中秉承了生气，我在天地之间，如同小石块、小树木在大山之中。我只觉得自己很渺小，又哪里会自满呢！算起来四海在天地之间，不也就像一粒米在大谷仓之中吗？事物数量以万计，人只是其中之一；人聚居在九州中，谷物生长的地方，舟车可以通行的地方，而个体只是众人之一；个人与万物相比，不也就像马身上的一根汗毛一样微乎其微吗？五帝以禅让相传承的，三王以武力相争夺的，仁人所担忧的，贤能之士所操劳的，都是这样的一根汗毛啊！伯夷辞让以博得好名声，仲尼谈论以彰显博学，这种自以为是，不就像刚才你自夸黄河之水壮观一样吗？"

河伯说："既然这样，那么我以天地为大，以毫末为小，可以吗？"北海神说："不可以。物的数量是无穷尽的，时间是不会停止的，得失不是恒常不变的，终始也不是固定不变的。所以大智之人能够观察远处和近处的一切事物，因而小的东西不觉得小，大的东西也不觉得大，这是因为他深知物量是没有穷尽的；考察古今变化无穷的情形，所以对遥远的古事不感厌倦，对于伸手可触的未来也没有期待，这是因为他通晓时间是没有止境的；看清事物盈满和空虚的相转化，所以得到了并不感到欣喜，失去了也不会悲伤，这是因为他知道得失不是恒常不变的；明白死生是人生走过的一条坦途，所以对生不感到欣喜，对死也不看作灾祸，这是因为他知道死生往复的道理。算起来，人所知道的，不如他所不知道的多；拥有生命的时间，远不如他失去生命的时间长；以其极有限的智慧和极其短暂的生命去穷尽广大无际的宇宙，因此陷入迷惑而无所得。由此看来，又怎么知道毫末足以确定极小的界限呢？怎么知道天地足以穷尽最大的领域呢？"

河伯曰："世之议者皆曰：'至精无形，至大不可围。'是信情乎？"北海若曰："夫自细视大者不尽，自大视细者不明。夫精，小之微也；垺①，大之殷也。故异便。此势之有也。夫精粗者，期于有形者也；无形者，数之所不能分也；不可围者，数之所不能穷也。可以言论者，物之粗也；可以意致者，物之精也；言之所不能论，意之所不能察致者，不期精粗焉。是故大人之行，不出乎害人，不多仁恩；动不为利，不贱门隶；货财弗争，不多辞让；事焉不借人，不多食乎力，不贱贪污；行殊乎俗，不多辟异；为在从众，不贱佞谄；世之爵禄不足以为劝，戮耻不足以为辱；知是非之不可为分，细大之不可为倪。闻曰：'道人不闻，至德不得，大人无己。'约分之至也。"

河伯曰："若物之外，若物之内，恶至而倪贵贱？恶至而倪小大？"北海若曰："以道观之，物无贵贱；以物观之，自贵而相贱；以俗观之，贵贱不在己。以差观之，因其所大而大之，则万物莫不大；因其所小而小之，则万物莫不小。知天地之为稊米也,知毫末之为丘山也,则差数睹矣。以功观之,因其所有而有之,则万物莫不有;因其所无而无之,则万物莫不无。知东西之相反而不可以相无,则功分定矣。以趣观之,因其所然而然之,则万物莫不然;因其所非而非之,则万物莫不非。知尧桀之自然而相非,则趣操睹矣。昔者尧舜让而帝,之哙②让而绝;汤武争而王,白公③争而灭。由此观之,争让之礼,尧桀之行,贵贱有时,未可以为常也。梁丽④可以冲城,而不可以窒穴,言殊器也;骐骥骅骝⑤,一日而驰千里,捕鼠不如狸狌,言殊技也;鸱鸺⑥夜撮蚤,察毫末,昼出瞋目而不见丘山,言殊性也。故曰:'盖师是而无非,师治而无乱乎?'是未明天地之理,万物之情者也。是犹师天而无地,师阴而无阳,其不可行明矣!然且语而不舍,非愚则诬也!帝王殊禅,三代殊继。差其时,逆其俗者,谓之篡夫;当其时,顺其俗者,谓之义徒。默默乎河伯!女恶知贵贱之门,小大之家!"

注释

①垺(fú):通"郭",外城。②哙(kuài):指燕国国君哙。燕王哙将王位禅让给宰相子之,而燕国也几乎灭亡。③白公:楚平王之孙,因起兵叛逆被镇压。④丽:通"欐",屋梁。⑤骅骝(huá liú):古代良马。⑥鸱鸺(chī xiū):猫头鹰。

译文

河伯说:"世间议论说:'最细小之物没有形体,最庞大之物是无法度量其外围的。'这话真实可靠吗?"北海神说:"从细小的角度看待庞大的事物总看不全面,从宏大的角度看细小的事物总看不清楚。所说的'精',是指小事物中最微小的;所说的'垺',是大事物之外更为庞大的。所以事物小大不同却有各自的自然本性。这是事物自身发展的趋势。所谓精细粗大,都是限于一支支形体的描述;至于至精无形之物,是不能被划分、度量的。至大不可规定范围之物,是用度数所不能穷尽的。可以言说议论的是事物中粗的部分,只能用心去体会的是事物中精致的部分,那些言语所不能谈论,意识所不能领会的，就超出精的范围了。因此，圣人行事，不会有意害人，也不会夸耀对他人的仁爱和恩惠；行事不为谋取利益，也不看轻守门之奴；不与别人争夺财物，也不推崇辞让财物的举动，行事不借助他人之力，也不夸赞自食其力，不鄙视贪财污浊的行为；行事与世俗不同，却不是故意标新立异；顺从众人，却不鄙视谄媚讨好；世间的高爵厚禄不足以鼓励他，刑罚和耻辱也不足以羞辱他；他深知是非是不可分辨的，精细与庞大同样无法分辨。听说过这样的说法：'得道之人不闻名于世，大德之人不期望有所得，圣人忘却自己。'这样就消灭万物的差别达到极致了。"

河伯说："是从物性之外还是从物性之内来区分它们的贵贱？怎么区分它们的大小呢？"北海神说："从大道来看，万物没有贵贱之分；从万物自身角度来看，万物各自为贵，而以对方为贱；从世俗观念来看，事物之贵贱不是自身所固有的。从万物的差别来看，如果顺着万物大的方面视其为大，那么万物没有不是大的；如果顺着万物小的方面视其为小，那么万物没有不是小的。懂得既可将天地看作像一粒细米那般小，也可将一根毫毛末梢看作丘山那般大，那么万物大小的相对性就很明白了。从万物的功用来看，顺着其有用的一面看，万物没有不具功用的；顺着其不具功用的一面看，则万物没有具备功用的。明白东与西虽然方向相反却又相互依存的道理，则万物的功用之分就确定下来了。从万物的趋向来看，顺其值得肯定的一面把它视为对的，则万物没有不是对的；顺其否定的一面把它看成错的，那么万物没有不是错的。明白尧与桀的自以为是，而互以对方为非，那么观点与操守的不同就很明白了。从前尧、舜由禅让而成为帝王，燕王哙与子之却因禅让而遭灭绝；商汤与周武王以武力相争而为王，白公胜却因为争夺而灭亡。由此看来，争夺与禅让的做法，尧与桀的行为，他们的贵贱是因时而异的，没有一定的常规。栋梁可用来冲撞城门，却不可用来堵塞老鼠洞，这就是说器用的大小不同；骐骥、骅骝一类良马可日行千里，而捕捉老鼠则不如野猫和黄鼠狼，这就是说技能的不同；猫头鹰夜里可以抓住跳蚤，明察秋毫，白天出来瞪大眼睛也看不见丘山，这就是说物性的不同。俗语说：'何不只效法对的而抛弃错的，效法好的而抛弃混乱的？'这种说法实在是不了解天地间事物变化的实情。这就如同效法天而抛弃地，效法阴而抛弃阳一样，此路行不通。然而还是有人说个不停，这样做不是愚昧无知便是存心骗人！三皇五帝禅让的方式不同，夏、商、周三代王位继承方式也不一样。不合时宜，违背世道人心的，被称为篡逆的人；合乎时宜，顺应世道人心的，被称为高尚的人。沉默吧，河伯！你哪里能明白区分万物贵贱、大小的道理呢？"

　　河伯曰："然则我何为乎，何不为乎？吾辞受趣①舍，吾终奈何？"北海若曰："以道观之，何贵何贱，是谓反衍；无拘而志，与道大蹇。何少何多，是谓谢施②；无一而行，与道参差。严严乎若国之有君，其无私德；繇繇乎若祭之有社，其无私福；泛泛乎其若四方之无穷，其无所畛域③。兼怀万物，其孰承翼？是谓无方。万物一齐，孰短孰长？道无终始，物有死生，不恃其成。一虚一满，不位乎其形。年不可举，时不可止；消息盈虚，终则有始。是所以语大义之方，论万物之理也。物之生也，若骤若驰，无动而不变，无时而不移。何为乎，何不为乎？夫固将自化。"

　　河伯曰："然则何贵于道邪？"北海若曰："知道者必达于理，达于理者必明于权，明于权者不以物害己。至德者，火弗能热，水弗能溺，寒暑弗能害，禽兽弗能贼。非谓其薄之也，言察乎安危，宁于祸福，谨于去就，莫之能害也。故曰：'天在内，人在外，德在乎天。'知乎人之行，本乎天，位乎得，蹢躅④而屈伸，反要而语极。"曰："何谓天？何谓人？"北海若曰："牛马四足，是谓天；落马首，穿牛鼻，是谓人。故曰：无以人灭天，无以故灭命，无以得殉名。谨守而勿失，是谓反其真。"

　　夔怜蚿⑤，蚿怜蛇，蛇怜风，风怜目，目怜心。夔谓蚿曰："吾以一足趻踔⑥而行，予无如矣。今子之使万足，独奈何？"蚿曰："不然。子不见夫唾者乎？喷则大者如珠，小者如雾，杂而下者不可胜数也。今予动吾天机，而不知其所以然。"蚿谓蛇曰："吾以众足行，而不及子之无足，何也？"蛇曰："夫天机之所动，何可易邪？吾安用足哉！"蛇谓风曰："予动吾脊胁而行，则有似也。今子蓬蓬然起于北海，蓬蓬然入于南海，而似无有，何也？"风曰："然。予蓬蓬然起于北海而入于南海也，然而指我则胜

庄子 选译 外篇

145

我，鳅⑦我亦胜我。虽然，夫折大木、蜚⑧大屋者，唯我能也。故以众小不胜为大胜也。为大胜者，唯圣人能之。"

注释

①趣：通"取"。②谢施(yì)：谢，代谢。施，延伸。③畛(zhěn)域：界线。④蹢躅(zhí zhú)：同"踯躅"，此指进退。⑤蚿(xián)：百足虫。⑥趻踔(chěn chuō)：跳着行走。⑦鳅(qiū)：通"蹴"，踏。⑧蜚：通"飞"，此指吹飞。

译文

河伯说："既然如此，那么我应该做什么？不该做什么？对于事物的辞让、受纳、进取、舍弃，我究竟应该怎么应对呢？"北海神说："从道的角度来看，什么是贵，什么是贱呢？可以说贵、贱都是向反方向转化的；不要用传统成见去束缚你的心志，使它与大道相违背。什么是少，什么是多呢？可以说多少是相互转化的；做事不要拘执一己之见，免得与大道相违背。庄重威严得像国君一样，对待人民没有偏爱；悠然自得像受祭的社神一样，对参与祭祀的人没有偏袒；要像四面延伸的平地一样宽广，没有彼此的边界。对万物兼容并包，有谁能受到特殊庇护？这就是不偏向任何一方。万物原本是一样的，谁为短谁为长呢？大道是无始无终的，而万物有生有死，即使成就一时也不足以自恃。大道空虚盈满时时转化，并没有固定不变的状态。岁月不能留存，时间不能停止。天地万物的生息、消亡、盈满、空虚不断周而复始运转不停。这就是讲说大道的法则，论述万物的道理。万物之生长，如同马儿疾驰、车儿疾行，一举一动都在变化，无时无刻不在变化。什么是该做的，什么是不该做的，万物本来就是不断地自行变化的。"

河伯说："既然如此，那么道还有什么可贵之处呢？"北海神说："明白大道的人必能通达事理，通达事理的人必能明白权变，明白权变的人不会让外物损害自己。有最高修养的人，火不能烧伤他，水不能淹死他，严寒酷暑不能侵害他，凶禽猛兽不能伤害他。这不是说他们迫近这些而能不受伤害，而是说他能明察安全与危险的情况，能看透祸福之间的转化关系，能谨慎地对待进退去留,所以没有什么外物能伤害他。因此说:'人的天性是内在的,社会环境对人的影响是外在的,道德重在不失自然本性。'知道自然和人都是变化的,以天性为根本,处于自得的位置上,或进退或屈伸都能自如,这便是返归大道的关键,谈论大道的极致。"河伯说:"什么是天性?什么是人为?"北海神说:"牛马长有四蹄,这就是天性;给马戴上笼头,给牛穿上鼻绳,这就是人为。所以说,不要以人为来破坏天性,不要用造作来损害天性,不要为追求名声而戕害本性。执守本性而不丧失,就是复归天真的本性。"

独脚的夔羡慕百足的蚿,百足的蚿羡慕无足的蛇,无足的蛇羡慕无形的风,无形的风羡慕明察秋毫的眼睛,明察秋毫的眼睛羡慕隐藏的内心。夔对蚿说:"我用一只脚跳着走路,我不如你。现在你用这么多脚走路,究竟怎样使用这些脚呢?"蚿说:"你说得不对,你没有看见打喷嚏的人吗?喷出的唾沫大的如水珠,小的如雾气,混杂着落下来,数都数不清。现在我只是顺着天性而行,不知道它究竟为什么是这样。"蚿对蛇说:"我用百足行走却不及你没有脚走得快,这是为什么呢?"蛇说:"我依靠天然的本能行走,怎么可以改变呢?我哪里用得着脚啊?"蛇对风说:"我扭动脊背和肋骨爬行,这是有形可循的。现在你呼呼地由北海刮起,又呼呼地吹入南海,好像完全没有形迹似的,这是为什么呢?"风说:"是的。我呼呼地从北海刮起然后吹入南海。可是,人们用手指来阻挡我就能胜过我,用脚踩我也能胜过我。即便如此,那折断大树、吹起房屋的事情,也只有我能办得到。所以在众多小的方面不能取胜,却能在大的方面取胜。取得大的胜利,只有圣人才能办到。"

孔子游于匡①,宋②人围之数匝,而弦歌不惙。子路入见曰:"何夫子之娱也?"孔子曰:"来,吾语女。我讳穷久矣,而不免,命也;求通久矣,而不得,时也。当尧舜而天下无穷人,非知得也;当桀纣而天下无通人,非知失也,时势适然。夫水行不避蛟龙者,渔父之勇也;陆行不避兕③虎者,猎夫之勇也;白刃交于前,视死若生者,烈士之勇也;知穷之有命,知通之有时,临大难而不惧者,圣人之勇也。由,处矣!吾命有所制矣!"无几何,将甲者进,辞曰:"以为阳虎④也,故围之;今非也,请辞而退。"

公孙龙⑤问于魏牟曰："龙少学先王之道，长而明仁义之行；合同异，离坚白；然不然，可不可；困百家之知，穷众口之辩；吾自以为至达已。今吾闻庄子之言，汒焉异之。不知论之不及与？知之弗若与？今吾无所开吾喙，敢问其方。"公子牟隐机大息，仰天而笑曰："子独不闻夫坎井⑥之蛙乎？谓东海之鳖曰：'吾乐与！吾跳梁乎井幹之上，入休乎缺甃之崖。赴水则接腋持颐，蹶泥则没足灭跗。还虷⑦蟹与科斗，莫吾能若也。且夫擅一壑之水，而跨跱坎井之乐，此亦至矣。夫子奚不时来入观乎？'东海之鳖左足未入，而右膝已絷矣。于是逡巡而却。告之海曰：'夫千里之远，不足以举其大；千仞之高，不足以极其深。禹之时，十年九潦，而水弗为加益；汤之时，八年七旱，而崖不为加损。夫不为顷久推移，不以多少进退者，此亦东海之大乐也。'于是坎井之蛙闻之，适适然惊，规规然自失也。且夫知不知是非之竟，而犹欲观于庄子之言，是犹使蚊负山、商蚷⑧驰河也，必不胜任矣。且夫知不知论极妙之言，而自适一时之利者，是非坎井之蛙与？且彼方跐黄泉而登大皇，无南无北，奭然四解，沦于不测；无东无西，始于玄冥，反于大通。子乃规规然而求之以察，索之以辩，是直用管窥天、用锥指地也，不亦小乎？子往矣！且子独不闻夫寿陵⑨余子之学行于邯郸与？未得国能，又失其故行矣，直匍匐而归耳。今子不去，将忘子之故，失子之业。"公孙龙口呿⑩而不合，舌举而不下，乃逸而走。

注释

①匡：春秋时卫国邑名，在今河南睢县西。②宋："卫"字之误。③兕（sì）：犀牛。④阳虎：又名阳货，本为鲁国季孙氏家臣。后篡夺鲁国政权，把持大权达三年之久。鲁定公六年（公元前504年），他带兵侵略匡邑，与匡人结仇。⑤公孙龙：战国时期赵国人，曾做过平原君的门客。⑥坎井：浅井。⑦虷（hán）：井中赤虫。又说为孑孓，即蚊子的幼虫。⑧商蚷（jù）：又名马蚿、马陆，一种暗褐色小虫，栖息于湿地和石堆下，能在陆地爬行，不会游水。⑨寿陵：燕国邑名。⑩呿（qū）：张开口。

译 文

  孔子师徒游经匡邑，卫国人把他们层层包围了起来，但孔子和弟子们仍不停地奏乐唱诗。子路进来见孔子，说："为什么先生还这样快乐呢？"孔子说："来吧，我讲给你。我忌讳困穷很久了，却摆脱不掉，这是命该如此啊；我渴求通达很久了，却不能得到，这是时运不佳。处在尧舜时代，天下没有困穷之人，并不是因为他们有智慧；处在桀纣时代，天下没有通达之人，并不是因为他们没有智慧，一切都是时运造成的呀。在水底通行不躲避蛟龙，是渔夫的勇敢；在陆上行走不躲避犀牛和老虎，是猎人的勇敢；闪光的刀剑横在面前，把死看得如生一样平常，是烈士的勇敢；知道困穷是由于命运，知道通达是由于时机，遭逢大危难而不畏惧的，这是圣人的勇敢。仲由，你放心吧！我的命运是由老天安排好的。"没过多久，统领甲士的长官进来道歉说："我们以为你们是阳虎的同伙，所以把你们包围起来；现在知道你们不是，请让我表示歉意并且退兵。"

  公孙龙问魏牟说："我少年时就学习先王大道，年长后通晓仁义的行为；能把相同相异的事物论证为无差别的同一，能把坚白等属性论证为与物体相分离；能在辩论中把别人认为不对的论说成对的，把别人认为不可以的论说成可以的；能使百家的智士感到困窘，使众多善辩者理屈词穷。我自以为已经极其通达事理了。现在我听了庄子的言论，深感迷惘不解。不知是我的辩才不及他高呢，还是知识不如他渊博呢？现在我都不知道如何开口了，请问这是什么原因呢？"魏牟倚靠小几深深叹息，又仰天而笑说："你难道没有听说浅井之蛙的故事吗？井蛙对东海之鳖说：'我多么快乐呀！我跳到井栏上，又蹦回到井中，在井壁上的缺口休息，游水时井水托在我的腋窝和两腮之下，踏进淤泥则烂泥没过脚背；环视周围的小红虫、小螃蟹、小蝌蚪，没有能像我这样自如快乐的！况且独占一井之水，在其中跳跃蹲踞的乐趣，也就算达到快乐的极点了，你何不时常进来看看呢？'东海之鳖左足还没有踏到井里，右膝就被绊住了。于是，它迟疑一会儿就退出来了，并告诉井蛙大海的样子，说：'千里之遥，不足以形容海之大；八千尺的高度，不足以穷尽海之深。大禹的时代，十年有九年发生水灾，但海水并不因此而增加；商汤时代，八年有七年闹旱灾，海水边沿也不因此而向后退缩。大海的水量不因时间的长短有所改变，不因雨水的多少有所进退，这也就是东海最大的快乐啊！'浅井之蛙听了这些，惊怖不已，一副茫然自失的样子。再说，以你的智慧还未能通晓是非之究竟，而你就要观察领会庄子的言论，这就如同让蚊虫背负大山，让商蛆在河中游一样，必定不能胜任。况且你的智慧不足以理解和论述极微妙之言论，而自满自足于一时口舌相争之胜利，这不是和浅井蛙一样吗？再说庄子之言玄妙莫测，上登皇天，下入黄泉，不分南北，四面畅通无阻，深入于不可知之境；不分东西，从幽远暗昧之境开始，再返回于无不通达之大道。你只知用探察和辩论的方法去求索其理，这就像从竹管里看天，用锥子尖丈量地一样，不是太渺小了吗？你去吧！你没有听过寿陵少年去邯郸学习走路的故事吗？他不但没有学会赵国人走路的技艺，反而把自己原来的走法也忘记了，只好爬着回到燕国去！你现在要不离开，将会忘记原来的本事，失掉固有的事业。"公孙龙听了这套高论，惊异得合不拢嘴，说不出话，于是匆忙逃离了。

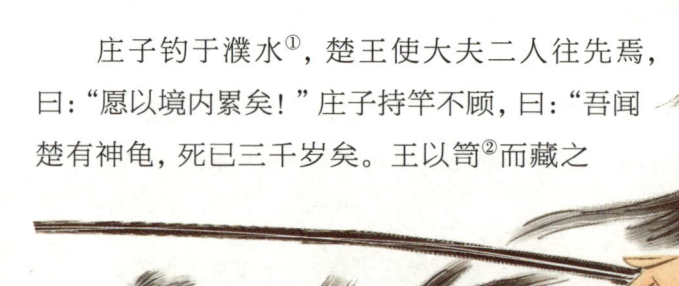

庄子钓于濮水①，楚王使大夫二人往先焉，曰："愿以境内累矣！"庄子持竿不顾，曰："吾闻楚有神龟，死已三千岁矣。王以笥②而藏之庙堂之上。此龟者，宁其死为留骨而贵乎？宁其生而曳尾于涂中乎？"二大夫曰："宁生而曳尾涂中。"庄子曰："往矣！吾将曳尾于涂中。"

惠子相梁，庄子往见之。或谓惠子曰："庄子来，欲代子相。"于是惠子恐，搜于国中三日三夜。庄子往见之，曰："南方有鸟，其名为鹓雏③，子知之乎？夫鹓雏发于南海而飞于北海，非梧桐不止，非练实不食，非醴④泉不饮。于是鸱得腐鼠，鹓雏过之，仰而视之曰'吓！'今子欲以子之梁国而吓我耶？"

庄子与惠子游于濠⑤梁之上。庄子曰："鲦⑥鱼出游从容，是鱼之乐也。"惠子曰："子非鱼，安知鱼之乐？"庄子曰："子非我，安知我不知鱼之乐？"惠子曰："我非子，固不知子矣；子固非鱼也，子之不知鱼之乐，全矣！"庄子曰："请循其本。子曰'汝安知鱼乐'云者，既已知吾知之而问我，我知之濠上也。"

注释

①濮水：古水名。②笥（sì）：盛衣服的方形竹箱。③鹓雏（yuān chú）：传说中与鸾凤同类的鸟。④醴（lǐ）：甜酒。⑤濠：水名，在今安徽凤阳县一带。⑥鲦：通"鲦"，白条鱼。

译　文

庄子在濮水边钓鱼，楚威王派了两位大夫前来邀请他出仕，说："大王愿意把国事委托给先生！"庄子手持钓竿，头也不回地说："我听说楚国有只神龟，已经死去三千年了。楚王将它的龟甲蒙上罩巾装在竹箱里，供奉在太庙明堂之上。对于这只龟来说，它是愿意死后留下龟甲而显示尊贵呢，还是宁愿活着拖着尾巴在泥里爬行呢？"两位大夫回答说："宁愿活着拖着尾巴在泥里爬行。"庄子说："你们请回吧！我将依旧拖着尾巴在泥里爬行。"

惠施做了梁国的相国，庄子前去拜访他。有人对惠施说："庄子前来，打算夺取你的相位。"于是，惠施十分惊恐，派人在国内搜捕庄子，一连搜了三天三夜。庄子前去见惠施说："南方有一种鸟，名叫鹓雏，你知道吗？这种鸟从南海出发，飞往北海，不是梧桐树不肯停息，不是竹子的果实不肯食用，不是甘美的泉水不肯取饮。在这时猫头鹰捡到一只腐烂的老鼠，见鹓雏飞过，仰头对着它发出一声威吓：'吓！'现在，你也想用你的梁国来吓我吗？"

庄子与惠施在濠水桥上游玩。庄子说："白条鱼悠闲自在地游水，真是快乐呀。"惠施说："你又不是鱼，怎么知道鱼的乐趣？"庄子说："你不是我，怎么知道我不知鱼的乐趣？"惠施说："我不是你，本来就不知道你；你本不是鱼，你也不知鱼的乐趣，这点完全可以肯定。"庄子说："请循着我们争论的起点说起，你所说的'你怎么知道鱼的乐趣'这句话，表明你是在已经肯定我知道鱼的乐趣之后向我发问的，只不过问我从哪里知道的罢了，告诉你，我是在濠水桥上知道鱼的乐趣的！"

至　乐（节选）

天下有至乐无有哉？有可以活身者无有哉？今奚为奚据？奚避奚处？奚就奚去？奚乐奚恶？

夫天下之所尊者，富贵寿善也；所乐者，身安厚味美服好色音声也；所下者，贫贱夭恶也；所苦者，身不得安逸，口不得厚味，形不得美服，目不得好色,耳不得音声。若不得者,则大忧以惧,其为形也亦愚哉!

夫富者,苦身疾作,多积财而不得尽用,其为形也亦外矣!夫贵者,夜以继日,思虑善否,其为形也亦疏矣!人之生也,与忧俱生。寿者惛惛,久忧不死,何苦也!其为形也亦远矣!烈士为天下见善矣,未足以活身。吾未知善之诚善邪?诚不善邪?若以为善矣,不足活身;以为不善矣,足以活人。故曰:"忠谏不听,蹲循勿争。"故夫子胥争之以残其形;不争,名亦不成。诚有善无有哉?

今俗之所为与其所乐,吾又未知乐之果乐邪?果不乐邪?吾观夫俗之所乐,举群趣者,迳迳然①如将不得已,而皆曰乐者,吾未之乐也,亦未之不乐也。果有乐无有哉?吾以无为诚乐矣,又俗之所大苦也。故曰:"至乐无乐,至誉无誉。"

天下是非果未可定也。虽然,无为可以定是非。至乐活身,唯无为几存。请尝试言之:天无为以之清,地无为以之宁,故两无为相合,万物皆化。芒乎芴乎②,而无从出乎!芴乎芒乎,而无有象乎!万物职职③,皆从无为殖。故曰:天地无为也而无不为也。人也孰能得无为哉!

注释

①迳(kēng)迳然:坚定的样子。②芒乎芴乎:同老子的"恍兮惚兮",形容无形无象的大道。③职职:繁多。

译文

世上到底有没有最大的快乐呢?有没有保全自身性命的办法呢?现在应当有何作为,以何为依据?回避什么,安居在哪里?接近什么,舍弃什么?喜好什么,厌恶什么?

天下人最崇尚的就是富有、尊贵、长寿、声誉;最喜爱的就是身体安逸,美味佳肴,服饰漂亮,色彩艳丽,音乐动听;最鄙视的是生活贫穷,地位低下,夭折和恶名;最苦恼的是身不能安逸,口不得美味,没有漂亮的衣服,看不到艳丽的色彩,听不到悦耳的音乐。天下人如果不能得到这些好处,就大为忧虑，这样的养身方法岂不是太愚蠢了吗！

富有的人，为了财富而劳心劳力抓紧做事，但聚积的财富却不能尽数享用，这样养身太拙劣了！高贵的人，夜以继日，费心劳神地分辨善与不善的界限，这对养身太疏忽了！人一生下来，就和忧虑同在。长寿的人稀里糊涂，长久地处于忧愁之中而等死，何等苦恼啊！这样养身与原初的设定相距甚远！殉名之士为天下人所称道，却不能保全自身的性命。我真不知道这种所谓的善到底是善呢，还是不善呢？如果认为是善，却连自身都不能保全；如果认为不善，它的确是又成全了他人。所以说，忠诚劝谏人不被接受，那就退却而不强争。伍子胥因为强谏而遭受残害，然而如果不谏争，他也不会赢得声名。这样说来，这善到底是有还是没有呢？

现如今流行和追求的兴趣爱好，我也不知那是真的快乐呢，还是不快乐呢？我观察那些流行的兴趣爱好，大家似乎都在成群结队地赶时髦，一个个坚定果敢的样子，好像无法停止似的，而他们都以为乐不可支的事情，我却认为并没有什么可乐的，然而也没有什么不可乐的。到底这快乐是有还是没有呢？我认为无为才是真正的快乐，可是流行的观念却又认为那是大大的痛苦。所以说："最大的快乐就是无忧无乐，最高的赞誉就是不褒不贬。"

天下的是非确实是难以确定的。虽然这样说，无为却可以决定是非。最大的快乐可以让自己活下来，也只有无为才能勉强可以达到这一目的。我们不妨试着讨论一下：天正是由于无为才得以清虚，地正是由于无为才得以安宁。所以天和地二者的无为结合起来，万物才得以生发出来。暧昧恍惚，它们似乎没有一定的形象！万物是如此众多繁杂，它们都在无为中生长出来。所以说："天地是无为的，又是无所不为的。"人啊，谁能得到这无为的真谛啊！

庄子妻死，惠子吊之，庄子则方箕踞①鼓盆而歌。

惠子曰："与人居，长子、老、身死，不哭亦足矣，又鼓盆而歌，不亦甚乎！"

庄子曰："不然。是其始死也，我独何能无概然？察其始而本无生；

非徒无生也，而本无形；非徒无形也，而本无气。杂乎芒芴之间，变而有气，气变而有形，形变而有生。今又变而之死。是相与为春秋冬夏四时行也。人且偃然寝于巨室，而我嗷嗷然随而哭之，自以为不通乎命，故止也。"

支离叔与滑介叔②观于冥伯之丘，昆仑之虚，黄帝之所休。

俄而柳③生其左肘，其意蹶蹶然恶之。支离叔曰："子恶之乎？"

滑介叔曰："亡，予何恶！生者，假借也。假之而生生者，尘垢也。死生为昼夜。且吾与子观化而化及我，我又何恶焉！"

庄子之楚，见空髑髅，髐然有形。

撽以马捶，因而问之，曰："夫子贪生失理而为此乎？将子有亡国之事，斧钺之诛，而为此乎？将子有不善之行，愧遗父母妻子之丑而为此乎？将子有冻馁之患而为此乎？将子之春秋故及此乎？"

于是语卒，援髑髅，枕而卧。

夜半，髑髅见梦曰："子之谈者似辩士，视子所言，皆生人之累也，死则无此矣。子欲闻死之说乎？"

庄子曰："然。"

髑髅曰："死，无君于上，无臣于下，亦无四时之事，从然以天地为春秋，虽南面王乐，不能过也。"

庄子不信，曰："吾使司命④复生子形，为子骨肉肌肤，反子父母、妻子、闾里、知识，子欲之乎？"

髑髅深矉蹙頞曰："吾安能弃南面王乐而复为人间之劳乎！"

注释

①方箕踞：叉开双腿坐着，其形如簸箕。②支离叔与滑介叔：虚拟人名。支离，表示忘形；滑介，表示忘智。③柳：通"瘤"。④司命：主管人的生死的神。

译文

庄子的妻子死了，惠子来吊丧，庄子正叉着腿坐在地上敲击瓦盆唱歌。

惠子说："你和老伴过一辈子，她为你生育子女，与你白头偕老，现在突然去世，你不哭也就算了，还在这里敲着瓦盆唱歌，这不是太过分了吗？"

庄子说："不是这样的呀。她刚死的时候我岂能不悲伤！然而推究起来，她本来是未曾有生命的，不但没有生命，而且本来也没有什么形质可寻；不但没有形质，而且本来连元气也没有。她在那恍惚迷离的状态中，一经变化就有了气，气再变就有了形，形再变而有了生命。现在又由生而变成了死，这就像春夏秋冬四季运行一样。现在她已经安安稳稳地睡在天地之间，而我若还在旁边嗷嗷地哭个不停，我以为这是不懂天命的表现，所以就不哭了。"

支离叔和滑介叔在冥伯之丘和昆仑之墟游览，这都是黄帝曾经休息过的地方。

突然，滑介叔的左肘上长出来一个瘤子，他显得惊惧不安，好像很厌恶这个瘤子。

支离叔说："你厌恶它吗？"

滑介叔说："不，我为什么要厌恶它！人的身体不过是假借众物合成而已。假借而生之身体又生出瘤子，不过是尘垢罢了。死生好比是昼夜交替。况且，我和你来这里是要观察造化的运行，变化到了我的身上，正好借机仔细看看，我为什么会要厌恶它呀！"

庄子到楚国去的路上，看到一颗人头骨，虽干枯却仍有如活人一般的形貌。

庄子用马鞭敲打着骷髅，盯着它问道："先生是由于贪图享乐，放纵情欲，做了违法乱纪的事情才导致了这样的结果呢？还是遭遇亡国之战，被斧钺诛杀而变为现在这个样子呢？你是做了坏事，怕给父母妻子留下耻辱而羞愧自杀在此地吗？还是因为你不堪挨饿受冻的折磨而变成这样的呢？也许是你年事已高寿终正寝，也许遇到什么变故才身首异处的吧！"

就这样说完了话，庄子拉过骷髅，枕着躺下睡了。

半夜时分，骷髅给庄子托梦，说："听您的言谈好像是位辩士。看你所说的事儿，也都是活人的负担，死人哪有这么多的事儿啊。您愿意听听死人的快乐吗？"

庄子说："可以。"

骷髅说："人一死，上面没有君主，下面没有臣属，也没有一年四季的操劳，自由自在地和天地同存，即使是南面为王的乐事，也比不过死人啊。"

庄子不相信，说："我让主管生死的神恢复你的形体，配上你的骨肉肌肤，归还你的父母妻子，住在原来的村落房舍，并且恢复你生前的记忆，你愿意吗？"

骷髅深深皱起眉头，表现出愁苦的样子："我怎能舍弃南面为王的快乐而再去受人间的劳苦呢？"

颜渊东之齐，孔子有忧色。子贡下席而问曰："小子敢问：回东之齐，夫子有忧色，何邪？"

孔子曰："善哉汝问。昔者管子有言，丘甚善之，曰：'褚①小者不可以怀大，绠②短者不可以汲深。'夫若是者，以为命有所成而形有所适也，夫不可损益。吾恐回与齐侯言尧、舜、黄帝之道，而重以燧人、神农之言。

彼将内求于己而不得，不得则惑，人惑则死。且女独不闻邪？昔者海鸟止于鲁郊，鲁侯御而觞之于庙，奏《九韶》以为乐，具太牢以为膳。鸟乃眩视忧悲，不敢食一脔③，不敢饮一杯，三日而死。此以己养养鸟也，非以鸟养养鸟也。夫以鸟养养鸟者，宜栖之深林，游之坛陆，浮之江湖，食之鳅鲦④，随行列而止，委蛇而处。彼唯人言之恶闻，奚以夫𬤇𬤇⑤为乎！《咸池》《九韶》之乐，张之洞庭之野，鸟闻之而飞，兽闻之而走，鱼闻之而下入，人卒闻之，相与还而观之。鱼处水而生，人处水而死。彼必相与异，其好恶故异也。故先圣不一其能，不同其事。名止于实，义设于适，是之谓条达而福持⑥。"

……

注释

①褚（zhǔ）：盛衣物的袋子。②绠（gěng）：汲水时，系吊桶的绳子，俗称井绳。③脔（luán）：切成小片的肉。④鲦（tiáo）：即"鲦"，白条鱼。⑤𬤇（náo）𬤇：喧闹。⑥福持：福分常在。

译文

颜渊向东到齐国，孔子面有忧愁之色。子贡离开席位问道："学生请问老师，颜回到齐国去，先生面有忧色，这是为何呢？"

孔子说："你问得很好。从前管子有句话，我认为讲得很好，他说：'小袋子不可包藏大物件，短绳索不能汲出深井水。'之所以这样，是因为命运各有所定，形体各有所适宜，是不能增加和减少的。我恐怕颜回向齐侯讲说尧舜、黄帝之道，又加上燧人、神农之主张，齐侯听了将会用这些要求自己，却不能做到，不能做到就要对颜回的话产生疑惑，齐侯疑惑于心忧思不解，颜渊就要遭殃了。你难道没有听说过吗？从前有一只海鸟飞落在鲁国都城的郊外，鲁侯把它迎进太庙，用酒招待，演奏《九韶》之乐使其快乐，设太牢之宴作为膳食。然而，这只鸟却头晕目眩、忧愁悲苦，不敢吃一块肉，不敢饮一杯酒，三天就死了。这是用养人的方式去养鸟，不是用养鸟的方式去养鸟。用养鸟的方式养鸟，应该让它栖息在深林中，漫游在沙洲荒岛，浮游于江湖水面，捕食泥鳅和白条鱼，随鸟群行列飞行与停留，从容自如地生活。鸟最厌恶听到人的声音，为什么还要做这些喧闹嘈杂之事啊！《咸池》《九韶》一类的乐曲，演奏在广漠的旷野，鸟听了要飞走，兽听了要逃跑，鱼听了要潜入水底，然而众人听了，全围绕观看。鱼在水里得以生存，人在水里就要淹死。鱼与人必定是相异的，故而鱼与人的好恶也相异。所以上古圣人依据人的不同能力，使之办不同事宜。名只限于与实相符，事理之设要适合各人的性情，这就叫条理通达而又福分常在。"

达 生（节选）

达生之情者，不务生之所无以为；达命之情者，不务知之所无奈何。养形必先之以物，物有余而形不养者有之矣。有生必先无离形，形不离而生亡者有之矣。生之来不能却，其去不能止。悲夫！世之人以为养形足以存生，而养形果不足以存生，则世奚足为哉！虽不足为而不可不为者，其为不免矣。

未欲免为形者，莫如弃世。弃世则无累，无累则正平，正平则与彼更生，更生则几矣！事奚足弃而生奚足遗？弃事则形不劳，遗生则精不亏。夫形全精复，与天为一。天地者，万物之父母也。合则成体，散则成始。形精不亏，是谓能移。精而又精，反以相天。

子列子问关尹①曰："至人潜行不窒，蹈火不热，行乎万物之上而不栗，请问何以至于此？"关尹曰："是纯气之守也，非知巧果敢之列。居，予语汝。凡有貌象声色者，皆物也。物与物何以相远？夫奚足以至乎先？是形色而已！则物之造乎不形而止乎无所化，夫得是而穷之者，物焉得而止焉！彼将处乎不淫之度，而藏乎无端之纪，游乎万物之所终始。壹其性，养其气，合其德，以通乎物之所造。夫若是者，其天守全，其神无郤，物奚自入焉！夫醉者之坠车，虽疾不死。骨节与人同，而犯害与人

异，其神全也。乘亦不知也，坠亦不知也，死生惊惧不入乎其胸中，是故遻②物而不慑。彼得全于酒而犹若是，而况得全于天乎！圣人藏于天，故莫之能伤也！复仇者，不折镆干③；虽有忮心者不怨飘瓦，是以天下平均。故无攻战之乱、无杀戮之刑者，由此道也。不开人之天，而开天之天。开天者德生，开人者贼生。不厌其天，不忽于人，民几乎以其真。"

注释

①关尹：为春秋时函谷关令，以官职为姓，称关尹，又称关令尹。②遻：遇到。③镆干：镆铘、干将之简称。传说楚国有一对善于铸剑的夫妻，男名干将，女名镆铘。后来，他们的名字变为宝剑的代名词。

译 文

  通晓生命真实情形的人，不去追求生命所不必要的东西；通晓命运实情的人，不去做自己无能为力的事情。保养身体，一定先要具备物质条件，物资充足而不能保养身体的人也是有的；保住生命，必须先保证形体不离开，形体不离而生命已经消亡的人也是有的。生命的降临是无法拒绝的，它的离去也是无法阻止的。可悲啊！世俗之人认为保养身体就会完全保全生命，然而保养身体却不足以保存生命，那么世人还有什么事情可做呢！虽然不值得去做，但为摄取适当的生活资料却也不得不去做，这是不可避免的。

  要想避免为了养身而操劳，便不如抛弃世俗之事，这样就没有拖累，没有拖累就会心正气平，心正气平就能和大自然一同变化发展而生生不息，生生不息就接近大道了！为什么世事值得抛弃，而生命值得遗忘呢？因为抛弃世事就能让身体不操劳，遗忘生命就能让精神不亏损。形体得到保全，精神复归凝聚，就能与自然融为一体。天地，是万物的父母；阴阳二气的相合就形成万物之体，阴阳二气的离散就又复归于万物的原初。形体与精神都不亏损，这叫作能够随着自然变化而更新。精神修养到了极高处，反过来可以辅助大自然的化育。

  列子问关尹说："至人在水下潜行而不窒息，踩在火上也不觉得热，在万物之巅峰上行走也不恐惧。请问为什么能做到这样？"关尹说："这是持守纯和之气的结果，不属于智巧果敢之列。坐下吧，我讲给你。凡是有形象、声音、色彩的，都是物，物与物何以差别甚远？都是物，哪个又有资格处先居上？这些都是形色之物而已。而物是由无形之道创生出来，又复归于虚静无为之道体。得此万物生化之理而又能穷尽于此的人，世俗之物哪能限制他呀！他将处在无过无不及、恰到好处的限度，而又冥合于循环无穷、推陈出新之大道纲纪，逍遥于万物之终始。他专一持守其自性，存养其精神，使德性与天道相合，以与创生万物之自然相通。如果能做到这样，他持守自然之道就完备无缺，其精神没有空隙，外物又从何处入侵心灵呢！喝醉酒的人从车上摔下来，虽然受伤却不会死。他的骨节与别人相同而所受的伤害与人不同，就因为他精神凝聚而完备。他乘车时不知，坠车时也不知，死生惊惧这些念头没有进入他的心中,所以与物碰撞而不惊惧。他靠酒使精神凝聚完备还能做到这样,更何况得全于自然之道呢!圣人与天道冥合,所以不能使他受到伤害。报仇的人,不去折断伤了他的宝剑;虽然忌恨心极重的人,也不怨恨被风吹落而砸了自己的瓦片,因此天下才平静安宁。所以没有相互攻战之动乱,没有杀戮之刑罚,都是由于这无为无心之道。不去开启人的智巧,而去开启人的自性。开启人的自性就能培养好的道德,开启人的智巧就会产生贼害之心。不满足于对自性的修养而持之以恒,也不忽略人对天理的认识,这样的人就近于按本性行事了。"

仲尼适楚,出于林中,见痀偻者承蜩,犹掇之也。

仲尼曰:"子巧乎!有道邪?"

曰:"我有道也,五六月累丸二而不坠,则失者锱铢;累三而不坠,则失者十一;累五而不坠,犹掇之也。吾处身也,若厥株拘①;吾执臂也,若槁木之枝。虽天地之大,万物之多,而唯蜩翼之知,吾不反不侧,不以万物易蜩之翼,何为而不得!"

孔子顾谓弟子曰:"用志不分,乃凝于神。其痀偻丈人之谓乎!"

颜渊问仲尼曰:"吾尝济乎觞深之渊,津人操舟若神。吾问焉曰:'操舟可学邪?'曰:'可。善游者数能。若乃夫没人,则未尝见舟而便操之也。'吾问焉而不吾告,敢问何谓也?"仲尼曰:"善游者数能,忘水也;若乃夫没人之未尝见舟而便操之也,彼视渊若陵,视舟之覆犹其车却也。覆却万方陈乎前而不得入其舍,恶往而不暇!以瓦注者巧,以钩注者惮,以黄金注者殙。其巧一也,而有所矜则重外也。凡外重者内拙。"

田开之见周威公②,威公曰:"吾闻祝肾学生,吾子与祝肾游,亦何闻焉?"田开之曰:"开之操拔篲以侍门庭,亦何闻于夫子!"威公曰:"田子无让,寡人愿闻之。"开之曰:"闻之夫子曰:善养生者,若牧羊然,视其后者而鞭之。"威公曰:"何谓也?"田开之曰:"鲁有单豹③者,岩居而水饮,不与民共利,行年七十而犹有婴儿之色,不幸遇饿虎,饿虎杀而食之。有张毅者,高门县薄,无不走也。行年四十,而有内热之病以死。豹养其内而虎食其外,毅养其外而病攻其内,此二子者,皆不鞭其后者也。"仲尼曰:"无入而藏,无出而阳,柴立其中央。三者若得,其名必极。夫畏涂者,十杀一人④则父子兄弟相戒也,必盛卒徒而后敢出焉,不亦知乎!人之所取畏者,衽席⑤之上,饮食之间,而不知为之戒者,过也!"

祝宗人元端以临牢策说彘,曰:"汝奚恶死?吾将三月豢⑥汝,十日戒,三日齐,藉白茅⑦,加汝肩尻乎雕俎之上,则汝为之乎?"为彘谋,曰不如食以糠糟而错之牢筴之中;自为谋,则苟生有轩冕之尊,死得于腞楯⑧之上、聚偻之中则为之。为彘谋则去之,自为谋则取之,所异彘者何也?

……

注释

①株拘:指"株枸",树根盘错处。②周威公:《史记·周本纪》:"考王封其弟于河南,是为桓公,以续周公之官职。桓公卒,子威公代立。"当指此人。③单豹:人名,鲁国隐者。④十杀一人:指从此路经过,十人中就有一人被杀。⑤衽(rén)席:卧席。⑥豢(huàn):同"豢",饲养。⑦藉白茅:如《在宥》篇的"席白茅",把白茅草铺在神座和祭物等的下面,以示洁净。⑧腞楯(zhuàn shǔn):有花纹的灵车。

译文

孔子到楚国去,经过树林,看见一位驼背的老人用竹竿粘蝉,就像用手拾取那样简单容易。

孔子说:"你真灵巧啊,这里有什么门道吗?"

驼背老人回答说:"是的,我有门道。我在竹竿上叠放两个弹丸,经过五六个月的练习就不会掉下来,那么粘蝉时就会很少失误了;如果再继续练习到叠放五个弹丸也掉不下来,那么粘蝉就如随手拾取那样容易了。当我粘蝉时,身体站在那里一动不动,就像一个竖立的木桩;我伸臂执竿,如同枯槁的树枝。虽然天地无限广大,万物纷纭繁杂,而我眼中心中只有蝉翼。我

庄子选译 外篇

身心不动不变，不因纷杂的万物改变我对蝉翼的关注，如此怎么能得不到蝉呢！"

孔子回头对弟子们说："用心专一，精神凝聚，不就是说的这位驼背老人嘛！"

颜渊问孔子说："我曾经渡过觞深之渊，船夫摆渡的技艺高深莫测，我问船夫说：'摆渡的技艺可以学会吗？'对方回答说：'可以。善于游水的人经过多次练习能学会。至于会潜水之人，他们即便未曾见过船，也能操纵自如。'我问及于此，他不肯告诉我，请问这是何意呢？"孔子说："善于游水的人经多次训练能摆渡，是因为他们遗忘了对水的恐惧心理；至于会潜水之人，他们即使未见船也能操纵自如，是因为他们把在水上和在陆上同等看待，把船之倾覆看成车退坡一样。翻船、退车的景象在眼前，他们也毫不在意、处之泰然，这样到哪里不悠闲从容呢！以瓦片为赌注而常常碰巧得胜，以衣带环为赌注则害怕心虚，以黄金为赌注则心绪混乱。他们碰巧得胜的机会都一样，因为有所顾惜就注重身外之物。凡是注重身外之物的人，内心必然笨拙。"

田开之见周威公，威公说："我听说祝肾学习养生之道，先生与祝肾交往，也曾听到一些什么吗？"田开之说："我在那里只是扫扫院子，在门房侍候，又能从先生那里听到什么呢？"威公说："田先生不必谦让，寡人愿意听一听。"开之说："听先生讲：善于养生的人，如同牧羊一样，看那落在后面的，就用鞭子抽打它。"威公问："这是什么意思呢？"田开之说："鲁国有个叫单豹的人，住在山洞里喝泉水，不与世人争利，年纪已七十岁，脸色还和婴儿相似，不幸遇到饿虎，饿虎将其捕杀吃掉了。有个叫张毅的人，不管富贵人家还是贫寒人家，无不交往走动，四十岁时患上内热之病而死。单豹保养其精神心性而老虎吃掉其身体，张毅保养其身体而病攻其内心。这两个人，都不懂得鞭策其不足的一面。"孔子说："不要过分深藏，不要过分显露，像枯木一样立于中道。这三点都能做到，他就达到了养身之道的极致。一条凶险之路，十个人走过就有一个被杀，则父子兄弟相互警告，一定要聚集许多人才敢行走，不也很明智吗！人之自取灾祸的，是在卧席之上，饮食之间，对这些反而不引以为戒，真是过错啊！"

掌管祭祀祝祷之官穿着黑色的斋服，来到猪圈旁对猪说："你为何厌恶死！我将要用三个月时间来饲养你，还要为你作十日戒，三日斋，铺上白茅草，把你的前腿根部和臀部放在雕花的祭器上，你愿意这样做吗？"如果真是为猪着想，就不如将其放置在猪圈里以糟糠喂食更好；如果为自己着想，那么活着享有乘车戴冕之尊贵，死后能有装饰华美的棺椁和柩车送葬，就连死也愿意。为猪着想时而要抛弃的，自己为自己着想时反而要取用，与猪的不同之处在哪里呢？

东野稷以御见庄公，进退中绳，左右旋中规。庄公以为文①弗过也，使之钩百②而反。颜阖遇之，入见曰："稷之马将败。"公密而不应。少焉，果败而反。公曰："子何以知之？"曰："其马力竭矣，而犹求焉，故曰败。"

工倕旋而盖规矩，指与物化而不以心稽，故其灵台一而不桎。忘足，屦之适也；忘要，带之适也；知忘是非，心之适也；不内变，不外从，事会之适也；始乎适而未尝不适者，忘适之适也。

有孙休者，踵门而诧子扁庆子③曰："休居乡不见谓不修，临难不见谓不勇。然而田原不遇岁，事君不遇世，宾于乡里，逐于州部，则胡罪乎天哉？休恶遇此命也？"扁子曰："子独不闻夫至人之自行邪？忘其肝胆，遗其耳目，芒然彷徨乎尘垢之外，逍遥乎无事之业，是谓'为而不恃，长而不宰。'今汝饰知以惊愚，修身以明污，昭昭乎若揭日月而行也。汝得全而形躯，具而九窍，无中道夭于聋盲跛蹇而比于人数亦幸矣，又何暇乎天之怨哉？子往矣！"孙子出，扁子入。坐有间，仰天而叹。弟子问曰："先生何为叹乎？"扁子曰："向者休来，吾告之以至人之德，吾恐其惊而遂至于惑也。"弟子曰："不然。孙子之所言是邪，先生之所言非邪，非固不能惑是；孙子所言非邪，先生所言是邪，彼固惑而来矣，又奚罪焉！"扁子曰："不然。昔者有鸟止于鲁郊，鲁君说之，为具太牢以飨之，奏《九韶》以乐之。鸟乃始忧悲眩视，不敢饮食，此之谓以己养养鸟也。若夫以鸟养养鸟者，宜栖之深林，浮之江湖，食之以委蛇，则平陆而已矣。今休，款启④寡闻之民也,吾告以至人之德,譬之若载鼷以车马,乐鴳以钟鼓也,彼又恶能无惊乎哉!"

注释

①文:应为"造父"。②钩百:驾驭车马兜一百个圈。③子扁庆子:鲁之贤人。第一个"子"字为弟子对老师的尊称,扁为姓,庆子为字。也有扁庆是复姓的说法。④款启:仅仅开一个孔,言其为一孔之见。款,同"窾",中空、空处。

译文

东野稷以御车之术去见鲁庄公,驾车前进后退像绳子一般笔直,左右转弯像圆规一样圆,庄公认为造父的驾车技艺也不能超过他,命他驾车兜一百个圈子而返回。颜阖遇见此事,入见庄公说:"东野稷的马就要仆倒了。"庄公默不作声。一会儿,东野稷的马果然因仆倒而回。庄公说:"您何以知道马要仆倒呢?"颜阖回答说:"他的马气力已经用尽了,还驱赶不停,所以说要仆倒。"

工倕旋物而测胜过规矩,他的手指随物而变化,不需存留于心,再作有意度量,所以他的心志专一而没有滞碍。忘掉脚的大小,什么鞋子都合适;忘记腰的粗细,什么带子都合适;忘记了是非,心无所不适;持守自性,不迁变,与外物交接无不适应。本性常适而从未有过不适,也就是忘掉了安适的安适。

有一位叫孙休的人,亲自来到扁庆子的门前告诉他说:"我孙休住在乡间没见有人说我没有修养,面临危难时没见有人说我不勇敢。然而我种田碰不到好年景,事君碰不到好世道,为乡里人所抛弃,为州县官吏所放逐,我孙休怎么得罪了老天?怎么遇到这样的命运呀?"

扁子说:"你难道没有听说至人的所行吗?忘掉了他的肝胆,忘掉了他的耳目,迷惘无知地徘徊于世俗生活之外,逍遥自在于无为之中,这就叫有所作为而不自恃其功,助万物之长而又不加主宰。现在你修饰己智以惊醒愚

昧,修养自身以显露别人卑污,光明煊赫的样子就像举着日月行走一样。像你这样的人能得以保全身躯,具足九窍,没有中途伤残而耳聋、眼盲、跛足,与常人并列已属侥幸,又哪有闲工夫来抱怨老天啊!你走吧!"孙休离去后,扁子进屋来,坐了一会儿,仰天叹息。弟子问道:"先生为什么叹息呀?"扁子说:"刚才孙休来,我告诉他关于至人之德行,我担心他受到震惊,更加迷惑。"弟子说:"不是这样。如果孙先生所说是对的,先生所说是错的,那么错的本不能使对的迷惑;如果孙先生所说是错,先生所说是对的,那么他来时本来就是迷惑的,又怎能归罪于先生呢!"扁子说:"不是这样。从前有只鸟停在鲁国都城郊外,鲁君很喜爱它,设置太牢那样的宴席来招待它,奏《九韶》之乐来使它高兴,而鸟却内心忧愁而头晕目眩,不敢吃喝。这就叫用养人的方法来养鸟。至于用养鸟的方式来养鸟,应当让它栖息在深林中,浮游在江湖之上,让它吃泥鳅之类,把它放回野地就是了。现今的孙休,是位孤陋寡闻之人,我告诉给他至人之德,就好像用马车去装载鼹鼠,用钟鼓去娱乐小鸟一样,他又怎么能不受到震惊呢!"

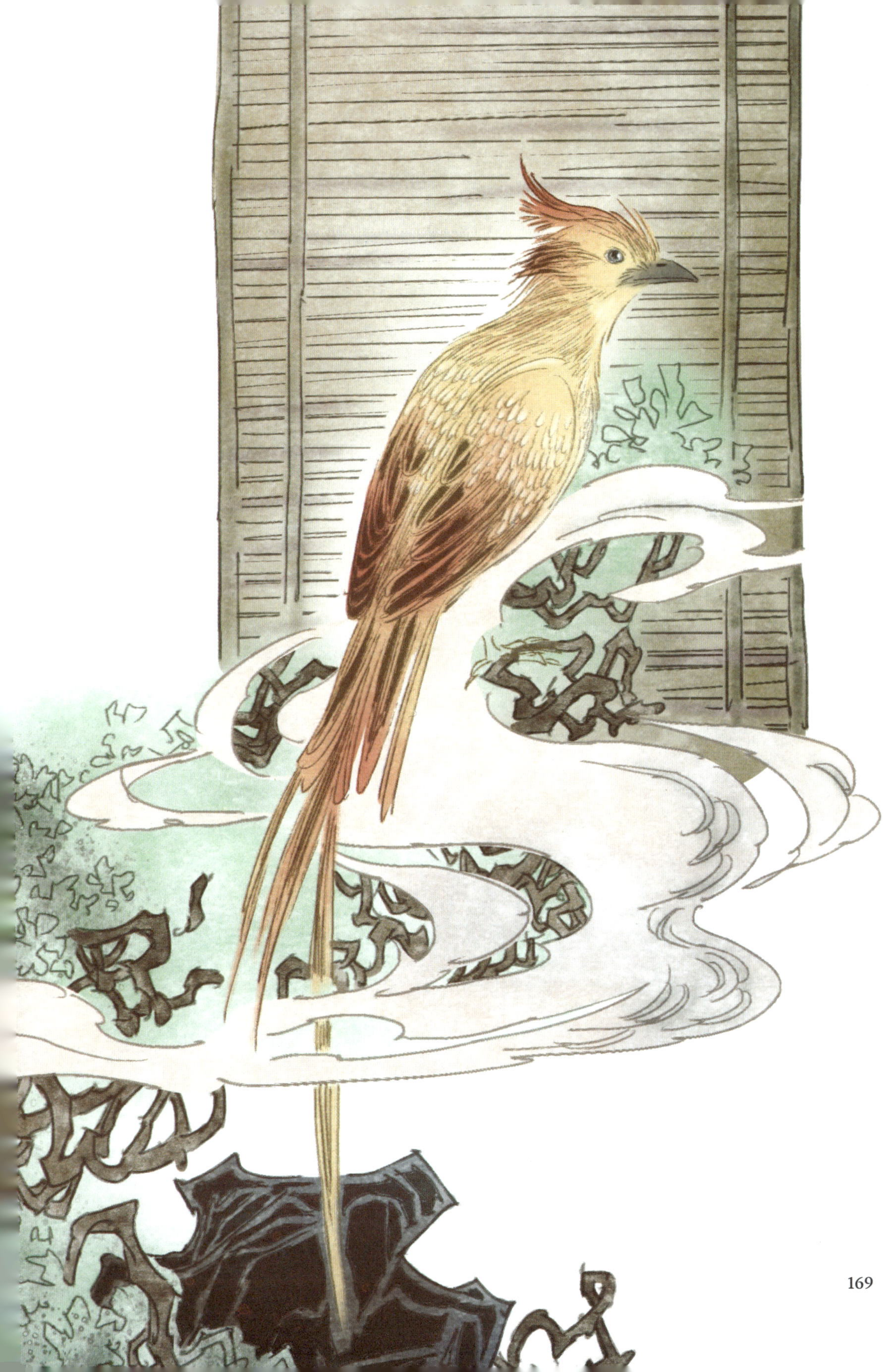

山　木①（节选）

　　庄子行于山中，见大木，枝叶盛茂。伐木者止其旁而不取也。问其故，曰："无所可用。"庄子曰："此木以不材得终其天年。"

　　夫子出于山，舍于故人之家。故人喜，命竖子杀雁而烹之。竖子请曰："其一能鸣，其一不能鸣，请奚杀？"主人曰："杀不能鸣者。"

　　明日弟子问于庄子曰："昨日山中之木，以不材得终其天年，今主人之雁，以不材死，先生将何处？"庄子笑曰："周将处乎材与不材之间。材与不材之间，似之而非也，故未免乎累。若夫乘道德而浮游则不然。无誉无訾，一龙一蛇，与时俱化，而无肯专为。一上一下，以和为量，浮游乎万物之祖。物物而不物于物，则胡可得而累邪！此神农黄帝之法则也。若夫万物之情，人伦之传则不然，合则离，成则毁，廉则挫，尊则议，有为则亏，贤则谋，不肖则欺，胡可得而必乎哉！悲夫！弟子志之，其唯道德之乡乎！"

　　……

注　释

①山木：在此篇中用来比喻世上之人。

译　文

　　庄子在山中行走，看见一棵枝叶繁茂的大树。伐木工人停在树旁边却不砍伐它。庄子问其中缘由，伐木工人说："这棵树没有什么用处。"庄子说："这棵树因为不成材才能够享尽天年。"

　　庄子从山里走出来，住在老朋友的家里。老朋友很高兴，叫童仆宰鹅来招待客人。童仆请示说："有一只会叫，有一只不会叫，请问宰哪一只？"主人说："宰不会叫的。"

第二天，学生问庄子说："昨天山中那棵大树，因为不成材才能够享尽天年；如今主人的鹅，因为不会叫死去。先生站在什么立场呢？"庄子笑着回答说："我会站在成材和不成材之间。在成材和不成材之间，似乎接近大道了，其实不然，所以没能免除牵累。要是顺应了自然，浮游于至虚之境，就不会这样了。无所谓赞誉无所谓诋毁，一时为龙一时为蛇，随时运共同变化，不愿意固执一端。一时在上一时在下，以和顺为标准，遨游于至虚之境。把握外物却不被外物所役使，那样哪里会有牵累呢！这是神农、黄帝的处世法则。至于万事的情状，世俗变化就不是这样了。有合就有离，有成就有毁，你品行端方就会被挫败，你尊贵就会被诽谤，你做事就会被破坏，你贤明就会被谋算，你无能就会被欺负，哪有可能拘守一方呢？可悲啊！弟子们可要记住，只有归向道德，才可以免于世累啊！"

孔子围于陈蔡之间，七日不火食。大公任①往吊之，曰："子几死乎？"曰："然。""子恶死乎？"曰："然"。任曰："予尝言不死之道。东海有鸟焉，其名曰意怠②。其为鸟也，翂翂翐翐③，而似无能；引援而飞，迫胁而栖；进不敢为前，退不敢为后；食不敢先尝，必取其绪。是故其行列不斥，而外人卒不得害，是以免于患。直木先伐，甘井先竭。子其意者饰知以惊愚修身以明污，昭昭乎如揭日月而行，故不免也。昔吾闻之大成之人曰：'自伐者无功，功成者堕，名成者亏。'孰能去功与名而还与众人！道流而不明居，得行而不名处；纯纯常常，乃比于狂；削迹捐势，不为功名。是故无责于人，人亦无责焉。至人不闻，子何喜哉！"孔子曰："善哉！"辞其交游，去其弟子，逃于大泽，衣裘褐，食杼④栗。入兽不乱群，入鸟不乱行。鸟兽不恶，而况人乎！

孔子问子桑雽⑤曰："吾再逐于鲁，伐树于宋，削迹于卫，穷于商周，围于陈蔡之间。吾犯此数患，亲交益疏，徒友益散，何与？"子桑雽曰："子独不闻假人之亡与？林回⑥弃千金之璧，负赤子而趋。或曰：'为其布与？赤子之布寡矣；为其累与？赤子之累多矣；弃千金之璧，负赤子而趋，何也？'林回曰：'彼以利合，此以天属也。'夫以利合者，迫穷祸患害

相弃也；以天属者，迫穷祸患害相收也。夫相收之与相弃亦远矣！且君子之交淡若水，小人之交甘若醴。君子淡以亲，小人甘以绝。彼无故以合者，则无故以离。"

孔子曰："敬闻命矣！"徐行翔佯而归，绝学捐书，弟子无挹⑦于前，其爱益加进。

异日，桑雽又曰："舜之将死，真泠禹曰：'汝戒之哉！形莫若缘，情莫若率；缘则不离，率则不劳；不离不劳，则不求文以待形；不求文以待形，固不待物。'"

……

注释

①大公任：大公，对老者的尊称，任，虚构的人名，寓有放任逍遥之义。②意怠：燕子。③翂（fēn）翂翐（zhì）翐：形容鸟飞得又低又慢的样子。④杼（shù）：树名。⑤子桑雽（hù）：人名，得道者。或以为即《大宗师》中的子桑户。⑥林回：人名，为逃亡之民。⑦挹：同"揖"，作揖。

译文

孔子一行被围困在陈国与蔡国之间某地，七天没有生火做饭。大公任前往慰问，说，"先生快要饿死了吧？"回答说："是啊。"又问："您厌恶死吗？"回答说："是的。"大公任说："我尝试着说说长生之道。东海上有一种鸟，它的名字叫意怠，也就是燕子。这种鸟飞得又低又慢，好像很无能的样子；要呼朋引伴而后飞起，与众鸟偎依在一起栖息；前进时不敢在前面，后退时不敢殿后；吃东西不敢先尝，一定要吃剩余的。所以，它在鸟群的行列中不被排斥，而外人终不能相害，因此得免于祸患。直的树木先被砍伐，甘美的水井先枯竭。您用心于修饰己智以惊醒愚昧，修养自身以显露别人卑污，光明煊赫的样子像举着日月行走，所以不能免于祸患。以前我听道德至高的人说：'自我夸耀的人不会成功，功成者必然毁败，名成者必然亏缺。'谁能舍弃功名而与众人相同呢！大道在天下流行不是明白可见的，德成于身是不可言说的；纯一而恒常，就好像循性无心而行之人；除去形迹抛弃权势，不追求功名。因而无求于人，人亦无求于我。至人不求闻名于世，您又何必喜好如此呢！"孔子说："说得好啊！"于是辞别朋友，离开弟子，逃往旷野之中，穿粗陋之衣，吃橡栗等树上的野果，入兽群不被惊扰乱群，入鸟群不被惊扰乱行列。鸟兽都不厌恶他，何况是人呢！

孔子问子桑雽说："我两次被鲁国驱逐，在宋国讲学遭受伐树的屈辱，在卫国不被任用而被毁灭行迹，困穷于宋国和周，在陈蔡之间受围困。我遭遇这么多次祸患，亲朋老友愈加疏远，学生和朋友不断散去，为什么呢？"子桑雽说："您难道没有听说假国人逃亡之事吗？有个叫林回的逃亡之民放弃价值千金的玉璧而背负着婴儿逃走。有人说：'是为钱吗？婴儿远不如玉璧有价值；怕沉重吗？婴儿又比玉璧重得多。舍弃价值千金的玉璧而背负婴儿逃难，为什么呢？'林回说：'我与玉璧只是利益相合，我与婴儿是天性相连。'利益相合，遭遇穷困、灾祸、危难则相互抛弃；天性相连，遭遇穷困、灾祸、危难则相互容纳。相互容纳与相互遗弃相差甚远！而且君子之交淡如水，小人之交甘美如甜酒。君子淡漠而相亲，小人甘美而易断绝，那些无故相合的，也就无故相离。"孔子说："我真心接受了您的教诲！"于是缓慢而自在地归去，绝有为之学，弃圣贤之书，弟子也无须对老师作揖鞠躬，而相互敬爱之情日有增进。

有一天，桑雽又说："舜将死时对禹说：'你要当心！仪容举止莫如随顺物性，情感莫如坦率；随顺物性则与物不离异，情感坦诚则不劳心神；不离物不劳心神，则不追求对仪容举止加以文饰；不追求对仪容举止的文饰，更不需外物来加以辅助了。'"

孔子穷于陈蔡之间，七日不火食，左据槁木，右击槁枝而歌焱氏①之风。有其具而无其数，有其声而无宫角。木声与人声，犁然有当于人之心。

颜回端拱还目而窥之。仲尼恐其广己而造大也，爱己而造哀也，曰："回，无受天损易，无受人益难。无始而非卒也，人与天一也。夫今之歌者其谁乎？"

回曰："敢问无受天损易。"仲尼曰："饥渴寒暑，穷桎不行，天地之行也，运物之泄也，言与之偕逝之谓也。为人臣者，不敢去之。执臣之道犹若是，而况乎所以待天乎？"

"何谓无受人益难？"仲尼曰："始用四达，爵禄并至而不穷。物之所利，乃非己也，吾命其在外者也。君子不为盗，贤人不为窃，吾若取之何哉？故曰：鸟莫知于鹢䴋②，目之所不宜处不给视，虽落其实，弃之而走。其畏人也而袭诸人间。社稷存焉尔！"

"何谓无始而非卒？"仲尼曰："化其万物而不知其禅之者，焉知其所终？焉知其所始？正而待之而已耳！"

"何谓人与天一邪？"仲尼曰："有人，天也；有天，亦天也。人之不能有天，性也。圣人晏然体逝而终矣！"

……

注释

①焱氏：即神农氏，传说为教民稼穑之上古帝王。②鹢䴋（yì ér）：即"意怠"。

译文

孔子一行困在陈国和蔡国之间的某地，七天没有生火做饭。孔子左臂倚着枯树，右手以枯枝击节，唱起神农氏时代的歌谣。虽有击节的器具但不合节奏，有声音但不合音律。敲木之声与歌唱之声，却层次分明而与人心相合。

颜回端正拱手而立，转眼看着孔子。孔子担心他把自己的道德看得过高而有所造作夸大，由于爱己过深而哀痛过度，就说："颜回呀，不受自然加给的损害容易，不受外人加给的利益却难。没有哪个起点不是终点的，人和自然是同一的。既然一切都是变化不息的,谁知今日唱歌者又是谁呢?"

颜回说:"请问什么叫作不受自然加给的损害容易?"孔子说:"饥渴和寒暑侵袭,困穷滞碍不能通达,这是天地之运行,万物运动无穷的结果,就是说与天地万物运动变化相和谐就是了。作为人之臣,不敢违背君命。执守臣之道尚且如此,何况对待天道呢!"

颜回又问:"什么叫不受人加给之利誉难?"

孔子说:"开始见用于四面八方无不通达,官爵俸禄并至而不穷尽。这些外物带来的利益,并非关乎己之本性,乃是性外之物与我的命运相合罢了。君子不做强盗,贤人不做窃贼,我要取这些身外之物算是什么人呢?所以说,鸟类中没有比燕子更聪明的了,看一眼不适宜停留便不再多看,虽有捕网里的诱饵,却弃之而去。它们害怕人又入人之宅筑巢以免害。人亦须赖国家以生存。"

颜回又问:"什么叫没有哪个起点不是终点?"孔子说:"万物生灭变化无穷而不知如何相互更代,哪里知道它的终点?哪里知道它的起点?持守正道以待其变化就是了。"

颜回又问:"什么叫人与天是同一的?"孔子说:"有人事之变化,又无不受天支配;有天道变化,亦出于自然。人不能支配天道,这是其本性决定的。圣人安然体悟天道常行不息之性而终其天命。"

田子方①(节选)

田子方侍坐于魏文侯②,数称谿工③。

文侯曰:"谿工,子之师邪?"

子方曰:"非也,无择之里人也。称道数当,故无择称之。"

文侯曰:"然则子无师邪?"

子方曰:"有。"

曰:"子之师谁邪?"

子方曰:"东郭顺子④。"

文侯曰："然则夫子何故未尝称之？"

子方曰："其为人也真，人貌而天虚，缘而葆真，清而容物。物无道，正容以悟之，使人之意也消。无择何足以称之！"

子方出，文侯傥然，终日不言。召前立臣而语之曰："远矣！全德之君子。始吾以圣知之言、仁义之行为至矣；吾闻子方之师，吾形解而不欲动，口钳而不欲言。吾所学者直土梗耳！夫魏真为我累耳！"

温伯雪子⑤适齐，舍于鲁。鲁人有请见之者，温伯雪子曰："不可，吾闻中国之君子，明乎礼义而陋于知人心，吾不欲见也。"至于齐，反舍于鲁，是人也又请见。温伯雪子曰："往也蕲见我，今也又蕲见我，是必有以振我也。"出而见客，入而叹；明日见客，又入而叹。其仆曰："每见之客也，必入而叹，何邪？"曰："吾固告子矣，中国之民，明乎礼义而陋乎知人心。昔之见我者，进退一成规一成矩，从容一若龙一若虎，其谏我也似子，其道我也似父，是以叹也！"仲尼见之而不言。子路曰："吾子欲见温伯雪子久矣，见之而不言，何邪？"仲尼曰："若夫人者，目击而道存矣，亦不可以容声矣！"

注释

①田子方：姓田，字子方，名无择，魏文侯之师，魏之贤者。②魏文侯：名斯，战国初年魏国君主。③谿工：人名，魏之贤者。④东郭顺子：魏之得道真人。东郭为其住地，以住地为复姓。⑤温伯雪子：人名，楚国之得道者，或为庄子虚构人名。

译文

田子方陪坐在魏文侯旁边，多次称赞谿工这个人。

文侯说："谿工是先生的老师吗？"

子方说："不是，只是我的同乡。谈论大道有理有据，所以我称赞他。"

文侯说："那么先生没有老师吗？"

子方说："有。"

又问:"先生的老师是谁呢?"

子方说:"是东郭顺子。"

文侯说:"可是,先生为什么从来没有称赞过他呢?"

子方说:"他为人真诚,具有人的体貌和天一样空虚的心,顺应物性而保持本性,心性高洁又能容纳万物。人与事不合正道,他端正自己的仪态使人自悟其过而改之。我哪里配得上去称赞他呀!"

子方出去后,文侯表现出若有所失的神态,整天不言语,召集站在面前的侍臣,对他们说:"太深远玄妙了,真是一位德行完备的君子!起先我认为仁义的行为、圣智的言论是至高无上的。听到子方老师的情况后,我的身体松散不愿动,口像被钳住一样不能开口。反过来看我所学的东西,只是没有生命的土偶而已!魏国真成了我的累赘啊!"

温伯雪子到齐国去,途中寄宿于鲁国。鲁国有个人请求见他,温伯雪子说:"不可以。我听说中原的君子,明于礼义而浅于知人心,我不想见他。"温伯雪子到了齐国后,返回时又住宿鲁国,那个人又请相见。温伯雪子说:"上次请求见我,今天又请求见我,此人必定有启示于我。"于是出去见客,回来就慨叹一番;明天又见客,回来又慨叹不已。他的仆人问:"每次见此客人,必定入而慨叹,为何呢?"回答说:"我本来已告诉过你:中原之人明于礼义而浅于知人心,刚刚见我的这个人,出入进退全部合乎礼仪,动作举止蕴含龙虎般不可抵御之气势。他对我直言规劝时像儿子对待父亲般恭顺,他对我指导时又像父亲对儿子般严厉,所以我才慨叹。"孔子见到温伯雪子一句话也不说,子路问:"先生想见温伯雪子很久了,见了面却不说话,为何呀?"孔子说:"像这样的人,用眼睛一看就知大道存之于身,也用不着多说话了。"

颜渊问于仲尼曰:"夫子步亦步,夫之趋亦趋,夫子驰亦驰。夫子奔逸绝尘,而回瞠若乎后矣!"

夫子曰:"回,何谓邪?"

曰:"夫子步亦步也;夫子言亦言也;夫子趋亦趋也;夫子辩亦辩也;夫子驰亦驰也;夫子言道,回亦言道也;及奔逸绝尘而回瞠若乎后者,夫子不言而信，不比而周，无器而民滔乎前，而不知所以然而已矣！"

仲尼曰："恶！可不察与？夫哀莫大于心死，而人死亦次之。日出东方而入于西极，万物莫不比方。有目有趾者，待是而后成功。是出则存，是入则亡。万物亦然，有待也而死，有待也而生。吾一受其成形而不化以待尽。效物而动，日夜无隙，而不知其所终。薰然其成形，知命不能规乎其前。丘以是日徂。

"吾终身与汝交一臂而失之，可不哀与？女殆著乎吾所以著也，彼已尽矣，而女求之以为有，是求马于唐肆也。吾服，女也甚忘；女服，吾也亦甚忘。虽然，女奚患焉？虽忘乎故吾，吾有不忘者存。"

译文

颜渊问孔子说："先生慢走我也慢走，先生快走我也快走，先生快跑我也快跑。先生快速奔跑时，脚掌好像离开地面向前跳跃一样，这时我就只能睁大眼睛在后面看，而不知道如何学了。"

孔子说："颜回，你说的是什么意思？"

颜回说："先生慢走我也慢走，是说先生怎样讲我也跟着怎样说；先生快走我也快走，是说先生辨析事理我也跟着辨析事理；先生跑我也跑，是说先生谈论大道我也跟着谈论大道；及至先生好像脚掌离开地面跳跃般地跑，我就只能瞪大眼睛在后面看着，不知道该怎么学了，是说先生不言说时也能让人们信服，不亲近也能全面地获得拥戴，没有地位名分还是能让人聚集在您的身边。对这种现象，我不明白其中缘由。"

孔子说："怎么能不明察呀！最悲哀的莫过于心灵的死亡，身体的死亡还在其次。太阳从东方出来而落于西天尽头，万物莫不顺从太阳的起落升降而变化。凡有头有脚的，一定要等到太阳出来后才能做事，方有所作为。太阳出来就工作，太阳落山就休息。万物也都是这样的，要随着造化而死，随着造化而生。我们作为人，一旦接受了天赋的形体，就不可能转化为他物了，而只能等待着穷尽天年，面对死亡而生。随着外物变化而做反应性的运动，日夜操劳，没有空闲，而结局如何却不得而知。阴阳二气自动地聚合，就成为我们的形体，懂得命运的人也不能测度自己将来的命运。我只是随物自然变化罢了。

"我这一辈子都和你在一起，你却还是不能够理解我，这就好像有个极好的机会认识彼此我们却当面错过了，这不是万分悲哀的事情吗？你大概仅仅关注我的那些粗迹吧。那些粗迹已经消失殆尽了，而你还要着意地追求，以为它还存在，这就如同在空荡无人的市场上想要寻购一匹马一样。我应该很快忘掉对你的存念，你也应该赶快忘掉对我的存念。即使忘掉我，你又何必忧虑不已呢？你忘掉的不过是过去的我，我还有新的真道永远存在着。"

孔子见老聃，老聃新沐，方将被发而干，慹然①似非人。孔子便而待之。少焉见，曰："丘也眩与？其信然与？向者先生形体掘若槁木，似遗物离人而立于独也。"

老聃曰："吾游心于物之初。"

孔子曰，"何谓邪？"

曰："心困焉而不能知，口辟焉而不能言。尝为汝议乎其将：至阴肃肃，至阳赫赫。肃肃出乎天，赫赫发乎地。两者交通成和而物生焉，或为之纪而莫见其形。消息满虚，一晦一明，日改月化，日有所为，而莫见其功。生有所乎萌，死有所乎归，始终相反乎无端，而莫知乎其所穷。非是也，且孰为之宗！"

孔子曰："请问游是？"

老聃曰："夫得是，至美至乐也。得至美而游乎至乐，谓之至人。"

孔子曰："愿闻其方。"

曰："草食之兽，不疾易薮；水生之虫，不疾易水。行小变而不失其大常也，喜怒哀乐不入于胸次。夫天下也者，万物之所一也。得其所一而同焉，则四支百体将为尘垢，而死生终始将为昼夜而莫之能滑②，而况得丧祸福之所介乎！弃隶者若弃泥涂，知身贵于隶也，贵在于我而不失于变。且万化而未始有极也，夫孰足以患心！已为道者解乎此。"

孔子曰："夫子德配天地，而犹假至言以修心，古之君子孰能脱焉？"

老聃曰："不然。夫水之于汋③也，无为而才自然矣。至人之于德也，不修而物不能离焉，若天之自高，地之自厚，日月之自明，夫何修焉！"

孔子出，以告颜回，曰："丘之于道也，其犹醯鸡④与！微夫子之发吾覆也，吾不知天地之大全也。"

注释

①慹然：蛰伏不动的样子。②滑：打乱。③汋（zhuó）：水澄澈透明。④醯（xī）鸡：醋变质生出的小飞虫，在此处比喻极其渺小。

译文

孔子去见老子，老子刚洗完头，正披散着头发晾干，那木然的样子，简直不像是一个活着的人。孔子躲在一个地方耐心地等待。过了一会儿，二人会面，孔子说："是我眼花呢，还是真的呢？刚才先生的身体挺立着一动不动，简直就像是一段干木头。那全神贯注的样子，好像已把天地万物都忘得一干二净，只剩下了您所思考的问题。"

老聃说："我在天地万物的起源问题中神游，进入了混沌虚无的境界。"

孔子说："这是什么意思呢？"

老聃说："心里对这个问题感到十分的困惑，发现它不是人所能理解的，张嘴想说点什么，却不知从何说起。试着给你说个大概吧！地之极致为阴冷之气，天之极致是炎热之气，阴冷之气虽在地上却植根于天上，炎热之气虽在天上却植根于地上，两者相互交融而混沌，这就生成了万物，或许有某个统领这一切的纲纪存在，但我们却看不到它的形体。消亡又生息，盈满又空虚，一暗一明，日变月化，每时每刻都有所作为，我们却不知道它是怎样起作用的。万物萌发于真道，死后也回归到真道，开始和终结是相反的，我们无从知道它们结束在什么地方。如果不是真道，那么这个世界是由谁来主宰呢？"

孔子说："请问，您神游真道的情形是什么样的呢？"

老聃说："如果到了这样的境界，那真是无比的美妙和无比的快乐。在无比美妙的境界中享受最伟大的快乐，这就可以称为最崇高的人了。"

孔子说："请问，怎么样才能达到最美妙最快乐的境界呢？"

老聃说："食草的动物，不担忧更换沼泽地；水生的虫类，不担忧变换水源。因为那是些小的变化，并没有失去草、水这基本的生活条件，所以，喜怒哀乐的心情就不会随着小的变化而在心中引起激荡。天下这块地方，是万物共同生息的场所。既然万事万物都在真道下共同生存，那么我们的四肢百体即便早晚会成为一堆垃圾，由于生和死、终和始也将和昼夜交替一样地循环不止，谁也无法打乱这一自然秩序，我们也就不必对它太介意。如果连生死都能不介意，又何必对人生那一点得和失、祸和福斤斤计较呢！所有隶属于自己的身外之物都和得失祸福连在一起，所以对于它们，完全可以像丢弃泥土一样弃之不顾，因为我们懂得身体比那些隶属于自身的东西要更加珍贵。如果懂得了自身存在的珍贵，也就不会为一些小的变故患失了。而且世

界的千变万化是无穷无尽的，又何必为这么一个无限性的问题而弄得自己心神不宁呢！已经明白了大道的这种属性的人是可以对这个问题释怀的。"

孔子说："先生对天地万物已经有了如此高明的理解，而且还借助最准确的言说来提高自己的修养和心理素质。古时的君子，谁又能超过您呢！"

老聃说："话不能这样说。水的清明澄澈，在无所作为的情况下才会如此；最高境界的人的德行，并不是修养得来的，因为万事万物事实上根本无法，也不可能离开道的范围。就像天自然就高，地自然就厚，日月自然就明亮一样，哪里需要像我这般来修养啊！"

孔子出来，把这些告诉了颜回，他说："我对于道的认识，就如同醋中生出的飞虫一样，太渺小了！如果没有先生启发我，抹掉蒙蔽在我心头的糊涂想法，我就不会知道天地全备的道理！"

庄子见鲁哀公①，哀公曰："鲁多儒士，少为先生方②者。"庄子曰："鲁少儒。"哀公曰："举鲁国而儒服，何谓少乎？"庄子曰："周闻之，儒者冠圜冠者知天时，履句屦者知地形，缓佩玦者事至而断。君子有其道者，未必为其服也；为其服者，未必知其道也。公固以为不然，何不号于国中曰：'无此道而为此服者，其罪死！'"于是哀公号之五日，而鲁国无敢儒服者。独有一丈夫，儒服而立乎公门。公即召而问以国事，千转万变而不穷。庄子曰："以鲁国而儒者一人耳，可谓多乎？"

百里奚③爵禄不入于心，故饭牛而牛肥，使秦穆公忘其贱，与之政也。有虞氏死生不入于心，故足以动人。

宋元君④将画图，众史皆至，受揖而立，舐笔和墨，在外者半。有一史后至者，儃儃然不趋，受揖不立。因之舍。公使人视之，则解衣般礴臝。君曰："可矣，是真画者也！"
……

注释

①庄子见鲁哀公：鲁哀公为春秋末期人，庄子为战国中期人，二人相

距一百多年,不可能相见。此为寓言,非实录。②先生方:指庄子道家方术。③百里奚:春秋时秦国大夫。原为虞国大夫,晋灭虞后被俘,被作为晋献公之女穆姬的陪嫁奴隶送往秦穆公处,但他中途逃至楚国,为楚所执。后来,秦穆公用五张羊皮将其赎回,称五羖大夫,受到重用,与寒叔、由余等贤臣协助秦穆公建立霸业。④宋元君:即宋元公,名佐,春秋末期宋国国君。

译文

庄子拜见鲁哀公,哀公说:"鲁国多儒学之士,很少有从事先生之道术的。"庄子说:"鲁国儒学之士很少。"哀公说:"全鲁国的人都穿儒者服装,怎么说少呢?"庄子说:"我听说,儒者中戴圆帽的通晓天时,穿方形鞋子的懂得地理,用五彩丝带穿系玉玦的,事至而能决断。君子怀有其道术的,未必穿戴那样的服饰;穿戴那样服饰的,未必真有道术。公一定以为不是这样,何不号令于国中说:'不懂此种道术而穿戴此种服饰的,要处以死罪!'"于是哀公照此发布了命令,五天以后鲁国没有敢穿儒服的人。唯独有一位男子,身穿儒服立在哀公门外。哀公即刻召见他以国事相问,千转万变发问也不能难住他。庄子说:"以鲁国之大,只有一个儒者,可以说多吗?"

百里奚不把官爵俸禄放在心上,所以养牛而牛肥,使秦穆公忘记了他出身低贱而委之以国事。虞舜不把生死放在心上,所以能感动他人。

宋元君要画图样,众位画师都来了,他们受君命拜揖而立,有些润笔调墨准备着,门外面还有一大半。有一位后到的画师,舒缓闲适不慌不忙地走来,受命拜揖后也不和众人一起站着,而往馆舍走去。元公派人去看,见他脱掉上衣赤着上身盘腿而坐。元公说:"可以了,这位是真正的画师。"

列御寇为伯昏无人射,引之盈贯,措杯水其肘上,发之适矢复沓,方矢复寓。当是时,犹象人①也。

伯昏无人曰:"是射之射,非不射之射也。尝与汝登高山,履危石,临百仞之渊,若能射乎?"

于是无人遂登高山，履危石，临百仞之渊，背逡巡，足二分垂在外，揖御寇而进之。御寇伏地，汗流至踵。

伯昏无人曰："夫至人者，上窥青天，下潜黄泉，挥斥八极，神气不变。今汝怵然有恂目之志，尔于中也殆矣夫！"

肩吾问于孙叔敖②曰："子三为令尹而不荣华，三去之而无忧色。吾始也疑子，今视子之鼻间栩栩然，子之用心独奈何？"

孙叔敖曰："吾何以过人哉！吾以其来不可却也，其去不可止也，吾以为得失之非我也，而无忧色而已矣，我何以过人哉！且不知其在彼乎？其在我乎？其在彼邪？亡乎我；在我邪？亡乎彼。方将踌躇，方将四顾，何暇至乎人贵人贱哉！"

仲尼闻之曰："古之真人，知者不得说，美人不得滥，盗人不得劫，伏戏黄帝不得友。死生亦大矣，而无变乎己，况爵禄乎！若然者，其神经乎大山而无介，入乎渊泉而不濡，处卑细而不惫，充满天地，既以与人己愈有。"

楚王与凡君坐，少焉，楚王左右曰"凡亡"者三。凡君曰："凡之亡也，不足以丧吾存。夫凡之亡不足以丧吾存，则楚之存不足以存存。由是观之，则凡未始亡，而楚未始存也。"

注释

①象人：木雕或泥塑之人，在此形容精神高度集中、身体纹丝不动的样子。②孙叔敖：春秋时期楚国令尹，楚国著名政治家。

译文

列御寇为伯昏无人表演射箭，把弓拉得满满的，把一杯水放在左肘上，射出一箭，又将一支扣在弦上，再射出之后，又将一支搭在弦上，连续不停。在那个时候，他就像一个木偶一般纹丝不动。

伯昏无人说："这是有心于射的射法，不是无心于射的射法。让你登上高山，踏着险石，对着百仞深渊，你还能射吗？"

于是伯昏无人就登上高山，脚踏险石，背对着百仞深渊向后退，直到脚下有二分悬空在外，他站在那里请列御寇过来射箭。列御寇吓得伏在地上，冷汗流到脚跟。

伯昏无人说："作为至人，上可探测青天，下可潜察黄泉，纵放自如于八极之外，而神情上仍然可以不动声色。现在你心中发慌、目眩头晕，你在精神上就已经垮了呀！"

肩吾问孙叔敖说："您三次当令尹而无炫耀自得之意，三次被免职也没有忧戚不快之色。我起初对此感到怀疑，现在见您呼吸匀畅、和颜悦色，您心里到底是怎样想的呢？"

孙叔敖说："我哪有什么过人之处啊！让我当令尹我无法拒绝，不让我当我也挡不住。我认识到官位的得与失并不是由我做主，这才不再忧戚不快而已。我哪有什么过人之处啊！而且我一直弄不清楚可尊贵的是在令尹之位呢，还是在我？如果在令尹之位，那就与我无关；如果在我，那就与令尹之位无关。我正在驻足沉思，只顾考虑各种各样的政事了，哪有工夫顾及什么富贵贫贱呢？"

孔子听后说："古时候的真人，智者不能说服他，美色不能使他淫乱，强盗不能威逼他，伏羲、黄帝这样的帝王也不能笼络亲近他。死生算得上是大事了，但也不能使他有所改变，更何况是官爵俸禄的得失呢！这样的人，他的精神即使经过大山也不会被障挡，进入深渊时也不会被水沾湿，他身处贫贱也不会感到困乏，他的精神充满大地之间，尽数地施予别人，自己反而会觉得更加富有。"

楚王和凡国之君共坐，过了一会儿，楚王左右之臣都讲了凡国快要灭亡的话。凡国之君说："凡国灭亡，不足以使我丧失真性。既然凡国之灭亡不足以使我丧失真性，那么楚国之存在也不足以使我保有真性。由此看来，凡国未曾灭亡，楚国也未曾存在。"

知北游（节选）

知①北游于玄水之上，登隐弅②之丘，而适遭无为谓③焉。知谓无为谓曰："予欲有问乎若：何思何虑则知道？何处何服则安道？何从何道则得道？"三问而无为谓不答也，非不答，不知答也。

知不得问，反于白水④之南，登狐阕⑤之上而睹狂屈⑥焉。知以之言也问乎狂屈。狂屈曰："唉！予知之，将语若。"中欲言而忘其所欲言。

知不得问，反于帝宫，见黄帝而问焉。黄帝曰："无思无虑始知道，无处无服始安道，无从无道始得道。"

知问黄帝曰："我与若知之，彼与彼不知也，其孰是邪？"

黄帝曰："彼无为谓真是也，狂屈似之，我与汝终不近也。夫知者不言，言者不知，故圣人行不言之教。道不可致，德不可至，仁可为也，义可亏也，礼相伪也。故曰：'失道而后德，失德而后仁，失仁而后义，失义而后礼。礼者，道之华而乱之首也。'故曰：'为道者日损，损之又损之，以至于无为，无为而无不为也。'今已为物也，欲复归根，不亦难乎！其易也，其唯大人乎！

"生也死之徒，死也生之始，孰知其纪！人之生，气之聚也。聚则为生，散则为死。若死生为徒，吾又何患！故万物一也。是其所美者为神奇，其所恶者为臭腐；臭腐复化为神奇，神奇复化为臭腐，故曰：'通天下一气耳。'圣人故贵一。"

知谓黄帝曰:"吾问无为谓,无为谓不应我,非不我应,不知应我也;吾问狂屈,狂屈中欲告我而不我告,非不我告,中欲告而忘之也;今予问乎若,若知之,奚故不近?"

黄帝曰:"彼其真是也,以其不知也;此其似之也,以其忘之也;予与若终不近也,以其知之也。"

狂屈闻之,以黄帝为知言。

注释

①知:虚构的人名。本篇所举之人名、地名、河流名多为虚构,并含有寓意。②隐弅(fèn):虚构的地名。③无为谓:虚构的得道者,与自然合一、无为不言之人。④白水:传说中的河流名,与玄水相对。⑤狐阕:虚构的山名。⑥狂屈:虚构的人名。

译文

知向北到玄水边游玩,登上隐弅山丘,恰巧在那里碰到了无为谓。知对无为谓说:"我有问题问你:怎样思考才能认识大道?如何居处、如何行事才能持守大道?以何种途径、用何种方法能够获得大道?"问了三次,无为谓都不回答,不是不回答,而是不知道回答。

知的问题没有得到解答,就返回到白水的南面,登上狐阕山丘,在那里他看见了狂屈,知又拿这三个问题来问狂屈,狂屈说:"噢!我知道,这就告诉你。"他正想说的时候,却忘记了要说的话。

知没有得到回答,又返回帝宫,见到黄帝又问及那三个问题,黄帝说:"无思无虑才能认识大道,无定处、不行事才能持守大道,无须任何途径和方法就能获得大道。"

知问黄帝说:"我和你都知道这些,无为谓和狂屈却不知道,我们双方谁对呢?"

黄帝说:"那个无为谓是完全对的,狂屈接近于正确,我和你终究和道不接近。懂得道的人不谈论道,谈论道的人并不懂得道,所以,圣人推行放弃言说的教化。道是不能靠言语获取的，德是不能靠言语达到的。仁只能让人去施行，义只能让人舍弃，礼只能让人相互欺骗的。所以说：'失去道而后才有德，失去德而后才有仁，失去仁而后才有义，失去义而后才有礼。礼只是道的华丽外表，而它也正是祸乱的根源。'所以说：'追求大道的人不是要天天学习，而是要天天减损，减损了再减损，一直达到无为的境界，达到无为的境界之后，才能够做什么都合乎自然。'现在我们面对着一个有形的世界，要想在精神上返回这个世界的虚无的本质，难道不是太难了吗！如果说还有谁能够做到，那就只有得道的至人！

"从道的观点来看，生就是死，死就是生的开始，谁能够懂得这里面的大道理啊！人的生命只不过是气的一种聚合方式。气聚到一起就得到了生命，气一散开人就死了。如果死生是同类事物的不同表现形式，我们还有什么值得担心的呢！所以：'万物实际上是一体的。'人们把自己认为美好的东西称为神奇，而把自己厌恶的东西称为臭腐。臭腐可转化为神奇，神奇也可以转化臭腐。所以说：'贯通天下的只是一气罢了。'因而圣人重视同一。"

知对黄帝说："我问无为谓，无为谓不回答我，不是不回答，而是不知道要回答；我问狂屈，狂屈想告诉我却终究没有告诉我，其实他不是不想告诉我，而是话到嘴边却把要说的给忘了；现在我问你，你知道这么多，为什么又说和大道不接近呢？"

黄帝说："无为谓是个真正懂得大道的人，之所以这样讲，正是因为他的无知；狂屈接近大道，因为他忘记了自己所知的内容；我和你终究和道不相干，之所以这样讲，是因为我们都认为自己明白那不可知的大道。"

狂屈听到了黄帝所说的话，认为黄帝说的是真正懂得大道的话。

天地有大美而不言，四时有明法而不议，万物有成理而不说。圣人者，原天地之美，而达万物之理。是故至人无为，大圣不作，观于天地之谓也。

合彼神明至精，与彼百化。物已死生方圆，莫知其根也。扁然而万物自古以固存。六合为巨，未离其内，秋毫为小，待之成体。天下莫不沉浮，终身不故；阴阳四时运行，各得其序。惛然若亡而存，油然不形而神，万物畜而不知。此之谓本根，可以观于天矣！
……

译文

　　天地有最大的美德，它却沉默无言；四季有明确的规律，然而它却从不议论；万物有它固定的道理，然而它却不加解释。圣人正是通过推究天地的美德而知晓了万物生成的道理。所以，思想境界最高的人，只是模仿天象自然无为，大圣人也从不要创造什么，如此说来他是通过观察天地大道才明白了这一切。

　　那神明般的大道是极其精微玄妙的，它参与了天地万物的无穷变化。有形的事物总是处于不断产生和消亡忽方忽圆的过程之中，我们没有办法知道它的根本性质和原因。天地万物自古以来就日新月异。天地四方虽然如此巨大，但是没有超出大道之外；秋毫虽小，仍然要靠道的作用才能形成自己的形体。天下万事万物无不在升降往来地变化着，但作为整体它却永远是生机勃勃的，不会因固定而衰变；暑往寒来，四时运行，它们都有自己固定的自然秩序。大道虽然无形无象，看起来好像并不存在，实际上却是根本性的存在，只不过它是通过时间和自然有序的变化来表现自己。它没有形状，因而显得神秘莫测，万事万物都因为它的畜养而存在，但却一概地不自知。我们把大道的这种存在性称为根本性的存在，人们可以通过观察天地万物的运动变化来证明这种存在。

　　孔子问于老聃曰："今日晏间，敢问至道。"

　　老聃曰："汝齐戒，疏瀹①而心，澡雪而精神，掊击而知。夫道，窅然②难言哉！将为汝言其崖略。

　　"夫昭昭生于冥冥，有伦生于无形，精神生于道，形本生于精，而万物以形相生。故九窍者胎生，八窍者卵生。其来无迹，其往无崖，无门无房，四达之皇皇也。邀于此者，四肢强，思虑恂达，耳目聪明；其用心不劳，其应物无方。天不得不高，地不得不广，日月不得不行，万物不得不昌,此其道与!

"且夫博之不必知,辩之不必慧,圣人以断之矣!若夫益之而不加益、损之而不加损者,圣人之所保也。渊渊乎其若海,巍巍乎其终则复始也,运量万物而不匮,则君子之道,彼其外与!万物皆往资焉而不匮,此其道与!

"中国有人焉,非阴非阳,处于天地之间,直且为人,将反于宗。自本观之,生者喑醷物③也。虽有寿夭,相去几何?须臾之说也,奚足以为尧桀之是非!果蓏④有理,人伦虽难,所以相齿。圣人遭之而不违,过之而不守。调而应之,德也;偶尔应之,道也。帝之所兴,王之所起也。

"人生天地之间,若白驹之过郤,忽然而已。注然勃然,莫不出焉;油然漻然,莫不入焉。已化而生,又化而死,生物哀之,人类悲之。解其天弢⑤,堕其天袠⑥,纷乎宛乎,魂魄将往,乃身从之,乃大归乎!不形之形,形之不形,是人之所同知也,非将至之所务也,此众人之所同论也。彼至则不论,论则不至。明见无值,辩不若默。道不可闻,闻不若塞。此之谓大得。"

注释

①疏瀹(yuè):疏通,疏导。②窅然:此指深远莫测。③喑醷(yīn yì)物:聚集。生命现象是气所汇聚之物。④果蓏(luǒ):瓜果之总称。木本植物的果实叫作果,草本植物的果实叫作蓏,即瓜。⑤弢:弓袋。这里引申为枷锁。⑥袠:剑袋。这里可以引申为桎梏。

译文

孔子问老聃说:"今天我悠闲自在,请问至道是什么?"

老聃说:"你要先进行斋戒,疏通你的心灵,洗涤你的精神,打破你的成见。道是深远莫测而难以言说的呀!我努力为你说个大概的轮廓吧。

"明亮的东西产生于昏暗,具有形体的东西产生于无形,精神产生于道,形质产生于精微之气。万物全都凭借形体而诞生,所以,具有九个孔窍的动物是胎生的,具有八个孔窍的动物是卵生的。它的来临没有踪迹,它的离去没有边界，不知从哪儿进出、在哪儿停留，通向广阔无垠的四面八方。遵循这个道，四肢强健，思虑通达，耳目灵敏；运用心思不会劳顿，顺应外物不拘定规。天不得不高，地不得不广，日月不得不运行，万物不得不昌盛，这就是道啊！

"况且，博学的人不一定能认识到大道，善辩的人也不一定称得上有智慧，所以圣人放弃了这些。因为只有那个想增加也无法增加，想减少也不能减少的大道，才是圣人乐于坚守的。大道深奥啊，就像大海，大道巍峨啊，就像高山，终而复始地运行不息，运载万物而毫无遗漏，所以君子们所遵行的道怎么能外于这样的大道呢？万物都往大道那里索取，大道也不会匮乏，这就是道啊！

"中原之国有这样的人，超脱于阴阳之外，居住在天地之间，尚存人形，但他早晚要返回他本根去。从本始观察，所谓生，不过是气聚集的而已。即使有长寿和夭折，又有多少差别呢？差别只是片刻之间的一种说法，怎么能够用它来判断尧和桀的是非？瓜果之类的各有自己存在的根据，人间伦理关系虽然复杂，但只要按年龄排列，也还是可以形成社会生活秩序的。圣人碰到此类的事情既不逃避，也不留恋。能够调和顺应的事，便是德的范畴；偶然撞上的而又不得不应付的一切，都属于道的范畴。帝王兴起的道理都在这里了。

"人生活在天地之间的时日，如同白驹过隙一样短暂，刹那而已。万物生长兴起，无不由道而生发出来；变化消逝，也无不消亡于道体之中。已经变化生出的，又变化而死去，生命为其同类之死而悲哀，人类为其亲人之死而伤悲。其实人死去，只不过是打开了自然的枷锁，毁坏了天然的桎梏，纷纭宛转，魂魄将往，身体也随之消亡，死亡就是最大的回归呀！从没有形体到有形体，又从有形体变为没有形体，这是人所共知的常识，它并不是求道之人所努力追寻的，却是众人共同讨论的话题。那些达于大道的人并不爱议论，爱议论的人也就并没有达到大道。用聪明才智去追求大道恰恰遇不上大道，要想体悟大道，善辩不如沉默。道是不能闻知的，所以闻听不如不听，懂得这些就叫最大的得道。"

庄子选译 ○ 外篇

东郭子①问于庄子曰:"所谓道,恶乎在?"

庄子曰:"无所不在。"

东郭子曰:"期而后可。"

庄子曰:"在蝼蚁。"

曰:"何其下邪?"

曰:"在稊稗②。"

曰:"何其愈下邪?"

曰:"在瓦甓③。"

曰:"何其愈甚邪?"

曰:"在屎溺。"

东郭子不应。

庄子曰："夫子之问也，固不及质。正获之问于监市履狶也，每下愈况。汝唯莫必无乎逃物，至道若是，大言亦然。周、遍、咸三者，异名同实，其指一也。

"尝相与游乎无何有之宫，同合而论，无所终穷乎。尝相与无为乎！澹而静乎！漠而清乎！调而间乎！寥已吾志，无往焉而不知其所至，去而来而不知其所止。吾已往来焉而不知其所终；彷徨乎冯闳，大知入焉而不知其所穷。物物者与物无际，而物有际者，所谓物际者也。不际之际，际之不际者也。谓盈虚衰杀，彼为盈虚非盈虚，彼为衰杀非衰杀，彼为本末非本末，彼为积散非积散也。"

……

注释

①东郭子：住在东郭的某先生。②稊稗(tí bài)：稗指稗草，稊与稗相似，有籽而无实。③甓(pì)：砖头。

译文

东郭子问庄子说："所谓道，在哪里呢？"

庄子说："无所不在。"

东郭子说："一定要指出具体的地方才行。"

庄子说："在蝼蛄和蚂蚁之中。"

东郭子问："为什么在这么卑下的地方呀？"

庄子回答说："在稊稗里面。"

东郭子问："怎么更卑下了呢？"

庄子回答说："在砖头瓦片中。"

东郭子问："怎么越说越不着边际了？"

庄子回答说："在屎尿中。"

东郭子再也不出声了。

庄子说："先生提问题的方法，本来就没有触及问题的实质，就好像正获向监市询问如何通过踩猪腿来检验猪的肥瘦一样，他得到的回答是越往下踩越看得清楚。你不能局限于道在哪个事物上，因为道无处不在。至道是这样，所有抽象的概念都是这样的。就好像周、遍、咸这三个词一样，名不同而实相同，它们所指称的事实都是一样的。

"我们可以想象着一起去游历一个什么都没有的地方，让我们一起沉默无言在道境中不会有穷尽！再想象着我们一起顺应自然，什么也不做，淡漠而宁静、寂寞而清虚！调和而安闲！我的心就常常处于虚无寂寥之中，本来就没有要去的目的地，所以就顺应自然，到了哪里算哪里。我们来来往往地忙着，并不知道哪里是止境，我们往而又来却并不知道人生的归宿；我逍遥自在地生活在广漠空虚的道境中，即使是有大智慧的人来到这里也弄不明白它的边际。道作为创生万物者，它和物之间是没有界限的，而物与物之间是有分界的，这就是物与物之间的界限。我用没有分界的道来对待有分界的物，就像你用对有形之物的认识要求我回答一个没有边界的道一样。人们平常所说的盈虚衰杀之类，都是对于有形之物而言的，这种盈虚并不是道的盈虚，这种衰杀也不是道的衰杀，人们所说的本末也不是道的本末，人们所说的积散也并不是道的积散。"

冉求问于仲尼曰："未有天地可知邪？"

仲尼曰："可。古犹今也。"

冉求失问而退。

明日复见，曰："昔者吾问：'未有天地可知乎？'夫子曰：'可。古犹今也。'昔日吾昭然，今日吾昧然，敢问何谓也？"

仲尼曰："昔之昭然也，神者先受之；今之昧然也，且又为不神者求邪！无古无今，无始无终。未有子孙而有子孙，可乎？"

冉求未对。仲尼曰："已矣，未应矣！不以生生死，不以死死生。死生有待邪？皆有所一体。有先天地生者物邪？物物者非物，物出不得先物也，犹其有物也，犹其有物也无已！圣人之爱人也终无已者，亦乃取于是者也。"

颜渊问乎仲尼曰："回尝闻诸夫子曰：'无有所将，无有所迎。'回敢问其游。"

仲尼曰："古之人，外化而内不化；今之人，内化而外不化。与物化者，一不化者也。安化安不化，安与之相靡，必与之莫多。

"狶韦氏之囿①，黄帝之圃，有虞氏之宫，汤武之室②。君子之人，若儒墨者师，故以是非相赍③也，而况今之人乎！圣人处物不伤物。不伤物者，物亦不能伤也。唯无所伤者，为能与人相将迎。山林与，皋壤与，使我欣欣然而乐与！乐未毕也，哀又继之。哀乐之来，吾不能御，其去弗能止。悲夫，世人直为物逆旅耳！夫知遇而不知所不遇，能能而不能所不能。无知无能者，固人之所不免也。夫务免乎人之所不免者，岂不亦悲哉！至言去言，至为去为，齐知，之所知则浅矣。"

注 释

①囿(yǒu)：古代帝王畜养禽兽之园林。②室：囿、宫、室皆为帝王居处游息之所。室比宫小，宫比圃小，圃比囿小。这里有随着人的游乐场所越来越小，精神也越狭隘，道德也越衰落的意思。③相赍(jī)：相互攻击。

译 文

冉求问孔子说："没有天地以前的情形可以知道吗？"

孔子说："可以。古代和今天是一样的。"

冉求觉得答非所问，就不想再问，退了下去。

第二天，冉求又来找孔子，说："昨天我问的问题是：'没有天地以前的情形可以知道吗？'先生却回答说：'可以。古代和今天是一样的。'昨天我还明白，今天我又糊涂了。请问，这是为什么呢？"

孔子说："昨天你明白，是用心领悟了它；今天又糊涂，那是你又想通过外界的有形事物来寻求验证！没有古就没有今，没有开始就没有终结。如果说以前从来没有子孙，今天突然就有了子孙，这样讲得通吗？"

冉求没有回答。孔子说："不用胡思乱想就对了，也不会乱问了！不是因

庄子选译 ◎ 外篇

为有了新生者才产生了死亡,也不是因为有了死亡就会让死者死而复生。难道死亡和新生是相互依赖的吗?二者都依赖于自然之道而已。难道有什么先于天就生成的事物吗?道并不是物,万物的出生不可能先于道。由于道才有了天地万物。之后万物生生不息。圣人无心热爱人类,但他的爱是没有止境的,那也是从这个自然之理中受到的启发。"

颜渊问孔子:"我曾经听老师说:'不要有所送,不要有所迎。'请问这其中的道理。"

孔子说:"古时候的人,对外随物变化,内心安然不动;现今的人,内心游移不定,又沉溺于身外之物而不能随物变化。能随物变化的,一定是内心所坚守的人。这样的人,不管环境变化还是不变化,都能安时处顺,顺其自然,不加增益。

"狶韦氏的园林,黄帝的园囿,虞舜的宫殿,汤武的宫室,游玩居住的地方越来越狭小而道德也越来越低下。即使被称之为君子的人,一旦他们以儒墨为师而陷入是非之中,也不得不相互攻击,何况现在的普通人呢!圣人与物相处而不伤害物。不伤害物的人,物也不能伤害他。只有无所伤害的人,才能与人相交往。山林啊,平原啊,都能使我欣然快乐!快乐还没有完,悲哀就又接着来了,悲哀与快乐的到来,我不能抗拒;它们要离我而去,我也不能阻拦。多么可悲呀,世人只不过是为外物所带来的悲哀与欢乐所提供的旅馆罢了!他们只知自己所遭遇到的,却不知道自己还有很多艰难险阻是不曾遭遇到的;人只能做力所能及的事却不能做力所不能及的事。有所不知、有所不能,本来就是人所不能避免的。有些人非要强求他所不知、不能的,岂不是十分可悲吗?大道之言不用言说,最好的做法是有所不为。想要让人们的认识统一起来,实在是既浅陋又无知的想法。"

杂 篇

杂篇包括从《庚桑楚》至《天下》的十一篇，思想比较复杂，多由几段文字杂纂而成，各段意义并不相连。有的篇目，比如《让王》，自苏轼以来，多疑是伪作。杂篇各篇之间思想不相贯通，且有的章节与庄子思想有矛盾，或不是一人所作。

庚桑楚（节选）

老聃之役有庚桑楚①者，偏得老聃之道，以北居畏垒之山。其臣之画然知者去之，其妾之挈然②仁者远之；拥肿之与居，鞅掌之为使。居三年，畏垒大壤。畏垒之民相与言曰："庚桑子之始来，吾洒然③异之。今吾日计之而不足，岁计之而有馀。庶几其圣人乎！子胡不相与尸而祝之，社而稷之乎！"

庚桑子闻之，南面而不释然。弟子异之。庚桑子曰："弟子何异于予？夫春气发而百草生，秋正得而万实成。夫春与秋，岂无得而然哉？天道已行矣。吾闻至人，尸居环堵之室，而百姓猖狂不知所如往。今以畏垒之细民而窃窃焉欲俎豆予于贤人之间，我其杓之人邪？吾是以不释于老聃之言。"

弟子曰："不然。夫寻常之沟，巨鱼无所还其体，而鲵鳅为之制；步仞之丘陵，巨兽无所隐其躯，而孽狐为之祥。且夫尊贤授能，先善与利，自古尧舜以然，而况畏垒之民乎！夫子亦听矣。"庚桑子曰："小子来，夫函车之兽，介而离山，则不免于罔罟之患；吞舟之鱼，砀而失水④，则蚁能苦之。故鸟兽不厌高，鱼鳖不厌深。夫全其形生之人，藏其身也，不厌深眇而已矣！且夫二子者，又何足以称扬哉！是其于辩也，将妄凿垣墙而殖蓬蒿也。简发而栉⑤，数米而炊，窃窃乎又何足以济世哉！举贤则民相轧，任知则民相盗。之数物者，不足以厚民。民之于利甚勤，子有杀父，臣有杀君；正昼为盗，日中穴阫⑥。吾语女：大乱之本，必生于尧舜之间，其末存乎千世之后。千世之后，其必有人与人相食者也。"

……

注释

①庚桑楚：人名，老聃弟子，姓庚桑，名楚。②挈（qiè）然：举的样

子,引申为标榜。③洒然:指见所未见,耳目一新的样子。④砀(dàng)而失水:因潮汐激荡而离水搁浅于岸。砀,同"荡"。⑤栉:梳篦的总称。此处指梳头发。⑥穴阫(péi):在墙上打洞。

译文

老聃的弟子中有个叫庚桑楚的,独得老聃之道,在北方的畏垒山居住,他使仆人中喜好智慧的离他远去,侍女中标榜仁义的也离他远去;糊涂无知的和他住在一起,失容不仁的为他使用。住了三年,畏垒山获得大丰收。畏垒山的老百姓互相议论说:"庚桑子刚来时,我们对他用人方面的做法感到惊异。现在,我们对收成按天计算感到不足,按年计算便感到有余。他差不多是圣人了吧!咱们为什么不一齐尊奉他为神,为他建立宗庙呢?"

庚桑子听到这种议论,面南而坐思考老聃的教导,心中感到不快。弟子们很奇怪。庚桑子说:"你们对我有什么感到奇怪的呢?春天阳气上升而百草禾苗生长,到了秋天各种果实成熟。春季与秋季,难道无故就能这样吗?这是天道自然运行的必然结果。我听说,至人寂静地居住在方丈的小室之中,而百姓天性率真而不知其所往。现在畏垒山的人都窃窃私语,想把我奉于贤人之间,我难道是那种人们学习的榜样吗?我面对老聃的教导而感到焦虑。"

弟子说:"不是这样,在小水沟里,大鱼无法转体,而小鱼却能回旋自如;矮小的土丘,巨兽无法藏身,而妖狐却为之得意。况且尊贤授能、赏善施利,自古尧舜已是如此,何况畏垒山的人呢?先生就听他们的吧!"庚桑子说:"年轻人,过来!可以吞车的巨兽,单独离开山林,就不免于遭到网罗的祸患;可以吞船的大鱼,因潮汐激荡而搁浅于岸,就会受蝼蚁的侵害。所以鸟兽不厌山高,鱼鳖不厌水深。要全形养性的人,隐身之所,也是不厌深远罢了。况且,尧、舜这两个人,又有什么值得称赞的呢!像他们这样辨别贤能善利,就像妄凿垣墙而种蒿蒿当作墙一样;选择头发来梳,数着米粒来煮,斤斤计较又怎能救世呢!荐举贤能就会使百姓相互倾轧,任用智者就会使百姓相互欺诈。这些事不会使人民淳厚。人民营利心切,于是有子杀父、臣杀君,白日偷盗、正午挖墙之事。我告诉你们，大乱的根源，必定起自尧舜时期，而贻害于千载之后。千载之后，必定有人吃人的事！"

宇泰定者，发乎天光。发乎天光者，人见其人，物见其物。人有修者，乃今有恒。有恒者，人舍之，天助之。人之所舍，谓之天民；天之所助，谓之天子。

学者，学其所不能学也；行者，行其所不能行也；辩者，辩其所不能辩也。知止乎其所不能知，至矣；若有不即是者，天钧败之。

备物以将形，藏不虞以生心，敬中以达彼。若是而万恶至者，皆天也，而非人也，不足以滑成，不可内于灵台。灵台者有持，而不知其所持，而不可持者也。

不见其诚己而发，每发而不当；业入而不舍，每更为失；为不善乎显明之中者，人得而诛之；为不善乎幽闲之中者，鬼得而诛之。明乎人，明乎鬼者，然后能独行。

券内者，行乎无名；券外者，志乎期费。行乎无名者，唯庸有光；志乎期费者，唯贾人也。人见其跂，犹之魁然。与物穷者，物入焉；与物且①者，其身之不能容，焉能容人！不能容人者无亲，无亲者尽人。兵莫憯于志，镆铘为下；寇莫大于阴阳，无所逃于天地之间。非阴阳贼之，心则使之也。

注 释

①与物且：且，同"阻"。与物且，即与外物格格不入。

译 文

胸襟坦然、心境安然镇定的人，就会发出自然的灵光。发出自然灵光的人，看人观物，清楚明白。注重道德修养的人，才能长久保持灵光；持长久保持灵光的人，人们就会自然地荫庇他，上天也会帮助他。人们所荫庇的，称他为合乎天道之人；上天所辅佐的，称他为得天佑助的人。

学习，是为了知晓那些自己不曾掌握的知识；行走，是为了到达那些不能去到的地方；辩论，是为了区分那些容易混淆的事物。知道自己停留在不知道的境域，便达到了知道的最高境界。如果有人不是这样做的，那么造化必然会使他失败。

准备适当的物资用来将息身体；深敛情感而不思虑，以便涵养心性；尊重自己，从而理解他人。如果做到这三方面各种灾祸依然纷至沓来，那就是天命，怪不得你，它不足以扰乱成性，也不可进入心里。心，就是胸中有所持守却不知道持守什么，并且不能够刻意去持守的地方。

不能真诚地表现自我，而任凭不恰当的情感外露，会损伤天性。如果有人在白天做了坏事，人们都会谴责他、处罚他；在晚上做了坏事，鬼神也会谴责他、处罚他。只有在人群中清白光明，在鬼神中也清白光明的人，才能独行于世。

注重内修德性的人，做事不留名迹；追求外在功业的人，心思总在于穷尽财用。做事不留名迹的人，虽然平凡却有光辉；心思总在穷尽财用的人，是唯利是图者，人们见他踮脚挺立，貌似魁伟。能体察外物，跟物顺应相通的人，外物终将归从于他；跟外物格格不入的人，连自身都不能容，又怎么能容纳他人！不能融入的人就没有人亲近他，没有人亲近的人实际上是被人们所抛弃的。最锐利的兵器是人的心神，从这一意义说，镆铘剑那样的兵器也只能算是下等；人最大的敌人是自相矛盾，因为没有人能逃脱出天地之间。其实能够伤害人的并不是人心的阴阳变化，而是他心神受到干扰，不能顺应阴阳的变化。

道通其分也。其成也，毁也，所恶乎分者，其分也以备；所以恶乎备者，其有以备。故出而不反见其鬼，出而得是谓得死①。灭而有实，鬼之一也。以有形者象无形者而定矣。

出无本，入无窍，有实而无乎处，有长而无乎本剽。有所出而无窍者有实②，有实而无乎处者，宇也；有长而无本剽者，宙也。有乎生，有乎死；有乎出，有乎入，入出而无见其形，是谓天门。天门者，无有也，万物出乎无有。有不能以有为有，必出乎无有，而无有一无有，圣人藏乎是。

古之人，其知有所至矣。恶乎至？有以为未始有物者，至矣，尽矣，弗可以加矣。其次以为有物矣，将以生为丧也，以死为反也，是以分已。其次曰始无有，既而有生，生俄而死，以无有为首，以生为体，以死为尻。孰知有无死生之一守者，吾与之为友。是三者虽异，公族也。昭景也，著戴也；甲氏也，著封也，非一也。

有生黬③也，披然曰"移是"。尝言"移是"，非所言也。虽然，不可知者也。腊者之有膍胲④，可散而不可散也。观室者周于寝庙，又适其偃焉。为是举"移是"。请常言"移是"：是以生为本，以知为师，因以乘是非，果有名实，因以己为质，使人以为己节，因以死偿节。若然者，以用为知，以不用为愚，以彻为名，以穷为辱。移是，今之人也，是蜩与学鸠同于同也。

……

注释

①得死：在精神上已经死了。②实：实体。③黬（yǎn）：幽暗，喻气之凝聚。④膍胲（pí gāi）：膍，牛百叶。胲，牛蹄。

译文

大道的成、毁无常，始终不离其宗。一种事物形成，另一种事物就会毁灭。有人不喜欢从分离的角度来看待世界，就在于对事物求全；也有些人不喜欢从完备的角度看待世界，就在于在完备之上进一步求取完备。心神离散而不能返归的人，就会像鬼一样只有形骸；心神离散而以为有所得，可以说他在精神上已经死了。迷失本性而只有外形，也是一个鬼。将有形的东西效法无形的道，那么内心就会得到安宁。

道的产生没有根本，消逝没有踪迹。大道真实存在却看不见确切的居所，道体绵长却见不到首尾，有所出入却没有门户，又实际存在着。真实存在却看不见确切居所，是因为大道处在上下左右没有边际的空间中；道体绵长却看不到首尾,是因为大道处在极限的时间里。大道既存在着生也存在着死,既存在着出也存在着入。入和出都没有实实在在的形迹,这就是自然之门。自然之门就是无有,万事万物都来自这个门。有中不能生出有,有一定来自无有,而无有就是什么都没有。圣人就是藏身在这样的境域中。

古代的人,他们的才智已经达到了最高境界。是什么样的境界呢?有人认为宇宙开始是不存在事物的,这是最高明、最透彻的观点,不能够再添加什么了。再次一点儿的观点就是他们认为宇宙开始已经存在事物,只不过把一种事物的产生看作是另一种事物的分离,把消逝看作是回归,而这个观点对事物已经有了区分。比这个观点再次一点儿的就是他们认为宇宙开始的确不曾有过什么,不久之后就产生了事物,有生命的东西又很快地消失了,他们把虚空当作头,把生命当作躯体,把死亡当作尾骨。哪个人能把有、无、死、生归结为一体,我就把他当朋友。上面三种观点虽然各有不同,但从万物一体的观点来看,它们之间却没有什么差异。就像楚国王族中昭、景两姓,因为世代为官而显赫;屈姓,又因为世代封赏而显著。他们在楚国都很显著,只不过姓氏不同而已。

世间存在的生命,是从昏暗中产生的。万物不停地运转,由此而移彼。让我来说说转移和分辨,其实这本不值得谈论,即使谈论了也不能够说得明明白白。例如,在年终大祭时,准备牛百叶和牛蹄,虽然这些终要撤掉,但是又不能立刻撤掉;再举一个例子,游玩观赏王室的人周游了寝宫和宗庙,但又必须上厕所。从这些例子可以看出彼与此、是与非在不停地转换。请让我进一步谈论万物的由此移彼:是以生为根本,以智慧为师,得以长大,从而形成了是非观念,把自我看作主体,并且把自己作为判断是非的标准。于是有些人不惜用生命来证明自己。像这样的人,把举用当作才智,把晦迹当作愚昧,把通达当作荣耀,把困厄当作羞耻。是与非、彼与此的不确定,是现今人们的认识,这就跟林中的蜩与学鸠共同讥笑大鹏那样目光短浅、无知。

徐无鬼（节选）

徐无鬼因女商①见魏武侯，武侯劳之曰："先生病矣，苦于山林之劳，故乃肯见于寡人。"

徐无鬼曰："我则劳于君，君有何劳于我？君将盈耆欲，长好恶，则性命之情病矣；君将黜耆欲，挈②好恶，则耳目病矣。我将劳君，君有何劳于我？"武侯超然不对。

少焉，徐无鬼曰："尝语君吾相狗也：下之质，执饱而止，是狸德也；中之质若视日，上之质若亡其一。吾相狗又不若吾相马也。吾相马：直者中绳，曲者中钩，方者中矩，圆者中规，是国马也，而未若天下马也。天下马有成材，若恤③若失，若丧其一。若是者，超轶绝尘，不知其所。"武侯大说而笑。徐无鬼出，女商曰："先生独何以说吾君乎？吾所以说吾君者，横说之则以《诗》《书》《礼》《乐》，从说之则以《金板》《六韬》。奉事而大有功者不可为数，而吾君未尝启齿。今先生何以说吾君，使吾君说若此乎？"徐无鬼曰："吾直告之吾相狗马耳。"女商曰："若是乎？"曰："子不闻夫越之流人乎？去国数日，见其所知④而喜；去国旬⑤月，见所尝见于国中者喜；及期年也，见似人⑥者而喜矣。不亦去人滋久、思人滋深乎？夫逃虚空者，藜藋⑦柱乎鼪鼬之径，踉位其空，闻人足音跫然而喜矣，又况乎昆弟亲戚之謦欬⑧其侧者乎！久矣夫，莫以真人之言謦欬吾君之侧乎！"

注释

①女（rǔ）商：姓女，名商，魏国大臣，春秋时期晋大夫女叔齐之后。②挈（qiān）：通"牵"，引申为除去。③若恤：若有忧思的意思。恤，忧。④知：见过面的人。⑤旬：一旬十日。⑥似人：似自己国家的人。⑦藜藋：(lí diào)泛指杂草。⑧謦欬（qǐng kài）：咳嗽。这里引申为谈笑。

译 文

徐无鬼经过商女的引荐见到了魏武侯,武侯慰劳徐无鬼说:"先生一定十分疲惫吧,您受隐居山林的劳累所苦,所以现在才肯来拜访我。"

徐无鬼说:"我是来慰劳你的,你为什么慰劳我呢?如果你想要满足自己的嗜好和欲望,增加喜好和憎恶,那么你的心灵就会受到创伤;如果你想要抛弃嗜好和欲望,减少喜好和憎恶,那么你的耳目就会感到困顿。我来是打算慰劳你的,你对我有什么可慰劳的呢?"武侯听后怅然若失,不能回答。

不一会儿,徐无鬼说:"我来跟你说说我的相狗术。下等才智的狗,只是捕兽得食而止,这是山猫的本性;中等才智的狗,眼睛看得高、望得远;上等才智的狗,好像忘掉自己的身体。我的相狗术又不如我的相马术。我观察马:直的地方与绳墨相符合,弯曲的地方与钩相符合,方的地方与矩相符合,圆的地方与规相符合,这就是国中最好的马,然而还是赶不上天下最好的马。天下最好的马有天生之才,走起路来既像有忧思,又像忘掉了自身。像这样的,一骑绝尘,不知所止,不知去向。"武侯听了,高兴地笑了。

徐无鬼出来,女商说:"先生究竟怎样使我的君主这么高兴呢?我所以取悦我君主的,横说用《诗》《书》《礼》《乐》,纵说用《金板》《六韬》兵书。把这些用在国家大事上大有功效的不计其数,可我的君主过去没有开口笑过。现在先生对我的君主说了什么,使我的君主如此高兴呢?"

徐无鬼说:"我只是将相狗相马之术告诉了他。"女商说:"就是这样吗?"说:"你没听过在越国流放的人吗?离开祖国刚几天时,看到所认识的人就高兴;离开祖国十天一个月时,看见曾见过的人就高兴;到了离开祖国一年的时候,只要见到国中之人就高兴。这不就是离开人越久,思念之情也就越深吗?流落到空旷无人的荒野的人,杂草长满了黄鼠狼往来的路径,长久地居住于此,听到人走路的脚步声都会高兴起来,更何况是兄弟父母在他旁边说笑呢!很久没有人真诚地在我君主的身旁谈笑了啊!"

徐无鬼见武侯,武侯曰:"先生居山林,食芧栗,厌葱韭,以宾寡人①,久矣夫!今老邪?其欲干酒肉之味邪?其寡人亦有社稷之福邪?"徐无鬼曰："无鬼生于贫贱，未尝敢饮食君之酒肉，将来劳君也。"君曰："何哉！奚劳寡人？"曰："劳君之神与形。"武侯曰："何谓邪？"

徐无鬼曰："天地之养也一，登高不可以为长，居下不可以为短，君独为万乘之主，以苦一国之民，以养耳目鼻口，夫神者不自许也。夫神者，好和而恶奸。夫奸，病也，故劳之。唯君所病之，何也？"

武侯曰："欲见先生久矣！吾欲爱民而为义偃兵，其可乎？"

徐无鬼曰："不可。爱民，害民之始也。为义偃兵，造兵之本也。君自此为之则殆不成。凡成美，恶器也。君虽为仁义，几且伪哉！形固造形，成固有伐，变固外战。君亦必无盛鹤列②于丽谯之间，无徒骥于锱坛之宫，无藏逆于得，无以巧胜人，无以谋胜人，无以战胜人。夫杀人之士民，兼人之土地，以养吾私与吾神者，其战不知孰善？胜之恶乎在？君若勿已矣！修胸中之诚以应天地之情而勿撄。夫民死已脱矣，君将恶乎用夫偃兵哉！"

……

注释

①宾寡人：摈弃我，不做官。宾，通"摈"，弃。②鹤列：一种阵法，此指陈兵布阵。

译文

徐无鬼去见魏武侯，魏武侯说："先生身居深山老林，吃橡子和板栗，食葱韭，离开我已很长时间了。你回来是因为你现在老了呢，还是想求得酒肉的滋味呢，还是为我的国家造福呢？"徐无鬼说："无鬼出身贫穷低贱，从不敢期望享用君主的酒肉，我是来慰劳你的。"武侯说："怎么？你怎样来慰劳我？"徐无鬼说："慰劳你的精神和形体。"武侯说："什么意思？"

徐无鬼说："天地对万物的养育是相等的，地位高的人不能够自认为高人一等，地位低的人也不应认为自己矮人三分。你身为大国的国君，用全国百姓的劳累困苦换来自己眼耳口鼻的享用，那么心情就不会舒畅。圣明之人从不为自己的私欲求取分外的东西，人的心灵天生喜欢和顺而厌恶躁乱。躁乱是一种严重的病态，所以，我特地前来慰劳你。只是你患有这种病症，为什么呢？"

武侯说："我想见先生已经很久了。我打算爱惜民力并且为了道义而不再发动战争，这样可以吗？"

徐无鬼说："不可以。所谓爱惜民力，其实是祸害人民的开始；为了道义而不发动战争，也是制造新的战争的根源。如果你从这些方面来治理国家，恐怕不会成功。凡是成就了美好的名声，也就有了作恶的工具。虽然你这样做是在推行正义，但更接近于弄虚作假啊！出现仁义形迹肯定会出现伪造仁义的形迹，成功了肯定会自夸，出现了变故必定会再次掀起战争。你千万不要在城门瞭望台下摆兵作严阵以待状，不要在宫里陈列步卒骑士，不要包藏一颗贪求之心，不要用智巧去取胜，不要用策略去制敌，不要去通过战争征服别人。通过杀死别国的士卒和百姓、吞并别国的土地而满足自己的私欲，这种战争究竟有何益处？胜利又存在于哪里？你若无法消除爱民之心，还是停止战争、修养天性，顺应自然赋予你的天性，而不要去干扰百姓。这样，百姓就能够摆脱死亡的威胁，哪里还用得着谈论战争的止息呢？"

庄子曰："射者非前期①而中谓之善射，天下皆羿也，可乎？"惠子曰："可。"庄子曰："天下非有公是也，而各是其所是，天下皆尧也，可乎？"惠子曰："可。"庄子曰："然则儒、墨、杨、秉②四，与夫子为五，果孰是邪？或者若鲁遽③者邪？其弟子曰：'我得夫子之道矣，吾能冬爨鼎而夏造冰矣！'鲁遽曰：'是直以阳召阳，以阴召阴，非吾所谓道也。吾示子乎吾道。'于是为之调瑟，废一于堂，废一于室，鼓宫宫动，鼓角角动，音律同矣。夫或改调一弦，于五音无当也。鼓之，二十五弦皆动，未始异于声而音之君已！且若是者邪？"惠子曰："今夫儒、墨、杨、秉，且方与我以辩，相拂以辞，相镇以声，而未始吾非也，则奚若矣？"庄子曰："齐人蹢④子于宋者，其命阍也不以完，其求鈃钟也以束缚。其求唐子⑤也，而未始出域，有遗类矣。夫楚人寄而蹢閽者，夜半于无人之时而与舟人斗，未始离于岑⑥而足以造于怨也。"

　　庄子送葬,过惠子之墓,顾谓从者曰:"郢人垩⑦慢其鼻端若蝇翼,使匠石斫之。匠石运斤成风,听而斫之,尽垩而鼻不伤,郢人立不失容。宋元君⑧闻之,召匠石曰:'尝试为寡人为之。'匠石曰:'臣则尝能斫之。虽然,臣之质死久矣!'自夫子之死也,吾无以为质矣,吾无与言之矣!"

注释

　　①前期:预定目标。②秉:公孙龙的字。③鲁遽:人名,周初人。④蹢:通"摘",投,放。一说通"谪",责。⑤唐子:失亡之子,丢掉的儿子。⑥岑(cén):岸。⑦垩:白灰泥。

译文

庄子说:"射箭的人不按预定的目标而射中其他东西,就称他为善射之人,那么,天下的人就都可以算是后羿了,可以这样说吗?"惠施说:"可以。"庄子说:"天下人没有共同认可的标准,而各自以为自己的正确,天下的人就都是尧了,可以这样说吗?"惠施说:"可以。"庄子说:"那么儒、墨、杨、公孙龙四家,加上先生为五家,究竟谁正确呢?或者像鲁遽那样吗?他的弟子说:'我学到了先生的道理,我能冬天烧鼎、夏天造冰。'鲁遽说:'这是用阳气召阳气,用阴气召阴气,不是我所说的道理。我把我的道理讲给你看看。'于是给他们调试瑟弦,置一把在堂上,置一把在室内,弹奏一把的宫音,另一把的宫音也动,弹奏一把的角音,另一把的角音也动,音律相同。如要改调一弦,两把琴便五音不合。弹奏它,二十五根琴弦都动,在声调上没有差别,只是以音为主而已。你们都像这样吗?"惠施说:"现在儒、墨、杨、公孙龙四家正在和我辩论,用言语相互指责,用声音相互压制,但未必是我的错误,怎么能和鲁遽相像呢?"庄子说:"有个齐国人把他的儿子放在宋国,让儿子像残疾者一样守大门,而自己得到个铏钟却用心包起来。齐人想寻找流亡的儿子却不出乡域,这是忘掉了自己的族类。楚国有个病足却为人守大门的人,附寄在舟上而求船夫带他回乡,却在半夜无人的时候与船夫打斗,但船还没有靠岸,这足以结下怨仇了。"

庄子送葬的时候,路过惠子的坟墓,回过头对跟随的人说:"郢地有一个人,他在自己的鼻尖上涂抹了像苍蝇翅膀那样大小的白灰泥,让匠石用斧子砍掉白灰泥。匠石挥动斧子呼呼作响,嗖的一声,鼻尖上的白灰泥就被完全除去,而鼻子却毫无损伤,郢地的那个人也若无其事地站在那里。宋元君听到这件事,就召见匠石说:'你在我身上也这么试一试。'匠石说:'我确实曾经砍掉别人鼻尖上的小灰泥。但是,那个敢让我砍的人已经死去很久了。'自从惠子离开人世以后,我就没有辩友了!我再没有可以与之辩论的人了!"

  管仲有病,桓公问之,曰:"仲父之病病矣,可不讳云。至于大病①,则寡人恶乎属国而可?"

  管仲曰:"公谁欲与?"

公曰："鲍叔牙。"

曰："不可。其为人絜廉，善士也；其于不己若②者不比之；又一闻人之过，终身不忘。使之治国，上且钩乎君，下且逆乎民。其得罪于君也将弗久矣！"

公曰："然则孰可？"

对曰："勿已则隰朋可。其为人也，上忘③而下不畔，愧不若黄帝，而哀不己若者。以德分人谓之圣，以财分人谓之贤。以贤临人④，未有得人者也；以贤下人，未有不得人者也。其于国有不闻也，其于家有不见也。勿已则隰朋可。"

……

注 释

①大病：指病逝。②不己若：不如自己。③上忘：对上相忘而不计较。④临人：凌驾于他人之上。

译 文

管仲得了重病，齐桓公探望他说："仲父病得已经很重了，甚至已经到了病危的程度。他一旦有个好歹，我把国事托付给谁合适呢？"

管仲说："你想要让我托付给谁呢？"

齐桓公说："鲍叔牙。"

管仲说："不可以。鲍叔牙为人清廉，是个好人；他对待比不上自己的人，从不去亲近，而且一旦听到别人的过错，总是耿耿于怀。让他管理国事，对上肯定会忤逆国君，对下肯定会约束百姓。时间长了，他一旦得罪了你，他的性命也就不会长久保全了！"

齐桓公说："那么谁可以呢？"

管仲回答说："不得已的话，隰朋还可以。他对上不计较，对下友善，这个人对自己要求很高，自愧不如黄帝，能用情不如自己的人。能用道德去感化他人的人可以称作圣人，能用财物去周济他人的人可以称作贤人。以贤自居而凌驾于他人之上的人，就会失去人心；以贤人之名而甘居他人之下的人，就会收获人心。在国事上，有些事他会装聋作哑；在家事上，也肯定不会事事看顾。不得已，就用隰朋试试。"

仲尼之楚①，楚王觞之，孙叔敖执爵而立，市南宜僚②受酒而祭，曰："古之人乎，于此言已。"曰："丘也闻不言之言矣，未之尝言，于此乎言之：市南宜僚弄丸而两家之难③解，孙叔敖甘寝秉羽而郢人投兵，丘愿有喙三尺。"彼之谓不道之道，此之谓不言之辩。故德总乎道之所一，而言休乎知之所不知，至矣！道之所一者，德不能同也；知之所不能知者，辩不能举也，名若儒墨而凶矣。故海不辞东流，大之至也。圣人并包天地，泽及天下，而不知其谁氏。是故生无爵，死无谥，实不聚，名不立，此之谓大人。狗不以善吠为良，人不以善言为贤，而况为大乎！夫为大不足以为大，而况为德乎！夫大莫若天地。然奚求焉？而大备矣！知大备者，无求、无失、无弃，不以物易己也。反己而不穷，循古而不摩④，大人之诚！

子綦⑤有八子，陈诸前，召九方歅⑥曰："为我相吾子，孰为祥？"九方歅曰："梱⑦也为祥。"子綦瞿然喜，曰："奚若？"曰："梱也将与国君同食，以终其身。"子綦索然出涕曰："吾子何为以至于是极也？"九方歅曰："夫与国君同食，泽及三族，而况于父母乎！今夫子闻之而泣，是御福也。子则祥矣，父则不祥。"子綦曰："歅，汝何足以识之！而梱祥邪？尽于酒肉，入于鼻口矣，而何足以知其所自来！吾未尝为牧，而牂⑧生于奥，未尝好田而鹑生于宎⑨，若勿怪。何邪？吾所与子游者，游于天地。吾与之邀⑩乐于天，吾与之邀食于地。吾不与之为事，不与之为谋，不与之为怪。吾与之乘天地之诚而不以物与之相撄，吾与之一委蛇而不与之为事所宜。今也然有世俗之偿焉？凡有怪征者必有怪行。殆乎！非我与吾子之罪，几天与之也！吾是以泣也。"无几何而使梱之于燕，盗得之于道，全而鬻之则难，不若刖之则易，于是乎刖而鬻之于齐，适当渠公之街，然身食肉而终。

……

注释

①仲尼之楚：实际上此时孔子根本还没有出生，因此这个故事是庄子的寓言。②市南宜僚：即熊宜僚，居市南，故称市南宜僚，亦号市南子，是楚国的勇士。③两家之难：楚白公胜想杀令尹子西，去请勇士市南宜僚，宜僚不答应，使者用剑威胁他，他仍然玩弄弹丸，既不害怕，也不从命。④摩：磨灭。⑤子綦：南伯子綦。这里是承上文南郭子綦说的。⑥九方歅（yīn）：人名，伯乐的弟子，善于相面。⑦梱：人名，子綦的儿子。⑧牂（zāng）：母羊。⑨㝔：屋的东南角。⑩邀：同"激"，要求。

译文

孔子去楚国，楚王请他喝酒，孙叔敖拿着酒器站立，市南宜僚洒酒而祭祀，说："古代的人啊，请在这里说说话罢。"孔子说："我曾听到过无言之言，但未曾说过，那就在这里说说它。市南宜僚玩弄弹丸，解决了两家的危难；孙叔敖安寝摇扇而卧，而使楚人停止用兵。我希望有三尺长的嘴。"他们所说的是不言之道，孔子所说的是不言之辩，故而归根到底是德与道的同一，而言语停留在有所不知的地方，这就是大道的极致了。道所同一的，德不能同；所不能知道的，善辩的人也不能尽举。名声像儒墨，那就危险了。所以大海不拒绝河水东流而来，才能大到极点。圣人的功德包容天地，恩泽广布天下，而人们不知他姓甚名谁，所以，他活时无爵位，死后无谥号，财货不集聚，名声不建立，这就是大德之人。狗不因为善于叫唤便是好的，人不因为会说教便是贤人，何况成就大名的人呢！大名，不足以成为大名，何况成德呢！最伟大完备的就是天地，然而它不是通过追求而伟大完备的。懂得伟大完备道理的人是无所追求、无所丧失、无所舍弃、不用外物改变自己的。返回自己的本性而不穷尽，因循常道行事而不磨灭，这就是大德之人的德性。

子綦让八个儿子列队在面前，请来九方歅说："给我儿子相面，看看谁有福气？"九方歅说："梱有福气。"子綦惊喜地说："何以如此呢？"九方歅说："梱将会和国君同饮食，以至于终身。"子綦悲伤地流出眼泪，说："我的儿子为什么走到这种境地呢？"九方歅曰："能够和国君同饮食，三族都会受到恩泽，何况父母呢！现在先生听到此事便哭泣，这是拒绝福气。儿子有福气了，父亲却没有福气。"子綦说："歆，你怎么能知道呢！梱真有福气吗？只是酒肉到口鼻而已，你怎么知道它的由来呢？我没有放牧，屋内西南角却出现羊；没有狩猎，屋内东南角却出现鹌鹑。你不觉得奇怪，为什么？我与我的儿子是游于天地的。我与他同乐于天，我与他同求食于地；我和他不追求事业，我和他不同谋共虑，和他不标新立异。我和他顺着天地的实情，而不使外物相搅扰；我和他顺随自然，不会挑选合适的事情去做。现在，我们却得到世俗的酒肉之福！凡是有奇怪征兆的，一定有奇怪的行为，危险啊！这不是我和儿子的罪过，是天给他的！因此我才哭泣的。"没多久，梱被派到燕国去，强盗在途中捉到他，觉得手脚齐全拿去卖他很难，不如砍断了脚去卖容易，于是把他的脚砍掉后卖到齐国，正好被渠公任为门正，从此吃肉终身。

句践①也以甲楯三千，栖于会稽。唯种②也能知亡之所以存，唯种也不知其身之所以愁。故曰：鸱目有所适；鹤胫有所节，解之也悲。故曰：风之过河也有损焉，日之过河也有损焉。请只风与日相与守河，而河以为未始其撄也，恃源而往者也。故水之守土也审，影之守人也审，物之守物也审。故目之于明也殆，耳之于聪也殆，心之于殉也殆，凡能其于府也殆，殆之成也不给改。祸之长也兹萃，其反也缘功，其果也待久。而人以为己宝，不亦悲乎！故有亡国戮民无已，不知问是也。故足之于地也践，虽践，恃其所不蹍而后善博也；人之于知也少，虽少，恃其所不知而后知天之所谓也。知大一，知大阴，知大目，知大均，知大方，知大信，知大定，至矣！大一通之，大阴解之，大目视之，大均缘之，大方体之，大信稽之，大定持之。尽有天，循有照，冥有枢，始有彼。则其解之也似不解之者，其知之也似不知之也，不知而后知之。其问之也，不可以有崖，而不可以无崖。颉滑③有实，古今不代，而不可以亏，则可不谓有大扬榷④乎！阖不亦问是已，奚惑然为！以不惑解惑，复于不惑，是尚大不惑。

庄子 选译 杂篇

注 释

①句践：越国的国君。②种：人名，即文种，越国大夫。③颉滑：混乱。④大扬搉（què）：大体轮廓。

译 文

句践以士兵三千栖身于会稽山，唯有文种知道在即将灭亡中求得生存的谋略，也唯有文种不知道自身未来的忧患。所以说，猫头鹰的眼睛仅适合在夜间看东西；鹤的小腿长而有所适宜，截短了就会悲哀。所以说，风吹过河，河水就有所减少；太阳照过河，河水也会有减少。如果说风吹日晒，而河水不曾受到影响的话，这是依靠源头活水不断地涌来。所以水流依靠土地才得以安宁，影子守住人才得以显现，物守住造物者才融合不离。所以，眼睛过于求明就危险了，耳朵过于求聪就危险了，心思过于虑物就危险了。凡是智能藏于内心就会危险，危险形成以后就来不及改悔。祸患产生和滋长，再返回本性就需要修养功夫，这经过长时间才能收效。人们以聪明和智能为可贵，不是很悲哀吗！因此亡国杀人之事不止，是不知道问个根源啊。所以脚踩在地上虽然只有占了一小块，但要依靠尚未踩到的地方才能走得更远；人所知道的事很少，虽然少，但要依靠它所不知的才能知道所谓天道。知道大一，知道大阴，知道大目，知道大均，知道大方，知道大信，知道大定，就是真知了。大一来贯通，大阴来化解，大目来观照，大均来遂顺，大方来体悟，大信来核实，大定来持守。万物都有自然，遂顺有照头，冥默有枢机，初始有彼端。对其理解得像不理解，知道它又像不知道它，不知道而后才能知道它。要追问它，它是没有端绪的，而又不可以没有端绪。混乱而有实理，古今不能更替，然而又不能缺少，这不也可以说是有个大略的轮廓吗！为什么不追问这个妙理，何必疑惑呢！以不疑惑来理解疑惑，返回到不疑惑，这就能彻底不惑了。

则 阳（节选）

则阳①游于楚，夷节②言之于王，王未之见，夷节归，彭阳见王果③曰："夫子何不谭④我于王？"

王果曰："我不若公阅休⑤。"

彭阳曰："公阅休奚为者邪？"

曰："冬则擉鳖于江，夏则休乎山樊。有过而问者，曰：'此予宅也。'夫夷节已不能，而况我乎！吾又不若夷节。夫夷节之为人也，无德而有知，不自许，以之神其交，固颠冥乎富贵之地。非相助以德，相助消也。夫冻者假衣于春，暍者⑥反冬乎冷风。夫楚王之为人也，形尊而严。其于罪也，无赦如虎。非夫佞人正德，其孰能桡焉！"

"故圣人其穷也，使家人忘其贫；其达也，使王公忘爵禄而化卑；其于物也，与之为娱矣；其于人也，乐物之通而保己焉。故或不言而饮人以和，与人并立而使人化，父子之宜，彼其乎归居，而一闲其所施。其于人心者，若是其远也。故曰'待公阅休'。"

……

注释

①则阳：人名，姓彭，名阳，以下皆称彭阳。②夷节：人名，楚国大臣。③王果：人名，楚国大夫。④谭：通"谈"，推荐。⑤公阅休：人名，姓公阅，名休，楚国的隐士。⑥暍(yē)者：中暑的人。

译文

则阳出游到楚国，夷节把他引荐给楚王，然而楚王没有接见则阳，夷节只好回去了。则阳拜见王果时说："先生为什么不在楚王面前推荐我呢？"

王果说："我不如公阅休。"

则阳问:"公阅休是何人?"

王果说:"他冬天到江河里刺鳖,夏天到山上的樊圃憩息,有过往的人询问,他就说:'这就是我的住所。'夷节都不能做到成功把你引荐给楚王,何况是我呢?我又不如夷节。夷节缺少德行却有智巧,不甘于清虚恬淡的生活,用他自己的智巧跟人交游与结识,在富贵之境迷失自我,不仅无助于增长德行,反而会使德行有所毁损。挨冻的人盼望温暖的春天,中暑的人渴望冷风带来凉爽。楚王外表高贵而又威严,他对有过错的人,不会给予一点宽恕,像老虎一样,不是极有才辩而又德行端正的人,谁能够让他折服?"

"所以,圣人穷苦的时候,他们能使家人忘却生活的清苦;他们通达的时候,也能使王公贵族忘却爵禄而变得谦卑起来;他们对于外物,共处为快;对于别人,乐于相处而又能保持自己的真性。所以,有时候他们一句话不说也能用和顺之气使相处不久的人受到感化;和他们像父亲和儿子相处,各得其宜。圣人完全是清虚无为地对待周围的人。他们的心态跟一般人的心态相差甚远,所以,要使楚王信服,还得请公阅休出马。"

冉相氏①得其环中以随成,与物无终无始,无几无时,日与物化者,一不化者也,阖尝舍之!夫师天而不得师天,与物皆殉。其以为事也,若之何!

夫圣人未始有天,未始有人,未始有始,未始有物,与世偕行而不替,所行之备而不洫,其合之也,若之何!

汤得其司御门尹登恒②为之傅之。从师而不囿,得其随成。为之司其名,之名嬴法得其两见。仲尼之尽虑,为之傅之。容成氏曰:"除日无岁,无内无外。"

……

注释

①冉相氏:传说中远古时代的帝王。②登恒:人名,亦指达于常道之人。

译文

冉相氏领悟到道的精髓,能听任外物自然发展,所以与外物相处没有终始。他虽然天天随外物而变化,但是他内心的境界却一点儿也不曾改变,何尝背离这一点呢!如果存心去效法自然,就不会得到预期的结果,无异于追逐外物,这么做最终会怎样呢?

在圣人的心目中不曾有过天,不曾有过人,不曾有过开始,不曾有过外物,随着世道一起发展变化而无所偏废,所行完备而不知忧虑,他与外物的契合与融洽达到了这样的程度,别人又能怎样呢?

商汤得到担任过司御、门尹的登恒做他的老师。他跟着老师学习又不被老师的教导所束缚,掌握了顺应万物而任其自由生长的道理,而他的老师则承担了治天下、理万物的责任。商汤对于这种名和法从来不放在心上,因而君臣、师徒能各得其所、各安其分。孔子也是极尽思虑,做他人的老师。容成氏说:"摒除了日就不会累积成年,忘掉了自己就能忘掉周围的一切。"

蘧伯玉行年六十而六十化,未尝不始于是之,而卒诎之以非也。未知今之所谓是之,非五十九非也。万物有乎生而莫见其根,有乎出而莫见其门。人皆尊其知之所知,而莫知恃其知之所不知而后知,可不谓大疑乎!已乎!已乎!且无所逃。此所谓然与然①乎!

仲尼问于大史大弢、伯常骞、狶韦②曰:"夫卫灵公饮酒湛③乐,不听国家之政;田猎毕弋,不应诸侯之际;其所以为灵公者何邪?"大弢曰:"是因是也。"伯常骞曰:"夫灵公有妻三人,同滥④而浴,史鳅奉御而进所,搏币而扶翼。其慢若彼之甚也,见贤人若此其肃也,是其所以为灵公也。"狶韦曰:"夫灵公也,死卜葬于故墓,不吉;卜葬于沙丘而吉。掘之数仞,得石椁焉,洗而视之,有铭焉,曰:'不冯其子,灵公夺而里之。'夫灵公之为灵也久矣!之二人,何足以识之!"

注释

①然与然:这样与那样。 ②大弢、伯常骞、狶韦:三人都是大史。

把狶韦解作《大宗师》中的狶韦氏实误。③湛（dān）：通"耽"，沉溺。④滥：大浴盆。

译 文

　　蘧伯玉六十岁了，这六十年中自己的认知不断变化，开始肯定的，后来又否定它，很难说今天所认为是对的就不是五十九年来所认为是错误的。万物有它的生却看不见生它的根源，有它的出处却看不见它的门径。人们都重视他的智慧所能知道的，而不能知道凭他的智慧所不知道而后知道的道理，这不是所谓的最大的疑惑吗！算了吧！算了吧！没有人能规避得了这种错误，这就是你说这样他说那样的原因。

　　孔子问大史大弢、伯常骞和狶韦说："卫灵公饮酒耽乐，不处理国家政务；狩猎鸟兽；不参加诸侯会盟；他死后却得到灵公的谥号，这是为什么呢？"大弢说："是因为荒淫无道才得到这样的谥号。"伯常骞说："灵公有三个妻子，他和三个妻子在一个大浴盆中洗澡。史鳅手捧御衣来到灵公住所，灵公叫人接过衣服，并恭敬地扶着史鳅行走。灵公天性如此放纵，然而他接见贤人又如此的肃然起敬，这就是他所以称为灵公的原因。"狶韦说："灵公死后，大臣占卜得知葬在寿穴不吉利，葬在沙丘就吉利。掘墓穴之深达到数丈时，得到一个石造的棺椁，洗去泥土后看它，上面有铭文说：'原葬子孙不能保住祖坟，灵公会夺去而居住在这里。'距离灵公的谥号确定下来已经很久了，大弢、伯常骞这两个人怎么能知道呢！"

　　少知问于大公调①曰："何谓丘里之言？"

　　大公调曰："丘里者，合十姓百名②而以为风俗也。合异以为同，散同以为异。今指马之百体而不得马，而马系于前者，立其百体而谓之马也。是故丘山积卑而为高，江河合水而为大，大人合并而为公。是以自外入者，有主而不执；由中出者，有正而不距。四时殊气，天下赐，故岁成；五官殊职，君不私，故国治；文武殊能，大人不赐，故德备；万物殊理，道不私，故无名。无名故无为，无为而无不为，时有终始，世有变化。祸福淳淳，至有所拂者而有所宜，自殉殊面，有所正者有所差。比于大泽，百材皆度；观于大山，木石同坛。此之谓丘里之言。"

少知曰："然则谓之道足乎？"

大公调曰："不然。今计物之数，不止于万，而期曰万物者，以数之多者号而读之也。是故天地者，形之大者也；阴阳者，气之大者也；道者为之公。因其大以号而读之则可也，已有之矣，乃将得比哉！则若以斯辩，譬犹狗马，其不及远矣。"

少知曰："四方之内，六合之里，万物之所生恶起？"

大公调曰："阴阳相照、相盖、相治，四时相代、相生、相杀。欲恶去就，于是桥起③。雌雄片④合，于是庸有。安危相易，祸福相生，缓急相摩，聚散以成。此名实之可纪、精微之可志也。随序之相理，桥运之相使，穷则反，终则始，此物之所有。言之所尽，知之所至，极物而已。睹道之人，不随其所废，不原其所起，此议之所止。"

少知曰："季真⑤之莫为，接子⑥之或使，二家之议，孰正于其情？孰偏于其理？"大公调曰："鸡鸣狗吠，是人之所知；虽有大知，不能以言读其所自化，又不能以意其所将为。斯则析之，精至于无伦，大至于不可围。或之使，莫之为，未免于物而终以为过。或使则实，莫为则虚。有名有实，是物之居；无名无实，在物之虚。可言可意，言而愈疏。未生不可忌，已死不可徂。死生非远也，理不可睹。或之使，莫之为，疑之所假。吾观之本，其往无穷；吾求之末，其来无止。无穷无止，言之无也，与物同理。或使莫为，言之本也，与物终始。道不可有，有不可无。道之为名，所假而行。或使莫为，在物一曲，夫胡为于大方！言而足，则终日言而尽道；言而不足，则终日言而尽物。道，物之极，言默不足以载。非言非默，议有所极。"

注释

①少知问于大公调：少知、大公调均为虚构的且有相当寓意的人名。②十姓百名：许多不同姓氏的人。③桥起：轩起。车轩前高后低，前高者为轩。④片：半。⑤季真：人名，齐国稷下学者。⑥接子：人名，齐国稷下学者。

译文

少知向大公调请教，问："什么叫作丘里之言？"

大公调说："所谓丘里，就是聚合许多不同姓氏的人所形成的风气与习俗，把各个不同的个体混同在一起就成为相同的，把相同的离散开来又成为各个不同的个体。现在专指马的各个部位来说，都不能称为马，在前面说的合异为同之后，确立了马的各个部位并组合成整体，才能称为马。所以，山丘只有积聚细碎的土石才能成其高，江河只有汇聚众多的河流才能成其大。伟大的人物采纳了众多的意见而归于大同。所以，他人的言语从外界到内心，我虽然自己有主见却不固执；由内心向外表达的东西，我的话即使被批评我也不抗拒。四季的气候不同，大自然并没有给予某一季节特别的恩赐，因此才能成就岁月；大大小小的官吏具有不同的职能，国君没有偏私任何一个，因此国家才能得以治理；文臣武将才干不同，国君不加偏爱，因此他们才能德行完备；万物具有自己的规律，大道没有偏爱任何一方，因此才不可名状。没有称谓就没有作为，无所为而无所不为。时序有终始，世事不断变化。祸福在不停地运转，有违逆的一面同时也有统一的一面；各自追逐其不同的方面，有所得，也必有所失。就像薮泽之地，各种木材都有自己的用途；再看看大山，树木与石块同在一处。这就是丘里之言。"

少知说："既然这样，把它称为道，可以吗？"

大公调说："不能。现在计算一下物的种类，不下于一万种，而限定地称作万物，只是用这个大的数目来称述它。所以，天地是形体中最大的，阴阳是元气中最大的，而道却包括天地、阴阳。因为它大就称之为道，是可以的。已经如此，又怎么能拿丘里之言与道相提并论呢？如果要寻求这两者之间的区别，就好像狗与马，差别实在太大了！"

少知问："四方之内，六合之里，万物的产生从哪里开始的？"

大公调说："阴阳相互照应、相互损伤又相互调治，四季相互更替、相互产生又相互衰减。欲念、憎恶、离弃，就像桥梁一样互相连接、互相兴起。雌性、雄性相交合，于是才有万物。安全与危难互相变换，灾祸与幸福互相产生，缓急相互摩擦，聚散相互依存。这些现象的名称与迹象都能辨认，极精极微之处都能记载下来。有次序地相互更替总是遵循着一定的轨迹,双方的运动彼此互相制约,到了尽头就会返回。有终结就有开始,这些是万物所共同拥有的规律。言语能够表达的,智巧能够达到的,只是局限于少数事物罢了。感悟大道的人,不追逐事物的去向,不探究万物的起源,一切议论至此为止。"

少知又说:"季真的观点是大道无为,接子主张大道有为,两家的议论,谁最符合事物的真情,谁偏离了客观的规律呢?"

大公调说:"鸡鸣狗叫,这是人人都见到的现象;可是,即便是具有非同一般的才智,也不能用言语表达出它们这样做的原因,同样也不能推测它们会怎么样。用这样的道理来推论和分析,万物有精妙到无与伦比的,也有宽广到不可限量的,说有所为还是无所为,均不能免为物所拘滞,所以最终都不合大道。接子的主张过于实,季真的观点过于虚。有名有实,代表物的具体形象;无名无实,看出事物之外的虚无。如果大道可以言谈也可意会,那么越是言谈,距离大道也就越疏远。没有产生的事物,不能禁止其产生;已经死亡的事物,不能阻止其死亡。死与生的距离并不是很远,它们之间的规律却很难察见。有为或是无为,两种说法都是在疑惑中产生的偏见。我观察事物的开始,它的过去没有穷尽;我寻找事物的结束,它的将来不可限量。既没有穷尽又没有限量,用言语不能表达,这就跟事物的条理相同;而接子、季真的主张,用言谈各持一端,又跟事物一样有了开始及终结。道既不是有,也不是无。道的名称不过是假借来的。接子和季真的主张,各自偏执于事物的一端,怎么能用来理解大道呢?言语如果圆满周全,那么整天谈的都不是道;言语如果不能圆满周全,那么整天谈的都滞碍于物。道是阐释万物的最高原理,言语和缄默都不能够描述它。既不是言语也不是缄默,评议就有极限了,而大道却是无穷无尽、没有边界的。"

外 物(节选)

外物不可必,故龙逢诛,比干戮,箕子狂,恶来①死,桀纣亡。人主莫不欲其臣之忠,而忠未必信。故伍员流于江,苌宏死于蜀②,藏其血三年

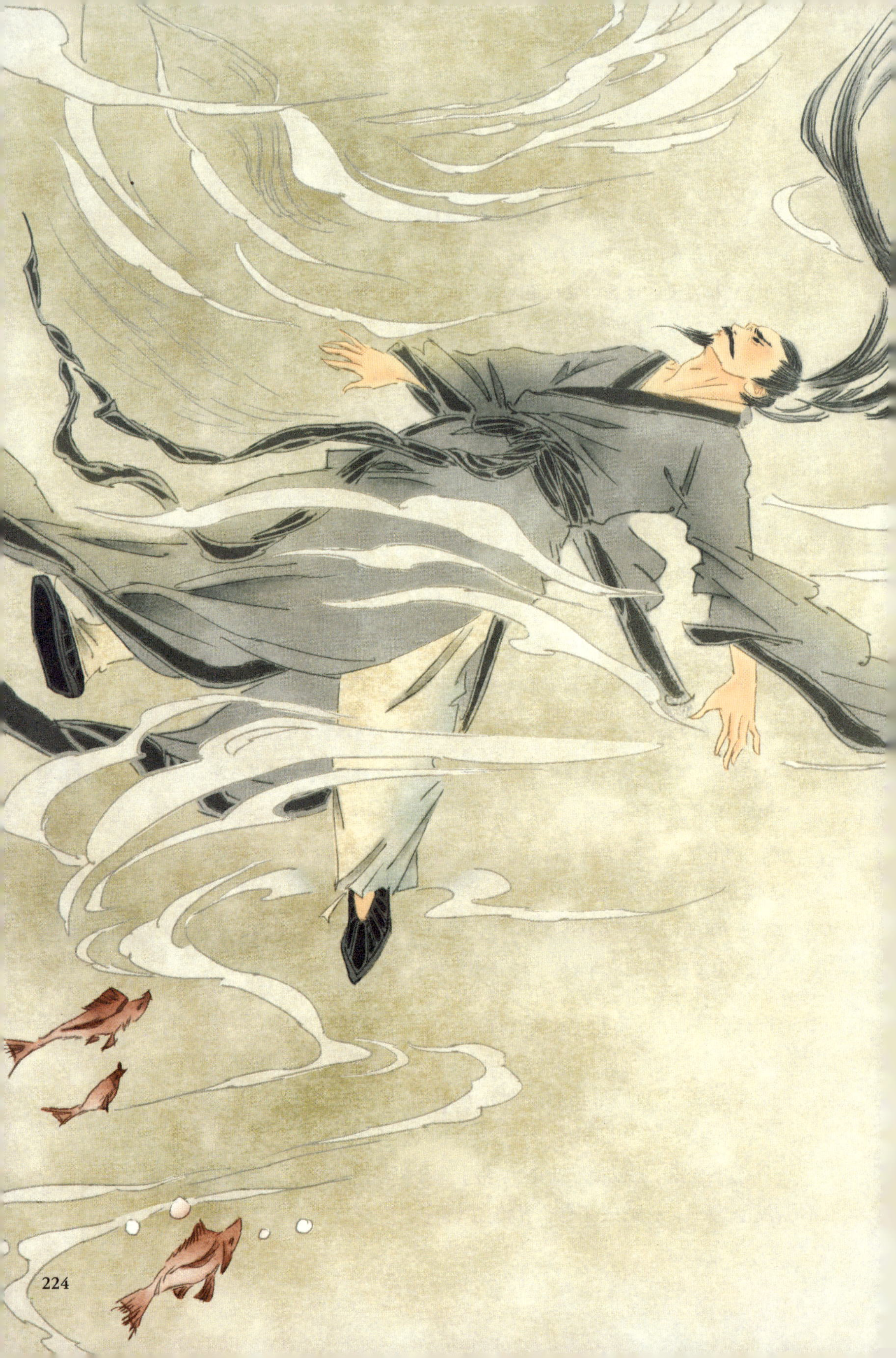

而化为碧。人亲莫不欲其子之孝，而孝未必爱，故孝己忧而曾参悲。木与木相摩则然，金与火相守则流，阴阳错行，则天地大骇，于是乎有雷有霆，水中有火，乃焚大槐。有甚忧两陷而无所逃，螴蜳③不得成，心若悬于天地之间，慰暋沉屯，利害相摩，生火甚多，众人焚和，月固不胜火，于是乎有僓然而道尽。

庄周家贫，故往贷粟于监河侯。

监河侯曰："诺。我将得邑金，将贷子三百金，可乎？"

庄周忿然作色曰："周昨来，有中道而呼者。周顾视车辙中，有鲋鱼焉。周问之曰：'鲋鱼来，子何为者邪？'对曰：'我，东海之波臣④也。君岂有斗升之水而活我哉？'周曰：'诺。我且南游吴越之王，激西江之水而迎子，可乎？'鲋鱼忿然作色曰：'吾失我常与，我无所处。吾得斗升之水然活耳。君乃言此，曾不如早索我于枯鱼之肆。'"

注释

①恶来：殷纣王的媚臣。②苌宏死于蜀：刘氏与晋国的范氏世代通婚。晋卿内讧时，苌宏协助范氏，惨遭失败，晋卿赵鞅因此而讨伐周王室。周敬王二十八年（公元前492年），周人不得不杀了苌宏。③螴（chén）蜳（dūn）：螴、蜳都是虫名，喻指如虫般蠕动而不安宁。④波臣：波浪之臣，即被波浪冲到陆地上来而失去了水的滋养的水族臣仆。

译文

外在事物的利害没有确定性的标准。所以，关龙逢被杀，比干被挖心，箕子不得不通过装疯来避祸，恶来死于武王伐纣战争中，桀和纣作为一代国君也不能逃避国破人亡的命运。君主没有不希望他的臣子尽忠竭智的，但尽忠的人却未必能得到君主的信任。所以，伍子胥的尸体被扔进长江漂流，苌宏屈死在东周的蜀地，他的血被保藏三年之后，因精诚感动天地而化成碧玉。父母没有不希望子女尽孝的，但是子女孝顺也未必能得到父母的喜爱，所以孝己忧苦而曾参悲伤。木与木相摩擦就会燃烧，金属在火里烧炼就会熔化。

阴阳二气错乱，天地也会惊恐起来，于是雷霆发作，雨中带电，焚烧大树。有的人由于忧虑过度而陷入忧虑，焦躁不安，心就像悬在天地之间一样，一天到晚忧郁沉闷，在得失之间斤斤计较，内心焦灼而燥火旺生，世俗之人便如此损耗了心中的中和之气，清明的自然之心不能压制追逐利益的焦躁心火，于是精神崩溃不算，连身躯也不能够依天命所赐而享尽天年，一个个中年夭亡。

庄周的家里十分贫穷，有一天，他去找监河侯借点粮食。

监河侯说："行啊。我马上就要到我的封邑去收取地租了，收上来以后，我借你三百两黄金，行吗？"

庄周脸色一沉，不高兴地说道："我昨天到你这里来的时候，中途听到了喊叫声。我回头向车辙中一看，看见那里有一条鲫鱼。我对它说：'鲫鱼啊！你在这里干什么呀？'它回答说：'我是东海水族仆臣，你能不能弄来一斗或一升的水，救我一命呢？'我说：'行啊。等我去吴越游历，请他们把西江的水引过来迎接你，行吗？'鲫鱼脸色一沉，不高兴地说道：'我失去了与我长相守的水，因而不能过正常的生活了。现在我只要一斗或一升的水让我活命，你竟说出这样的话来欺骗我，那你还不如早点到干鱼市场上去，到时候你就可以在那找到我了！'"

任公子为大钩巨缁，五十犗①以为饵，蹲乎会稽，投竿东海，旦旦而钓，期年②不得鱼。已而大鱼食之，牵巨钩，錎③没而下，骛扬而奋鬐④，白波若山，海水震荡，声侔鬼神，惮赫千里。

任公子得若鱼，离而腊之，自制河以东，苍梧已北，莫不厌⑤若鱼者。已而后世辁才讽说之徒，皆惊而相告也。

夫揭竿累，趣灌渎，守鲵鲋，其于得大鱼难矣！饰小说以干县令，其于大达亦远矣。是以未尝闻任氏之风俗，其不可与经于世亦远矣。

……

注释

①犗(jiè)：阉牛。②期(jī)年：一周年。③錎：通"陷"，陷没，潜入

深水。④鬐(qí)：通"鳍"，鱼脊鳍。⑤厌：通"餍"，饱食。

译文

任国的公子做了个粗黑绳大鱼钩，用五十头阉牛做鱼饵，蹲在会稽山上，把鱼竿甩进东海钓鱼，他天天钓鱼，可一年也钓不到一条鱼。不久，大鱼终于咬钩吞食他的鱼饵了，这条鱼拖着大鱼钩向深水中游去，又伸张鱼鳍，翻上水面乱跳，掀起的海水白浪滔天，波峰如山，震荡声惊天动地，千里之外的人都恐惧起来。

任国公子钓到这条大鱼后，剥开晒了做成干肉，从浙江以东到苍梧山以北，人人都饱餐了一顿鱼肉。从此之后，后世喜爱道听途说的人们，都对此事惊讶不已，奔走相告。

那些举着细绳做成的小鱼竿，到灌溉用的小水沟里垂钓小鱼的人们，要想钓到这样的大鱼，怕是很困难了。这就好像那些学到一点小知识就玩弄华丽的辞藻、想求得大功名的人一样，他们与通达的大道相差太远了。所以，如果不了解任国公子风度的人，只凭借一点世俗常识，就想治理好国家，实际上正像那些在小水沟里垂钓的人一样，离治理好国家的目标相差太远了。

老莱子①之弟子出薪，遇仲尼，反以告，曰："有人于彼，修上而趋下，末偻而后耳，视若营四海，不知其谁氏之子？"

老莱子曰："是丘也，召而来。"

仲尼至。曰："丘，去汝躬矜与汝容知，斯为君子矣。"

仲尼揖而退，蹙然改容而问曰："业可得进乎？"

老莱子曰："夫不忍一世之伤，而骜万世之患，抑固窭②邪？亡其略弗及邪？惠以欢为骜，终身之丑，中民之行进焉耳！相引以名，相结以隐。与其誉尧而非桀，不如两忘而闭其所非誉。反无非伤也，动无非邪也，圣人踌躇以兴事，以每成功。奈何哉，其载③焉终矜尔！"

宋元君夜半而梦人被发窥阿门，曰："予自宰路④之渊，予为清江⑤使河伯之所，渔者余且⑥得予。"元君觉，使人占之，曰："此神龟也。"君曰：

"渔者有余且乎？"左右曰："有。"君曰："令余且会朝。"明日，余且朝。君曰："渔何得？"对曰："且之网得白龟焉，其圆五尺。"君曰："献若之龟。"龟至，君再欲杀之，再欲活之。心疑，卜之，曰："杀龟以卜，吉。"乃刳龟，七十二钻而无遗策。仲尼曰："神龟能见梦于元君，而不能避余且之网；知能七十二钻而无遗策，不能避刳肠之患。如是则知有所困，神有所不及也。虽有至知，万人谋之。鱼不畏网而畏鹈鹕。去小知而大知明，去善而自善矣。婴儿生，无石师而能言，与能言者处也。"
……

注 释

①老莱子：楚国的贤人，隐者。②窭（jù）：浅陋，不足。③载：行动，有意从事。④宰路：渊名。⑤清江：与浊江对比而言，一说扬子江。⑥余且：渔夫的名字。

译 文

老莱子的弟子出去打柴，碰到孔子，于是回来告诉老师说："那里有个人，上身长下肢短，背稍微有点儿驼，耳朵向后贴在头两边，一副目光远大、胸怀天下的样子，不知道他是哪个贵族之家的人？"

老莱子说："他是孔丘。你去喊他过来。"

于是孔子来到了老莱子跟前。

老莱子对孔子说："丘啊，放下你矜持的架子和你智者的派头，就可以成为君子了。"

孔子揖让而退，局促不安地问道："我的学业可有长进吗？"

老莱子说："你只知道忧虑一世却忽视万世以后的祸害，到底是因为你本来就浅陋呢，还是在谋略智慧方面赶不上呢？以施惠于人来讨得别人欢心为自豪，却忽视了终身的耻辱，这只是中等人才做的事情罢了！借声誉呼朋引伴，以私利相结合。与其赞誉尧而非议桀，不如把两者都忘掉。返归本性也就与物无伤，让外物搅扰得心神不宁就会走上歪门邪道。圣人总是在不得已的情况下才去从事某种事业,所以总是成功。为什么你总是要有目的、有意识地努力做事,结果却往往显得有些骄矜呢!"

宋元君半夜梦见一个披散头发的人在偏门窥视,说:"我来自宰路的深渊,作为清江的使者到河伯那里,中途被渔夫余且捉到了。"宋元君醒来,让人占梦,那人说:"这是神龟。"宋元君说:"渔夫中有余且这个人吗?"左右说:"有。"宋元君说:"让余且来朝见我。"第二天,余且来朝。宋元君说:"你捕到了什么?"余且回答说:"我网到一只白龟,直径五尺。"宋元君说:"献上你的龟。"龟送到,宋元君想杀了它,又想养活它,心里犹豫,叫人占卜,那人说:"杀龟来卜卦,吉利。"于是剖空龟,占了七十二卦而没有不应验的。孔子说:"神龟能托梦于宋元君,而不能逃避余且的渔网;能钻七十二占卦而无不应验,而不能逃避身体被剖空的祸患。如此看来,智能也有穷困的时候,神也有不灵的地方。即使有最高的智慧,也要上万人谋划它。鱼不怕网而怕鹈鹕。摒弃小聪明方才显示大智慧,除去矫饰的善行方才能使自己真正回到自然的善性。婴儿生来没有学问渊博的人教而能说话,这是与会说话的人在一起的缘故。"

庄子曰:"人有能游,且得不游乎?人而不能游,且得游乎?夫流遁之志,决绝之行,噫,其非至知厚德之任与!覆坠而不反,火驰而不顾。虽相与为君臣,时也;易世而无以相贱。故曰至人不留行①焉。

"夫尊古而卑今,学者之流也。且以狶韦氏之流观今之世,夫孰能不波②!唯至人乃能游于世而不僻,顺人而不失己。彼教不学,承意不彼。

"目彻为明,耳彻为聪,鼻彻为颤,口彻为甘,心彻为知,知彻为德。凡道不欲塞,塞则哽,哽而不止则跈③,跈则众害生。物之有知者恃息,其不殷,非天之罪。天之穿之,日夜无降,人则顾塞其窦。胞有重阆,心有天游。室无空虚,则妇姑勃谿;心无天游,则六凿相攘。大林丘山之善于人也,亦神者不胜。

"德溢乎名,名益乎暴;谋稽乎誸,知出乎争;柴生乎守,官事果乎众宜。春雨日时,草木怒生,铫鎒④于是乎始修,草木之到植⑤者过半而不知其然。"

静然可以补病，眦㦸⑥可以休老，宁可以止遽。虽然，若是劳者之务也，佚者之所未尝过而问焉。圣人之所以䮘⑦天下，神人未尝过而问焉；贤人所以䮘世，圣人未尝过而问焉；君子所以䮘国，贤人未尝过而问焉；小人所以合时，君子未尝过而问焉。

演门有亲死者，以善毁爵为官师，其党人毁而死者半。尧与许由天下，许由逃之；汤与务光，务光怒之。纪他闻之，帅弟子而踆⑧于窾水⑨，诸侯吊之；三年，申徒狄因以踣河。

荃⑩者所以在鱼，得鱼而忘荃；蹄者所以在兔，得兔而忘蹄；言者所以在意，得意而忘言。吾安得夫忘言之人而与之言哉！

注释

①不留行：不执着于某种行为方式。②波：通"颇"，偏颇。③跈：通"抮"，违逆。④铫耨：除草的农具。⑤到植：到，通"倒"。植，生。⑥㦸（miè）：按摩。⑦䮘（hài）：古同"骇"。震惊恐惧。⑧踆（qūn）：退。⑨窾（kuǎn）水：水名。⑩荃：捕鱼工具，鱼笥。

译文

庄子说："人若能悠然自得，那么去哪里不能悠然自得呢？人如果不能悠然自得，哪里能悠然自得呢？逃亡隐遁的心志、弃世绝尘的行为，唉，都不是具备真正的智慧和伟大的德行的人做的事啊！天崩地陷而不返，水深火热而不顾。虽然不得不处在互为君臣的位置，那只是时代造成的；时代更替了也就不再互为贵贱了。所以说得道的人是不会固执于某种行为方式的。

"崇尚古代而鄙薄当今，这是未能通达事理之人的观点。况且用狶韦氏们的观点来看当今的朝代，谁能不偏颇呢？唯有得道的人才能悠游于世而不流入邪辟，顺乎人情而不丧失自己的本性。他们虽然不学世俗之学，但也会稍承其意，不完全摒弃。

"眼力通彻为明，耳朵通彻为聪，鼻子通彻为颤，口舌通彻为甘，心灵通

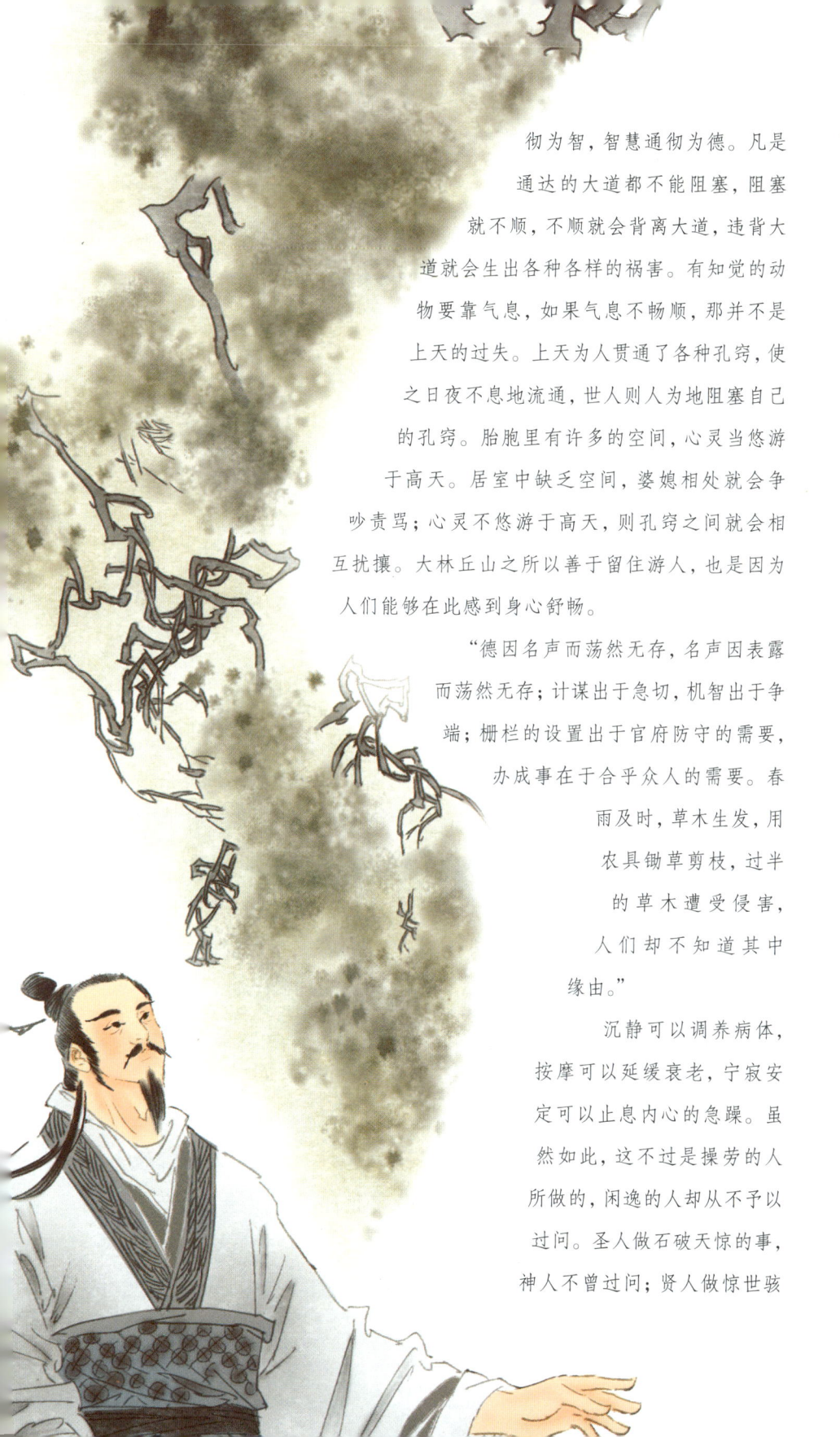

彻为智,智慧通彻为德。凡是通达的大道都不能阻塞,阻塞就不顺,不顺就会背离大道,违背大道就会生出各种各样的祸害。有知觉的动物要靠气息,如果气息不畅顺,那并不是上天的过失。上天为人贯通了各种孔窍,使之日夜不息地流通,世人则人为地阻塞自己的孔窍。胎胞里有许多的空间,心灵当悠游于高天。居室中缺乏空间,婆媳相处就会争吵责骂;心灵不悠游于高天,则孔窍之间就会相互扰攘。大林丘山之所以善于留住游人,也是因为人们能够在此感到身心舒畅。

"德因名声而荡然无存,名声因表露而荡然无存;计谋出于急切,机智出于争端;栅栏的设置出于官府防守的需要,办成事在于合乎众人的需要。春雨及时,草木生发,用农具锄草剪枝,过半的草木遭受侵害,人们却不知道其中缘由。"

沉静可以调养病体,按摩可以延缓衰老,宁寂安定可以止息内心的急躁。虽然如此,这不过是操劳的人所做的,闲逸的人却从不予以过问。圣人做石破天惊的事,神人不曾过问;贤人做惊世骇

庄子 选译 杂篇

俗的事，圣人不曾过问；君子做举国震惊的事，贤人不曾过问；小人做苟合于一时的事，君子也不曾过问。

宋国都城的东门有个死了双亲的人，因为格外哀伤日渐消瘦，被加官晋爵，他的同乡仿效他，纷纷消瘦毁容，却死者过半。尧要禅让天下给许由，许由因而逃到箕山；商汤想把天下禅让给务光，务光大发脾气；纪他知道了这件事，率领弟子隐居在窾水一带，诸侯纷纷前往慰问，过了三年，申徒狄仰慕其名而投河自溺。

捕到鱼后就忘了捕鱼的工具——竹笼；捕到兔子后就忘了捕兔的工具——兔网；语言是用来表达意思的，明白了意思就忘了语言。可我到哪里去找一个遗忘语言的人来和他交谈呢！

寓　言[①]

寓言十九，重言十七，卮言[②]日出，和以天倪。

寓言十九，藉外论之。亲父不为其子媒。亲父誉之，不若非其父者也。非吾罪也，人之罪也。与己同则应，不与己同则反；同于己为是之，异于己为非之。

重言十七，所以已言也，是为耆艾。年先矣，而无经纬本末以期年耆者，是非先也。人而无以先人，无人道也。人而无人道，是之谓陈人。

卮言日出，和以天倪，因以曼衍，所以穷年。不言则齐，齐与言不齐，言与齐不齐也。故曰："无言。"言无言，终身言，未尝言；终身不言，未尝不言。有自也而可，有自也而不可；有自也而然，有自也而不然。恶乎然？然于然；恶乎不然？不然于不然。恶乎可？可于可；恶乎不可？不可于不可。物固有所然，物固有所可。无物不然，无物不可。非卮言日出，和以天倪，孰得其久！万物皆种也，以不同形相禅，始卒若环，莫得其伦，是谓天均。天均者，天倪也。

庄子谓惠子曰："孔子行年六十而六十化。始时所是，卒而非之。未知今之所谓是之非五十九非也。"

惠子曰："孔子勤志服知也？"庄子曰："孔子谢之矣，而其未之言也。孔子云：'夫受才乎大本，复灵以生。鸣而当律，言而当法。利义陈乎前，而好恶是非直服人之口而已矣。使人乃以心服而不敢蘁③，立定天下之定。'已乎，已乎！吾且不得及彼乎。"

曾子④再仕而心再化，曰："吾及亲仕，三釜而心乐；后仕，三千钟而不洎⑤，吾心悲。"

弟子问于仲尼曰："若参者，可谓无所县其罪乎？"曰："既已县矣！夫无所县者，可以有哀乎？彼视三釜、三千钟，如观雀蚊虻相过乎前也。"

颜成子游谓东郭子綦曰："自吾闻子之言，一年而野，二年而从，三年而通，四年而物，五年而来，六年而鬼入，七年而天成，八年而不知死、不知生，九年而大妙。生有为，死也。劝公以其死也，有自也；而生阳也，无自也。而果然乎？恶乎其所适？恶乎其所不适？天有历数，地有人据，吾恶乎求之？莫知其所终，若之何其无命也？莫知其所始，若之何其有命也？有以相应也，若之何其无鬼邪？无以相应也，若之何其有鬼邪？"

众罔两问于景曰："若向也俯而今也仰，向也括撮⑥而今也被发，向也坐而今也起，向也行而今也止，何也？"

景曰："搜搜⑦也，奚稍问也！予有而不知其所以。予，蜩甲也，蛇蜕也，似之而非也。火与日，吾屯也；阴与夜，吾代也。彼吾所以有待邪？而况乎以有待者乎！彼来则我与之来，彼往则我与之往，彼强阳⑧则我与之强阳。强阳者，又何以有问乎！"

阳子居南之沛，老聃西游于秦。邀于郊，至于梁而遇老子。老子中道仰天而叹曰："始以汝为可教，今不可也。"阳子居不答。至舍，进盥漱巾栉，脱屦户外，膝行而前，曰："向者弟子欲请夫子，夫子行不闲，是以不敢；今闲矣，请问其过。"老子曰："而睢睢盱盱⑨，而谁与居！大白若辱，盛德若不足。"阳子居蹴然变容曰："敬闻命矣！"其往也，舍者迎将，其家公执席，妻执巾栉，舍者避席，炀者避灶。其反也，舍者与之争席矣！

注释

①寓言：假托于他人之言而寄寓己意，这是庄子学说的基本表达方式。②卮言：支离之言，片言只语。③薑（wù）：逆。④曾子：指曾参，孔子弟子。⑤不洎（jì）：此指不能养亲。⑥括撮：束发。⑦搜搜：区区的意思。⑧强阳：运动的样子。⑨睢（suī）睢盱（xū）盱：飞扬跋扈的样子。

译文

寓言占十分之九，重言占十分之七，卮言时常出现，自然和谐。

寓言占十分之九，是假借他人的话来论说。亲生父亲不给他的儿子做媒。与其听亲生父亲的赞美，不如听不是他父亲的人的评价。这不是父亲的过错，是人人都有猜疑之心的过错。跟自己一致就赞同，跟自己不一致就反对；跟自己一致就认为对，跟自己不一致就认为错。

重言占十分之七，是用来制止争辩的，这些话来自长寿的人。年长于别人，但是他的知识素养与年龄不符，那就不能称作先于人。人如果不能在知识素养上先于人，那就缺乏为人之道；为人缺乏为人之道，这叫作陈腐的人。

卮言时常出现，自然和谐，顺应变化，可以享尽天年。不发表言论，那么物理自然齐同，因为本来物理与言论是不能相互齐同的，所以说，要发表没有主观成见的言论。如果说的是没有主观成见的言论，那么虽然终身在说，却未曾说过什么；终身不说，却未尝不是在说。有适宜的原因，也有不适宜的原因；有如此的原因，也有并非如此的原因。为什么如此？因为原来如此；为什么不如此？因为原来不如此。为什么适合？在于已经适合；为什么不适合？在于已经不适合。事物本来就会如此、会适合。没有什么事物不如此，没有什么事物不适合。要不是卮言时常出现，自然和谐，事理哪能长久地持续下去？万物都是各自的种类变化而来，以不同形态相传续，首尾衔接、如环相扣，难以分清它们的次序，这叫天钧。天钧也就是天然的了。

庄子对惠施说："孔子六十岁了，这六十年中自己的认知不断变化。开始时认为是对的，最后又认为它错。很难断定现在认为是对的就不是五十九年来认为错的。"

惠施说："孔子真是努力实现理想而谨慎运用智慧吗？"庄子说："孔子已经不这样了，他未曾说过。他说：'才能受自天地本源，恢复灵气才有生机。发音合律，出口成章。利害仁义摆在眼前，好恶是非只能令人表面信服。更重要的是使人心服而不敢倒行逆施，这才能安定天下。罢了，罢了，我大概赶不上那个时候了吧。'"

曾参第二次做官时，内心发生了变化，他说："我为奉养双亲而做官，有三釜俸禄就心满意足了；双亲亡后再做官，虽有三千钟俸禄却已经不能用来养亲了，我很悲伤。"

有学生问孔子说："像曾参这样的人，可以说不再受什么牵累了吧？"孔子说："他早在牵累之中了。要是没有任何牵累，他会悲哀吗？没有牵累的人看待三釜、三千钟的俸禄，应如同看到鸟雀蚊虻飞过眼前那样毫不在意啊。"

颜成子游对东郭子綦说："自从我听了您的教诲，第一年返璞归真，第二年就舍己顺俗了，第三年就人我为一了，第四年就与物合一了，第五年感到大道来集了，第六年感到有鬼神出入胸间，第七年感到自己与自然浑然一体，第八年已经不知道什么是死亡和生存，第九年进入道的奇异妙境。人生有所作为，走向死亡。辅助天公出于私心，这是其死亡的必然因素；然而生命力活跃的人是不用私心辅助天公的。果真如此吗？什么才是适合？什么才是不适合？天有劫数，地有人缘，我哪能强求呢？不知道什么是终结，还管什么生命的消亡？不知道什么开始，还管什么生命的诞生？确有幽明感应，难道能断定没有鬼吗？没有幽明感应，难道能断定有鬼吗？"

影子的影子问影子说："你过去低着头现在昂着头，过去束着发现在散着发，过去坐着现在站起，过去走着现在停下，为什么呀？"

影子回答说："区区小事，何必要问！我确实如此，但我不知道为何如此。我形同蝉蜕，形同蛇皮，只是相似，不是真的。在火光和日光下，我就聚形了；在阴霾和夜晚，我就消亡了。形体是我所要凭借的吗？更何况形体也要依赖大道呢！形体来我就跟着它来，形体去我也跟着它去，形体运动我就跟着它运动。形影运动相随，又有什么好问的呢！"

杨朱往南边到沛地去，老聃往西边到秦国旅行。杨朱到郊外迎接老子，

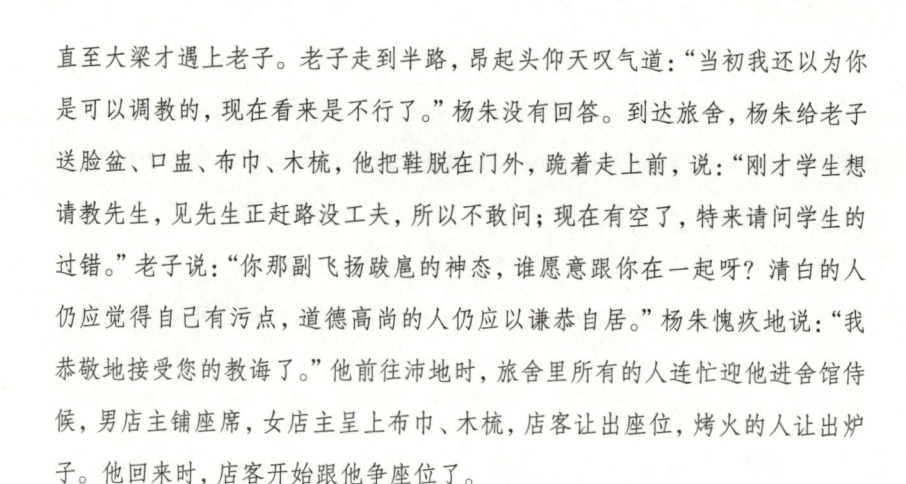

直至大梁才遇上老子。老子走到半路，昂起头仰天叹气道："当初我还以为你是可以调教的，现在看来是不行了。"杨朱没有回答。到达旅舍，杨朱给老子送脸盆、口盅、布巾、木梳，他把鞋脱在门外，跪着走上前，说："刚才学生想请教先生，见先生正赶路没工夫，所以不敢问；现在有空了，特来请问学生的过错。"老子说："你那副飞扬跋扈的神态，谁愿意跟你在一起呀？清白的人仍应觉得自己有污点，道德高尚的人仍应以谦恭自居。"杨朱愧疚地说："我恭敬地接受您的教诲了。"他前往沛地时，旅舍里所有的人连忙迎他进舍馆侍候，男店主铺座席，女店主呈上布巾、木梳，店客让出座位，烤火的人让出炉子。他回来时，店客开始跟他争座位了。

让 王（节选）

尧以天下让许由，许由不受。又让于子州支父①，子州支父曰："以我为天子，犹之可也。虽然，我适有幽忧之病，方且治之，未暇治天下也。"夫天下至重也，而不以害其生，又况他物乎！唯无以天下为者可以托天下也。

舜让天下于子州支伯，子州支伯曰："予适有幽忧之病，方且治之，未暇治天下也。"故天下，大器也，而不以易生。此有道者之所以异乎俗者也。

舜以天下让善卷②，善卷曰："余立于宇宙之中，冬日衣皮毛，夏日衣葛絺③。春耕种，形足以劳动；秋收敛，身足以休食。日出而作，日入而息，逍遥于天地之间，而心意自得。吾何以天下为哉！悲夫，子之不知余也。"遂不受。于是去而入深山，莫知其处。

舜以天下让其友石户之农，石户之农曰："卷卷④乎，后之为人，葆力之士也。"以舜之德为未至也。于是夫负妻戴，携子以入于海，终身不反也。

大王亶父⑤居邠，狄人攻之。事之以皮帛而不受，事之以犬马而不受，事之以珠玉而不受。狄人之所求者，土地也。大王亶父曰："与人之兄居而杀其弟，与人之父居而杀其子，吾不忍也。子皆勉居矣！为吾臣与为狄人臣，奚以异！且吾闻之：不以所用养害所养。"因杖策⑥而去之。民相连而从之，遂成国于岐山之下。夫大王亶父可谓能尊生矣。能尊生者，虽富贵不以养伤身，虽贫贱不以利累形。今世之人居高官尊爵者，皆重失之。见利轻亡其身，岂不惑哉！

越人三世弑其君，王子搜患之，逃乎丹穴，而越国无君，求王子搜不得，从之丹穴。王子搜不肯出，越人薰之以艾，乘以王舆。王子搜援绥登车，仰天而呼曰："君乎，君乎，独不可以舍我乎！"王子搜非恶为君也，恶为君之患也。若王子搜者，可谓不以国伤生矣！此固越人之所欲得为君也。

韩、魏相与争侵地，子华子见昭僖侯，昭僖侯有忧色。子华子曰："今使天下书铭于君之前，书之言曰：'左手攫之则右手废，右手攫之则左手废。然而攫之者必有天下。'君能攫之乎？"昭僖侯曰："寡人不攫也。"子华子曰："甚善！自是观之，两臂重于天下也，身亦重于两臂。韩之轻于天下亦远矣。今之所争者其轻于韩又远。君固愁身伤生以忧戚不得也！"僖侯曰："善哉！教寡人者众矣，未尝得闻此言也。"子华子可谓知轻重矣。

鲁君闻颜阖得道之人也，使人以币先焉，颜阖守陋闾，苴布之衣，而自饭牛。鲁君之使者至，颜阖自对之。使者曰："此颜阖之家与？"颜阖对曰："此阖之家也。"使者致币。颜阖对曰："恐听者谬而遗使者罪，不若审之。"使者还，反审之，复来求之，则不得已！故若颜阖者，真恶富贵也。故曰：道之真⑦以治身，其绪余以为国家，其土苴以治天下。由此观之，帝王之功，圣人之馀事也，非所以完身养生也。今世俗之君子，多危身弃生以殉物，岂不悲哉！凡圣人之动作也，必察其所以之与其所以为，今且有人于此，以随侯之珠⑧弹千仞之雀，世必笑之。是何也？则其所用者重而所要者轻也。夫生者岂特随侯之珠重哉！

注释

①子州支父：姓子州，字支父，即下文的支伯。②善卷：姓善，名卷，隐士。③絺：较细的葛布。④卷（quán）卷：使劲，用力的样子。⑤大王

亶（dǎn）父：又称古公亶父，周文王的祖父。⑥杖策：拿着鞭子。⑦真：精华。⑧随侯之珠：古代名珠，被随国国君所得，故名。

译文

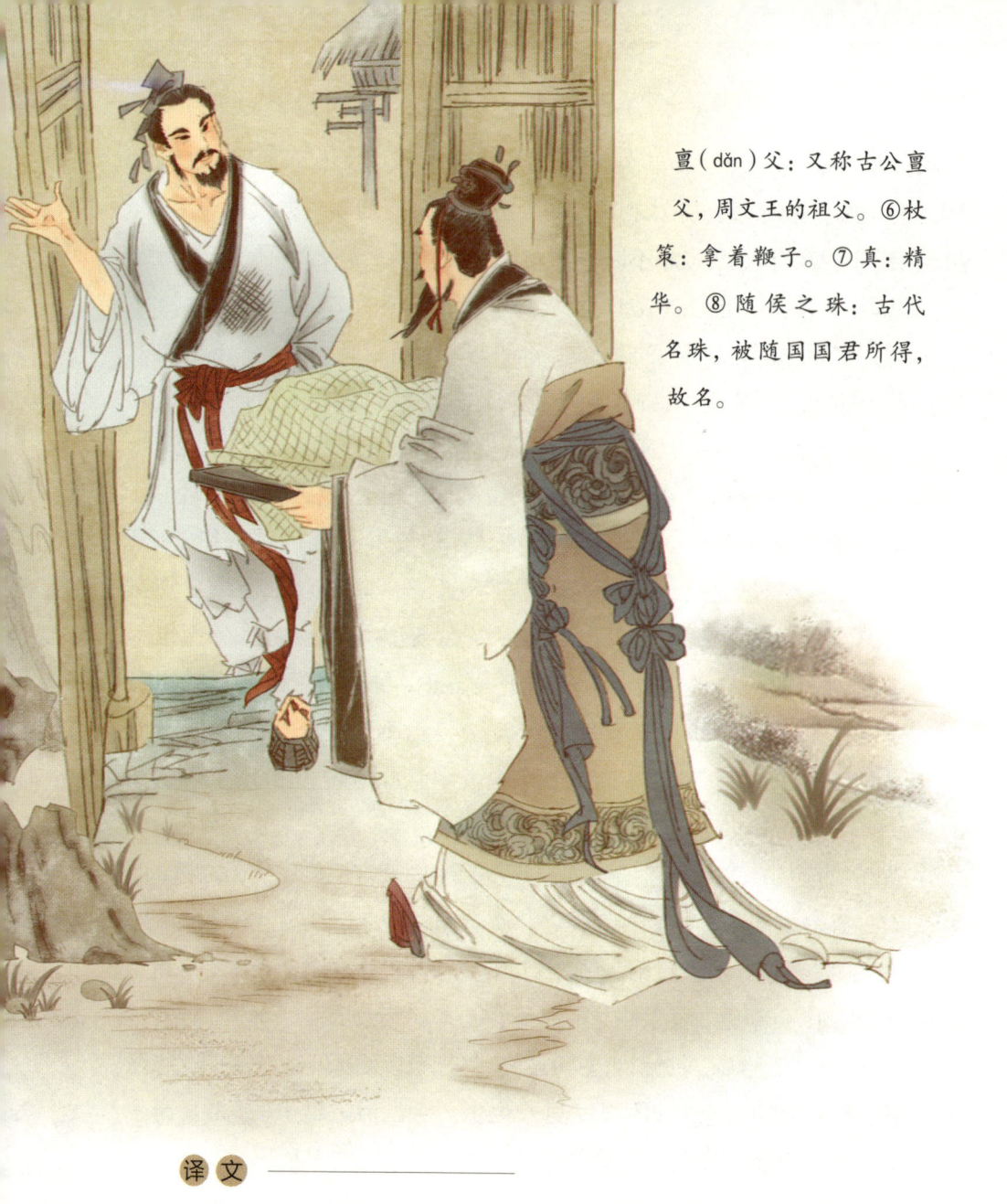

尧把天下让给许由，但许由不接受。又打算让给子州支父，子州支父说："让我做天子，还是可以的。不过我刚刚患了隐忧的病，恰好在医治中，所以没有时间来治理天下。"天子这个位子很重要，但子州支父不因此而放弃治疗自己的疾病，其他事就更不用说了。只有不把天下作为自己私利的人，才可以把治理天下的重任交给他。

舜把治理天下的大任交给子州支父，子州支父说："我刚刚患了隐忧的病，恰好在医治中，所以没有时间来治理天下。"天下大位是最大的名器，子州支父却不用它来交换生命，这正是有道之人和凡俗之人不同的地方。

舜把天下让给善卷，善卷说："我处在宇宙之中，冬天穿皮毛，夏天穿细布衣；春天耕种，形体足够劳动；秋天收获，身体可以充分安养了。太阳出来就去工作，太阳下山便休息，逍遥自在于天地之间而心情舒畅。我还要天下干什么！可悲啊，你不了解我。"善卷也没有接受。于是他隐居到深山里，没有人知道他的居处。

舜把天下让给他的朋友石户农夫，石户农夫说："你做国君辛苦呀，是劳碌而不知养德的人啊！"认为舜的德还不够，于是农夫背着行囊、他的妻子头顶用具，带着子女隐居到海岛上，终生不再回来。

大王亶父居住在邠地，遭遇狄人的攻伐。大王亶父用兽皮财帛敬供他们，他们不接受；用犬只马畜敬供他们，他们也不接受；用珍珠宝玉敬供他们，他们还是不接受。狄人想要的是土地。大王亶父说："和别人的哥哥居住在一起而把他的弟弟杀害，和别人的父亲居住在一起而把他的儿子杀害，我不忍心这样做。你们都好好地居住于此吧！做我的臣子和做狄人的臣子没有什么两样！并且我听说，不要因为用以养人的土地而杀害要养的百姓。"于是，大王亶父拄着拐杖离开了。百姓相互扶持着跟随着他，在岐山下成立了一个新的国家。这些人像大王亶父那样，懂得珍惜生命。懂得珍惜生命的，并不因为富贵养生而伤害身体，也不因为贫贱争利来牵累形体。现在的人，拥有高官厚禄的，都怕失去它们，见到有利可图，就不顾自己的性命，这不是太糊涂了吗！

越人杀了三个国君，王子搜很害怕，逃到丹穴。越国失去了国君，四处寻找，找到丹穴之洞，越国人就用艾草来熏他，用君王的车舆载他回去。王子搜拉着车绳上车，仰天呼号说："王位呀，王位呀，就是不肯放过我呀！"王子搜并不是厌恶做国君，而是怕做国君所带来的祸患。像王子搜这样的人，可以说不肯以君位来伤害生命了，这也正是越人要他做国君的原因。

韩国和魏国互相争夺土地而进行战争。子华子拜见昭僖侯，昭僖侯面有

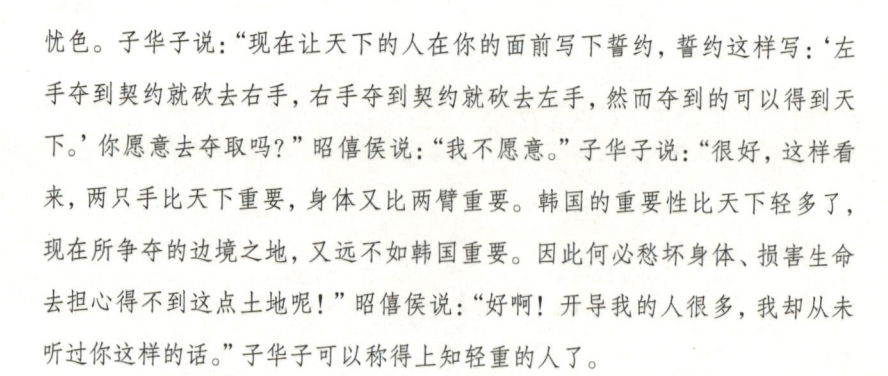

忧色。子华子说:"现在让天下的人在你的面前写下誓约,誓约这样写:'左手夺到契约就砍去右手,右手夺到契约就砍去左手,然而夺到的可以得到天下。'你愿意去夺取吗?"昭僖侯说:"我不愿意。"子华子说:"很好,这样看来,两只手比天下重要,身体又比两臂重要。韩国的重要性比天下轻多了,现在所争夺的边境之地,又远不如韩国重要。因此何必愁坏身体、损害生命去担心得不到这点土地呢!"昭僖侯说:"好啊!开导我的人很多,我却从未听过你这样的话。"子华子可以称得上知轻重的人了。

鲁君听说颜阖是个有道的人,派人带着币帛等礼品来慰问他。颜阖住在一个很破的小巷子里,穿着麻布衣服在喂牛。鲁君的使者来了,颜阖亲自出来迎接。使者说:"这是颜阖的家吗?"颜阖说:"这是颜阖的家。"使者送上礼品,颜阖说:"恐怕你听错了这礼品是送我的,你不如回去问个明白,以免受到国君的责备。"使者回去,查问清楚了,再来找颜阖,却找不到他了。像颜阖这样的人,是真正厌恶富贵了。所以说,用道的精华来修身,用道的剩余部分来治理国家,用道的糟粕来教化天下。这样看来,帝王的功业,乃是圣人闲暇时所做的事,并不是用作全身养生的。现在世俗的君子,大多危害身体、抛弃生命去追名逐利,这岂不可悲!凡是圣人,必定省察他所追求的目标和追求的原因。现在如果有这样一个人,用随侯的宝珠做弹丸去射千仞高的麻雀,世人必定会嘲笑他。为什么呢?因为他所用的东西贵重而所求的东西轻贱。生命这东西,岂止随侯的宝珠那么贵重呢!

子列子穷,容貌有饥色。客有言之于郑子阳者,曰:"列御寇,盖有道之士也,居君之国而穷,君无乃为不好士乎?"郑子阳即令官遗之粟。子列子见使者,再拜而辞。

使者去,子列子入,其妻望之而拊心曰:"妾闻为有道者之妻子,皆得佚乐。今有饥色,君过而遗先生食,先生不受,岂不命邪?"子列子笑,谓之曰:"君非自知我也,以人之言而遗我粟;至其罪我也,又且以人之言,此吾所以不受也。"其卒,民果作难而杀子阳。

楚昭王失国,屠羊说走而从于昭王。昭王反国,将赏从者,及屠羊说。屠羊说曰："大王失国，说失屠羊。大王反国，说亦反屠羊。臣之爵禄已复矣，又何赏之有？"王曰："强之！"屠羊说曰："大王失国，非臣之罪，故不敢伏其诛；大王反国，非臣之功，故不敢当其赏。"王曰："见之！"屠羊说曰："楚国之法，必有重赏大功而后得见。今臣之知不足以存国，而勇不足以死寇。吴军入郢，说畏难而避寇，非故随大王也。今大王欲废法毁约而见说，此非臣之所以闻于天下也。"王谓司马子綦曰："屠羊说居处卑贱而陈义甚高，子綦为我延之以三旌之位①。"屠羊说曰："夫三旌之位，吾知其贵于屠羊之肆也；万钟之禄，吾知其富于屠羊之利也。然岂可以贪爵禄而使吾君有妄施之名乎？说不敢当，愿复反吾屠羊之肆。"遂不受也。

……

注释

①三旌之位：卿位。

译文

列子穷困，面露饥色。有人告诉郑国的相国子阳说："列御寇是有道之士，你的国家却让他贫困，你这不是轻视人才吗？"子阳就派使者给他送来粮食。列子见到使者，再三拜谢而不接受。

使者走了，列子进到屋里，他的妻子捶胸顿足地埋怨他说："我听说做有道的人的妻子能够安享荣华。现在你面有饥色，相国派人给你送粮食来，你却不接受，这难道不是命该受穷挨饿吗？"列子笑着说："相国他并不真正了解我，而是听别人之言才来给我送粮食，将来他也有可能听信别人的话而治我的罪，这就是我不接受的原因。"后来，百姓果然造反杀害了子阳。

楚昭王丢掉了国家，屠羊说跟着昭王逃跑。后来昭王复国以后，要奖赏跟随他的人，轮到屠羊说。屠羊说说："大王失掉国家，我丧失了屠羊的工作；大王复国，我也回到屠羊之所。我的爵禄已经恢复了，又有什么好奖赏的呢？"昭王说："我强令他接受！"屠羊说说："大王失掉国家，不是我的过错，所以我不接受惩罚；大王收复国土，也不是我的功劳，所以我不接受奖赏。"昭王说："让他来见我！"屠羊说说："根据楚国的法令，必须是有大功的人才能朝见国君。现在我的才智不足以保存国家、勇武也不足以消灭敌寇。吴国的军队侵入郢都，我是因为害怕危难而逃避敌寇，并不是有意追随大王的。现在大王要破坏法度召见我，我并不想让天下人知道有这样的事。"昭王对司马子綦说："屠羊说虽然处于卑贱的地位，但懂得大道，你替我请他就任三公的职位。"屠羊说说："三公的职位，我知道比屠羊的职位高贵；万钟的俸禄，我知道比屠羊的利润丰厚。我怎么可以接受爵禄而使君主受到滥施的声名呢！我不敢接受，希望还是回到我屠羊的市场里。"屠羊说终究还是没接受楚昭王的封赏。

舜以天下让其友北人无择①，北人无择曰："异哉，后②之为人也，居于畎亩之中，而游尧之门。不若是而已，又欲以其辱行漫我。吾羞见之。"因自投清泠之渊。

汤将伐桀，因卞随③而谋，卞随曰："非吾事也。"汤曰："孰可？"曰："吾不知也。"汤又因瞀光④而谋，瞀光曰："非吾事也。"汤曰："孰可？"曰："吾不知也。"汤曰："伊尹⑤何如？"曰："强力忍垢，吾不知其他也。"汤遂与伊尹谋伐桀，克之，以让卞随。卞随辞曰："后之伐桀也谋乎我，必以我为贼也；胜桀而让我，必以我为贪也。吾生乎乱世，而无道之人再来漫我以其辱行，吾不忍数闻也！"乃自投稠水⑥而死。汤又让瞀光，曰："知者谋之，武者遂之，仁者居之，古之道也。吾子胡不立⑦乎？"瞀光辞曰："废上，非义也；杀民，非仁也；人犯其难，我享其利，非廉也。吾闻之曰：'非其义者，不受其禄；无道之世，不践其土。'况尊我乎！吾不忍久见也。"乃负石而自沉于庐水。

昔周之兴，有士二人处于孤竹，曰伯夷、叔齐。二人相谓曰："吾闻西方有人，似有道者，试往观焉。"至于岐阳，武王闻之，使叔旦往见之。与盟曰："加富二等，就官一列。"血牲而埋之。

二人相视而笑，曰："嘻，异哉！此非吾所谓道也。昔者神农之有天下也，时祀尽敬而不祈喜；其于人也，忠信尽治而无求焉。乐与政为政，乐与治为治。不以人之坏自成也，不以人之卑自高也，不以遭时自利也。今周见殷之乱而遽为政，上谋而行货，阻兵而保威，割牲而盟以为信，扬行以说众，杀伐以要利，是推乱以易暴也。吾闻古之士，遭治世不避其任，遇乱世不为苟存。今天下暗，周德衰，其并乎周以涂吾身也，不如避之，以絜吾行。"二子北至于首阳之山，遂饿而死焉。若伯夷叔齐者，其于富贵也，苟可得已，则必不赖。高节戾行，独乐其志，不事于世。此二士之节也。

注 释

①北人无择：人名，姓北人，名无择。②后：指君主。③卞随：人名，姓卞，名随，当时的隐者。④瞀（wú）光：务光，夏人。⑤伊尹：商初的大臣，名伊，尹是官名，奴隶出身。⑥稠水：水名，在颍川。⑦立：天子之位。

译 文

舜把天下让给他的朋友北人无择，北人无择说："君主的为人真是奇怪啊！他本来处于田亩之中，而游历于尧帝之门，受其禅让而成为天子。不仅如此，还要用他的耻辱行为来玷污我。见到他我感到羞耻。"因而投入清冷之渊而死。

商汤要讨伐夏桀，就这件事与卞随商量，卞随说："这不是我的事情。"商汤说："那跟谁商量？"说："我不知道。"商汤又就此事同务光商量，务光说："这不是我的事情。"商汤说："那跟谁商量？"说："我不知道。"商汤说："伊尹怎样？"务光回答说："他能勉强努力而忍受耻辱，我不知道他别的长处了。"汤就和伊尹谋划讨伐夏桀，最终战胜了夏桀，于是汤想让位给卞随。卞随推辞说："君主伐桀时找我谋划，一定以为我是残忍的人；战胜了夏桀而让位给我，一定认为我是个贪婪的人。我生活在乱世，无道的人一再用耻辱的行为来玷污我，我不能忍受屡次听到这样的事！"于是自投稠水而死。商汤又让位给务光，说："有智慧的人策谋天下大业，勇武的人完成天下大业，仁

义的人居天子之位,这是自古以来的道理。你为什么不即位呢?"务光推辞说:"废黜君上,不是义;杀害人民,不是仁;别人犯难,我享其利,不是廉。我听说:'不合于义的,不接受它的利禄;无道的社会,不踏它的土地。'何况是尊奉我为天子呢!我不忍心长久地目睹这种情况。"于是背负石头自沉于庐水。

从前周朝兴盛时,有两个贤士住在孤竹,叫伯夷和叔齐。二人商量说:"听说西方有个得道的商人,我们去看看。"二人到了岐阳,武王听说他们来了,便派叔旦去看看他们,和他们立约说:"加禄二级,任官一等。"用牲畜的血涂在盟书上而埋藏在地下。

两人相视而笑说:"真奇怪呀,这不是我们所说的道。从前神农治理天下,四时的祭祀十分虔诚,但是自己并不祈求福祉;他竭尽全力地为百姓服务,自己却无所求。乐于管闲事的就让他来管理,不因别人的失败而彰显自己的成功,不因别人的卑微而炫耀自己的高大,不因恰逢时机就图谋利益。现在周朝看见殷朝混乱就急着夺取他的政权,崇尚谋略而牟利,依靠兵力炫耀威武,杀牲畜立盟约作为信誓,宣扬自己的义行来争取百姓的支持,屠杀攻伐来谋获利益,这是制造祸乱来代替暴虐。我听说古代的贤士,在治世时不推卸责任,在乱世时不苟且偷生。现在天下混乱、周德衰败,我们哪能和周并存来玷污自身,不如避开以保持我们的高洁。"他们两个向北到了首阳山上,就饿死在那里。像伯齐、叔夷这样的人,即使唾手可以得到富贵,但他们却不去获取。高尚的气节和清高的行为,独守己志,不逐世事,这就是他们的节操。

盗 跖(节选)

孔子与柳下季①为友,柳下季之弟,名曰盗跖。盗跖从卒九千人,横行天下,侵暴诸侯。穴室抠②户,驱人牛马,取人妇女。贪得忘亲,不顾父母兄弟,不祭先祖。所过之邑,大国守城,小国入保③,万民苦之。

孔子谓柳下季曰:"夫为人父者,必能诏其子,为人兄者,必能教其弟。若父不能诏其子,兄不能教其弟,则无贵父子兄弟之亲矣。今先生,世之才士也,弟为盗跖,为天下害,而弗能教也,丘窃为先生羞之。丘请为先生往说之。"

柳下季曰:"先生言为人父者必能诏其子,为人兄者必能教其弟,若子不听父之诏,弟不受兄之教,虽今先生之辩,将奈之何哉?且跖之为人也,心如涌泉,意如飘风,强足以距敌,辩足以饰非,顺其心则喜,逆其心则怒,易辱人以言。先生必无往。"

孔子不听，颜回为驭，子贡为右，往见盗跖。盗跖乃方休卒徒于大山之阳，脍人肝而铺④之。孔子下车而前，见谒者曰："鲁人孔丘，闻将军高义，敬再拜谒者。"

谒者入通，盗跖闻之大怒，目如明星，发上指冠，曰："此夫鲁国之巧伪人孔丘非邪？为我告之：'尔作言造语，妄称文武，冠枝木之冠，带死牛之胁，多辞缪说，不耕而食，不织而衣，摇唇鼓舌，擅生是非，以迷天下之主，使天下学士不反其本，妄作孝弟⑤，而侥幸于封侯富贵者也。子之罪大极重，疾走归！不然，我将以子肝益昼铺之膳！'"

孔子复通曰："丘得幸于季，愿望履幕下。"谒者复通。盗跖曰："使来前！"孔子趋而进，避席反走，再拜盗跖。盗跖大怒，两展其足，案剑瞋目，声如乳虎，曰："丘来前！若所言顺吾意则生，逆吾心则死！"

注释

①柳下季：姓展，名禽，字季，食邑柳下，故称。②抠：挖。③保：通"堡"，小城。④铺(bù)：食，吃。⑤弟：通"悌"，敬爱哥哥。

译文

孔子是柳下季的朋友，柳下季的弟弟名为盗跖。盗跖的手下有九千人，在天下横行霸道，侵凌诸侯各国。他们砸破人家的门户，掠夺人家的牛马，拐带人家的妇女；贪图财物，遗弃亲人，不顾念父母兄弟，不拜祖宗。他们所经过的地方，大国闭关守城，小国躲进城堡，民众为此深感痛苦。

孔子对柳下季说："做人父亲的，肯定能够教好他的孩子；为人兄长的，肯定能够教好他弟弟。如果不能教好他们，那么父子兄弟的亲情就不足珍惜了。先生可是当今世上的有才之士，弟弟却是盗跖，是天下的祸害，要是不能规劝他，我私下替先生感到羞耻。我情愿代先生去说服他。"

柳下季说："先生说做人父亲的肯定能教好他的孩子，做人兄长的肯定能教好他的弟弟，假如孩子不听从父亲的教诲，弟弟不接受兄长的劝说，即使像先生这么能言善辩，又能拿他怎么样呢？况且盗跖这个人，血气冲动，意气风发，强悍足以抵挡敌人，口才足以掩饰过错，顺着他的心意他就高兴，违背他的心意他就发怒，动不动就恶语伤人。先生千万不要去。"

孔子没听柳下季劝告，安排颜回驾车，子贡做助手，前去会见盗跖。盗跖正在泰山的阳面休整士卒，切碎人肝食之。孔子下车走上前，看见传命官，说："鲁国人孔丘，听说将军高尚正义，恭敬地来拜见。"传令官入内通报。

盗跖听到此事大怒，眼瞪得像星星那样明亮，怒发冲冠，说："这个人是不是鲁国的巧伪之人孔丘？替我告诉他：'你花言巧语，虚妄地称道文王、武王，头戴装饰多如树枝的帽子，系着牛皮做的腰带，满口谬论，不耕而食，不织而衣，摇唇鼓舌，专生是非，用以迷惑天下的君主，使天下的书生不务正业，装作孝悌，而侥幸封侯，得到富贵。你的罪孽深重，快滚回去吧！不然，我要用你的肝当作午餐。"

孔子再一次通报说："我有幸与柳下季亲近，希望到将军的帐幕下拜见。"传令官又通报。盗跖说："让他到这里来！"孔子快步而进，避开席位退行数步，再拜盗跖。盗跖大怒，叉开两脚，握剑瞪眼，声如母虎，说："孔丘，你往前来！你要说的话，顺着我的意思就叫你活，违逆我的心思就叫你死！"

孔子曰："丘闻之，凡天下有三德：生而长大，美好无双，少长贵贱见而皆说之，此上德也；知维天地，能辩诸物，此中德也；勇悍果敢，聚众率兵，此下德也。凡人有此一德者，足以南面称孤矣。今将军兼此三者，身长八尺二寸，面目有光，唇如激丹，齿如齐贝，音中黄钟，而名曰盗跖，丘窃为将军耻不取焉。将军有意听臣，臣请南使吴越，北使齐鲁，东使宋卫，西使晋楚，使为将军造大城数百里，立数十万户之邑，尊将军为诸侯，与天下更始，罢兵休卒，收养昆弟，共祭先祖。此圣人才士之行，而天下之愿也。"

盗跖大怒曰："丘来前！夫可规以利而可谏以言者，皆愚陋恒民之谓耳。今长大美好，人见而悦之者，此吾父母之遗德也。丘虽不吾誉，吾独不自知邪？且吾闻之，好面誉人者，亦好背而毁之。今丘告我以大城众民，是欲规我以利而恒民畜我也，安可久长也！城之大者，莫大乎天下矣。尧舜有天下，子孙无置锥之地；汤、武立为天子，而后世绝灭。非以其利大故邪？且吾闻之，古者禽兽多而人少，于是民皆巢居以避之。昼拾橡栗，暮栖木上，故命之曰有巢氏之民。古者民不知衣服，夏多积薪，冬则炀之，故命之曰知生之民。神农之世，卧则居居，起则于于。民知其母，不知其父，与麋鹿共处，耕而食，织而衣，无有相害之心。此至德之隆也。然而黄帝不能致德，与蚩尤战于涿鹿①之野，流血百里。尧、舜作，立群臣，汤放其主，武王杀纣。自是之后，以强凌弱，以众暴寡。汤、武以来，皆乱人之徒也。今子修文、武之道，掌天下之辩，以教后世。缝衣浅带②，矫言伪行，以迷惑天下之主，而欲求富贵焉。盗莫大于子，天下何故不谓子为盗丘，而乃谓我为盗跖？子以甘辞说子路而使从之。使子路去其危冠，解其长剑，而受教于子，天下皆曰孔丘能止暴禁非，其卒之也，子路欲杀卫君③而事不成，身菹④于卫东门之上，子教子路菹此患，上无以为身，下无以为人，是子教之不至也。子自谓才士圣人邪？则再逐于鲁，削迹于卫，穷于齐，围于陈、蔡，不容身于天下。子之道岂足贵邪？世之所高，莫若黄帝。黄帝尚不能全德，而战涿鹿之野，流血百里。尧不慈⑤，舜不孝⑥，禹偏枯⑦，汤放其主，武王伐纣。此六子者，世之所高也。孰论之，皆以利惑其真而强反其情性，其行乃甚可羞也。世之所谓贤士，伯夷、叔齐。伯夷、叔齐辞孤竹之君，而饿死于首阳之山，骨肉不葬。鲍焦⑧饰行非世，抱木而死。申徒狄谏而不听，负石自投于河，为鱼鳖所食。介子推⑨至忠也，自割其股以食文公。文公后背之，子推怒而去，抱木而燔死。尾生⑩与女子期于梁下，女子不来，水至不去，抱梁柱而死。此六子者，无异于磔犬流豕、操瓢而乞者，皆离名轻死，不念本养寿命者也。世之所谓忠臣者，莫若王子比干、伍子胥。子胥沉江，比干剖心。此二子者，世谓忠臣也，然卒为天下笑。自上观之，至于子胥、比干，皆不足贵也。丘之所以说我者，若告我以鬼事，则我不能知也；若告我以人事者，不过此矣，皆吾所闻知也。今吾告子以人之情：目欲视色，耳欲听声，口欲察味，志气欲盈。人上寿百岁，中寿八十，下寿六十，除病瘦死丧忧患，其中开口而笑者，一月之中不过四五日而已矣。天与地无穷，人死者有时。操有时之具，而托于无穷之间，忽然无异骐骥之驰过隙也。不能说其志意、养其寿命者，皆非通道者也。丘之所言，皆吾之所弃也。亟去走归，无复言之！子之道狂狂汲汲，诈巧虚伪事也，非可以全真也，奚足论哉！"

孔子再拜趋走，出门上车，执辔三失，目芒然无见，色若死灰，据轼低头，不能出气。

归到鲁东门外，适遇柳下季。柳下季曰："今者阙然，数日不见，车马有行色，得微往见跖邪？"孔子仰天而叹曰："然！"柳下季曰："跖得无逆汝意若前乎？"孔子曰："然。丘所谓无病而自灸也。疾走料⑪虎头，编虎须，几不免虎口哉！"

……

注 释

①涿鹿：今河北省涿鹿县。②浅带：博带。③子路欲杀卫君：卫君指蒯聩。卫灵公驱逐蒯聩，立公子辄为继。灵公死，辄立为卫君，蒯聩作乱，迫胁卫大夫孔悝。子路是孔悝家臣，攻蒯聩反被杀。④菹（zū）：肉酱。⑤尧不慈：尧杀死长子考监明。⑥舜不孝：舜放逐父亲瞽叟，又不告而娶。⑦禹偏枯：指大禹因治水而半身不遂。⑧鲍焦：周朝隐士。⑨介子推：亦称介之推，晋国政变时随晋文公流亡，文公复国后，介子推辞官而不言禄。⑩尾生：鲁国人，名高。⑪料：通"撩"，拨弄。

译 文

孔子说："我听说，天下的人具有三种品德：天生高大，美好无比，无论少年、老年、贵人、贱人见了都欢喜，这是上等品德；智能可以包容天地，才能可以分析事理，这是中等品德；勇猛果敢，聚集人马统率军队，这是下等品德。一般人具有一种品德，就足以南面称王了。如今将军兼备这三种品德，身高八尺二寸，满面红光，双目炯炯有神，嘴唇有如鲜红的丹砂，牙齿有如整齐的贝壳，声音符合黄钟音律，可是名叫盗跖，我暗暗替将军感到羞耻。将

军要是有心听在下的劝谕，在下情愿往南出使吴国和越国，往北出使齐国和鲁国，往东出使宋国和卫国，往西出使晋国和楚国，让它们为将军造一座几百里的大城，封你几十万户的食邑，推立你为诸侯，在天下除旧布新，让士兵都放下武器去休息，收养兄弟，供奉拜祭祖宗。这才是圣人智士的行为，也是天下人的愿望啊。"

盗跖听了大发雷霆说："孔丘给我到前面来！那些可以用利禄劝诱和用言辞劝说的人，都叫作愚陋。现在我长得高大英俊，人家见了喜欢，完全是我的父母遗留的恩德。你孔丘即使不夸奖我，难道我自己就不知道吗？而且我听说，喜欢当面夸奖人的人也喜欢背后诋毁人。现在你孔丘拿造大城、聚众民诱降我，就是想用利禄来规劝我，把我看作是常人，这哪能长久呀！大的城邑再大，也大不过天下。尧、舜拥有天下，他们的子孙却没有立锥之地；商汤王、周武王自立为天子，然而后代都灭绝了。这不都是因为利禄太大的缘故吗？并且我还听说，古时候鸟兽很多而人很少，因此人都巢居在树上来躲避鸟兽的伤害。白天捡橡子、板栗吃，傍晚栖息在树上，所以称那时人叫巢氏之民。古时候，人们还不知道穿衣服，夏天多积蓄些柴草，冬天拿来烧火取暖，所以称他们为知生之民。神农时代，人们躺着时安静，醒来时自得。人们只知道谁是母亲，不知道谁是父亲，跟麋鹿共同生活，种田吃粮，织布穿衣，不存互相伤害之心。这是最高尚的道德了。然而黄帝却不能做到有道德，他跟蚩尤在涿鹿原野上开战，血流百里。尧、舜当了天子后，设立百官，商汤放逐他的主子，周武王杀掉纣王。从此以后，人们以强凌弱，以多的残害少的。商汤王、周武王以来的人，都是危害人们的家伙。现在你学习和传播周文王、周武王的治国之道，引导天下的舆论，用它来教育下一代。你穿着宽长的儒服和系着宽松的腰带，言论矫饰、行为虚伪，以此来迷惑天下的君主，企图攫取荣华富贵。你才是天下最大的贼盗，天下为什么不把你叫作盗丘，却把我叫作盗跖呢？你用甜言蜜语说服子路使他跟了你，致使子路摘去高帽，解下长剑，来接受你的教育。天下都说孔丘能够阻止残暴、避免错误，可是最后，子路想杀蒯聩但没成事，被剁成肉酱悬挂在卫都东门上面，是你使子路变为肉酱，上无法保身，下无法做人，这证明你没把他教育好。你

庄子选译 ◎ 杂篇

不是自称才士圣人吗？而你却在鲁国两次被驱逐，在卫国潜逃，在齐国走投无路，在陈国、蔡国之间被包围，不见容于世。你的道术难道值得重视吗？世上最高尚的人，没有人比得上黄帝。黄帝尚且不能成全德性，在涿鹿之野开战，血流百里。尧不仁慈，舜不孝敬，大禹过分劳苦，商汤放逐他的主子，周武王讨伐纣王。这六个人，世人都推崇。认真说来，他们都是被名利迷惑了本性从而违背了性情，他们的行为太令人感到羞耻了。世上所说的贤士莫过于伯夷和叔齐，他们拒绝当孤竹国君，饿死在首阳山上，骨肉也没被埋葬。鲍焦粉饰自己的行为，不满现实，撞树而死。申徒狄劝谏没被采纳，背上石头自投河中，被鱼鳖吃掉。介子推最为忠心了，自己割下大腿的肉给晋文公吃。晋文公后来背弃了他，介子推愤怒出走，抱着树木被火烧死。尾生跟女子在桥下约会，女子没来，水漫上来他也不离开，抱着桥柱被淹死了。这六个人，跟被抛弃的死狗和漂流的死猪、拿着瓢子讨饭的人有何区别，都是贪图虚名而不惜死去、不顾本性、不懂颐养寿命的人。世上所说的忠臣，没有人比得上王子比干、伍子胥。伍子胥被沉尸江中，王子比干被挖了心。这两个人，世人都叫他们忠臣，然而最终还是被天下人耻笑。从上面数下来，一直到伍子胥、王子比干，都不值得看重。你孔丘前来劝说，要是告诉我一些神鬼的事情，我还不大清楚；要是告诉我人间世事，不过如此罢了，都是我耳熟能详的。现在我来告诉你人的本质：眼睛喜欢看彩色的东西，耳朵喜欢听合律的声音，嘴巴喜欢尝有味的东西，祈求愿望得到充分满足。人长寿是百岁，中寿是八十岁，短寿是六十岁，除去病痛和死亡忧虑，其中开口欢笑的时间，一月之中不过只有四五天罢了。天和地是无穷无尽的，人的死亡是有期限的。拿着有时限的身躯，寄托在无穷无尽中间，速度快得跟骏马越过间隙没有什么区别。你孔丘所说的那套东西，都是我要抛弃的。快点滚回去，不要再说了！你的那套把戏只不过是失性损德、虚伪巧诈的东西，不可以用来保全真性，还有什么可说的呢！"

孔子一再拜谢后就跑掉了，出了门上了车，几次都没有拿起马缰，两眼茫然什么也看不见，脸色如同死灰一样，扶着车前横木低下头去，连气都喘不过来。

庄子 选译 ◎ 杂篇

252

孔子回到鲁都东门外边，恰好遇上柳下季。柳下季说："你几天没露面了，看上去像行了远路，莫非你去跟跖会面了？"孔子仰天叹气说："是啊。"柳下季说："跖像我以前说的那样违背你的意愿了吗？"孔子说："是的。我真是无病自灸，撩拨老虎的头，梳弄老虎的胡须，险些命丧虎口！"

说　剑

昔赵文王喜剑，剑士夹门①而客三千馀人，日夜相击于前，死伤者岁百馀人。好之不厌②。如是三年，国衰。诸侯谋之。

太子悝患之，募③左右曰："孰能说④王之意止剑士者，赐之千金。"左右曰："庄子当能。"

太子乃使人以千金奉庄子。庄子弗受，与使者俱往见太子曰："太子何以教周，赐周千金？"太子曰："闻夫子明圣，谨奉千金以币从者。夫子弗受，悝尚何敢言！"

庄子曰："闻太子所欲用周者，欲绝王之喜好也。使臣上说大王而逆王意，下不当太子⑤，则身刑而死，周尚安所事金乎？使臣上说大王，下当太子，赵国何求而不得也！"太子曰："然。吾王所见，唯剑士也。"庄子曰："诺。周善为剑。"

太子曰："然吾王所见剑士，皆蓬头突鬓垂冠，曼胡之缨，短后之衣，瞋目而语难⑥，王乃⑦说之。今夫子必儒服而见王，事必大逆。"庄子曰："请治剑服。"

治剑服三日，乃见太子。太子乃与见王，王脱白刃待之。庄子入殿门不趋，见王不拜。王曰："子欲何以教寡人，使太子先？"曰："臣闻大王喜剑，故以剑见王。"王曰："子之剑何能禁制？"曰："臣之剑十步一人⑧，千里不留行。"王大悦之，曰："天下无敌矣。"

庄子曰："夫为剑者，示之以虚，开之以利，后之以发，先之以至，愿得试之。"王曰："夫子休，就舍待命，令设戏⑨请夫子。"王乃校剑士七日，死伤者六十馀人，得五六人，使奉剑于殿下，乃召庄子。

王曰："今日试使士敦剑。"庄子曰："望之久矣！"王曰："夫子所御杖⑩，长短何如？"曰："臣之所奉皆可。然臣有三剑，唯王所用。请先言而后试。"

注释

①夹门：拥门。②不厌：不满足。③募：广泛征求。④说（shuì）：劝说，说服。⑤不当（dàng）太子：不能合乎太子的心愿。⑥语难：说话令人难堪。⑦乃：竟。⑧十步一人：在十步以内杀死一人。⑨设戏：安排对剑。⑩杖：指剑。

译文

从前，赵文王喜好剑术，有三千多剑客立于大门两侧。他们昼夜在赵王面前击剑，一年要死伤一百多人，但赵王喜好剑术，不觉厌倦。这样三年，国势衰微，各国诸侯都想来侵略赵国。

太子悝对这桩事情很担忧，就征求身边的人，说："谁能够劝说大王，让他回心转意，停止收养剑士，我就赏赐他一千两金子。"身边的人说："庄子必定可以。"

太子于是派使者带着一千两金子奉送给庄子。庄子没有接受，就和使者一同来见太子，说："太子有什么事情请教我，要送给我一千两金子？"太子说："我听说先生通达圣智，恭恭敬敬地奉送一千两金子，作为随从的费用。可是先生不肯接受，我还敢说什么呢？"

庄子说："我听说太子之所以要起用我，是为了断绝大王的嗜好。往上我劝说大王没能成功而违背了大王的意旨，往下也不合太子的心愿，那么我的身体将要受刑而死，我还用得着什么金子呢？假使，往上我说服了大王，往下也合乎太子的心愿，我想在赵国要求什么不行呢？"

太子说："是的。我们大王接见的都是些剑士啊。"庄子说："好吧。我善于使剑。"太子说："可是，我们大王所见到的剑士，都是松散着头发，倒梳着

鬓毛,帽子低倾,帽缨盘结在下巴,穿着后身短小的衣服,急瞪着眼睛,不爱和人讲话,这才能让大王喜欢他。现在,先生穿着儒服去见赵王,这必然会大大违背大王的意旨。"庄子说:"请给我准备剑服。"

三天后剑服制作完成,庄子就去见太子。太子陪同庄子去见赵王。赵王把宝剑拔出剑鞘,露出白刃,正等待庄子。庄子进入宫门并不加快脚步,见到大王也不下拜。赵王问庄子说:"您想用什么见教寡人呢,为何先让太子引荐?"庄子说:"臣听说大王喜好剑术,所以就凭着我的剑术来参见大王。"赵王说:"您的剑术是怎样制服对手的呢?"庄子说:"臣的剑术,十步能杀一人,千里之内无人能挡。"赵王听了,非常高兴,说:"那是天下无敌手了。"

庄子说:"那善于使剑的人,先故意以虚空示弱,给人可乘之机加以引诱,之后再攻击对手,并且要先一步击中对手。我愿意找机会试剑。"赵王说:"先生先休息休息,暂且到馆舍里等候命令,我命令他们做好对剑的准备,再请先生。"赵王于是考校剑士,考校了七天,剑士死了六十多人,选拔出了五六个人,令他们拿着剑到殿下等候着,这才去召唤庄子。赵王对庄子说:"今天请先生与剑士们击剑。"庄子说:"我盼望很久了。"赵王又问庄子说:"先生所拿的剑，长短如何？"庄子说："臣所使用的剑，长的短的都可以。可是，臣有三种剑，大王喜欢用哪种就用哪种，我请求先谈谈这几种剑，然后再拿剑比试。"

王曰："愿闻三剑。"曰："有天子剑，有诸侯剑，有庶人剑。"王曰："天子之剑何如？"曰："天子之剑，以燕谿、石城为锋，齐岱为锷，晋卫为脊，周宋为镡①，韩魏为铗，包以四夷，裹以四时，绕以渤海，带以恒山，制以五行，论以刑德②，开以阴阳，持以春夏，行以秋冬。此剑直之无前，举之无上，案③之无下，运之无旁。上决浮云，下绝地纪。此剑一用，匡诸侯，天下服矣。此天子之剑也。"

文王芒然自失，曰："诸侯之剑何如？"曰："诸侯之剑，以知勇士为锋，以清廉士为锷，以贤良士为脊，以忠圣士为镡，以豪桀士为铗。此剑，直之亦无前，举之亦无上，案之亦无下，运之亦无旁。上法圆天，以顺三光；下法方地，以顺四时；中和民意，以安四乡④。此剑一用，如雷霆之震也，四封⑤之内，无不宾服而听从君命者矣。此诸侯之剑也。"

王曰："庶人之剑何如？"曰："庶人之剑，蓬头突鬓，垂冠，曼胡之缨，短后之衣，瞋目而语难，相击于前，上斩颈领，下决肝肺。此庶人之剑，无异于斗鸡，一旦命已绝矣，无所用于国事。今大王有天子之位而好庶人之剑，臣窃为大王薄之。"

王乃牵而上殿。宰人上食，王三环之⑥。庄子曰："大王安坐定气，剑事已毕奏矣。"于是文王不出宫三月，剑士皆服毙其处也。

注释

①镡：剑口。②刑德：刑律与德教。③案：同"按"。④四乡：同"四方"。⑤四封：四境。⑥三环之：绕了三圈。

译文

赵王说："我愿意听你说说这三种剑。"庄子说："有天子剑，有诸侯剑，有平民剑。"赵王问："天子剑是什么样的呢？"庄子说："天子之剑，以燕谿、石城作为剑锋，以齐国的泰山作为剑刃，以晋国、卫国作为剑背，以周国、宋国作为剑环，以韩国、魏国作为剑把，以四夷和四时作为剑鞘，以渤海和恒山作为带穗，用五行制衡，用刑罚和道德论断，因遁阴阳而进退，持守或行动都依顺着自然四季之道。这种剑，向前伸直没有什么能阻挡它；举起来，没有什么能够遮住它；刺下去，没有什么能够承受；运用起来，没有什么能够靠近；向上它可以拔开浮云；向下它可以穿过地基。这种剑一旦使用，就可以匡正诸侯、威服天下。这便是天子之剑。"

赵王一脸迷茫，若有所失地问："那诸侯之剑是什么样的呢？"庄子说："那诸侯之剑，用智勇之士作为剑锋，用清廉之士作为剑刃，用贤良之士作为剑背，用忠圣之士作为剑环，用豪杰之士作为剑把。这口剑，向前伸直，没有什么能阻挡它；举起来，没有什么能够遮住它；刺下去，没有什么能够承受；运用起来，没有什么能够靠近。在上说，它效法天，顺从三光；在下说，它效法地，顺随四时；在中间，它顺应民意，安抚四方。这种剑一旦使用，就如同雷霆的震动，四境之内，没有不宾服的，都听从君王的命令了。这便是诸侯之剑。"

赵王又问："那平民之剑是什么样的呢？"庄子说："那平民之剑，剑士松散着头发，倒梳着鬓毛，帽子低倾，帽缨盘结在下巴，穿着后身短小的衣服，急瞪着眼睛，不爱和别人说话；在人前互相砍杀，上面斩断脖颈，下面伤及肝肺。这种平民之剑，和斗鸡没有什么差别，一旦断送生命，对于国家大事并没有好处。现在大王享有天子之位，可是喜好平民之剑。臣私自替大王鄙薄它。"

赵王于是拉着庄子的手一起登上殿去。厨师摆上筵席，赵王围着筵席转了三圈。庄子对赵王说："大王请安然就座，平心静气，关于剑术的事情，臣已经陈奏完毕了。"从此赵王三个月不出宫殿，剑士们都在自己的居所自杀了。

渔 父①

孔子游乎缁帷②之林，休坐乎杏坛③之上，弟子读书，孔子弦歌鼓琴。奏曲未半，有渔父者，下船而来，须眉交白，被发揄袂，行原以上，距陆而止，左手据膝，右手持颐以听。曲终，而招子贡、子路二人俱对。

客指孔子曰："彼何为者也？"子路对曰："鲁之君子也。"客问其族④。子路对曰："族孔氏。"客曰："孔氏者，何治也？"子路未应，子贡对曰："孔氏者，性服忠信，身行仁义，饰礼乐，选人伦，上以忠于世主，下以化于齐民，将以利天下。此孔氏之所治也。又问曰："有土之君与？"子贡曰："非也。""侯王之佐与？"子贡曰："非也。"客乃笑而还行，言曰："仁则仁矣，恐不免其身。苦心劳形以危其真。呜呼！远哉，其分于道也。"

子贡还，报孔子。孔子推琴而起，曰："其圣人与！"乃下求之。至于泽畔，方将杖拏⑤而引其船，顾见孔子，还乡而立。孔子反走，再拜而进。

客曰："子将何求？"孔子曰："曩者先生有绪言而去，丘不肖，未知所谓，窃待于下风⑥，幸闻咳唾之音，以卒相丘也。"

客曰："嘻！甚矣，子之好学也！"孔子再拜而起，曰："丘少而修学，以至于今，六十九岁矣，无所得闻至教，敢不虚心！"

客曰："同类相从，同声相应，固天之理也。吾请释吾之所有而经子之所以。子之所以者，人事也。天子诸侯大夫庶人，此四者自正，治之美也；四者离位而乱莫大焉。官治其职，人忧其事，乃无所陵。故田荒室露，衣食不足，征赋不属，妻妾不和，长少无序，庶人之忧也；能不胜任，官事不治，行不清白，群下荒怠，功美不有，爵禄不持，大人之忧也；廷无忠臣，国家昏乱，工技不巧，贡职不美，春秋⑦后伦，不顺天子，诸侯之忧也；阴阳不和，寒暑不时，以伤庶物，诸侯暴乱，擅相攘伐，以残民人，礼乐不节，财用穷匮，人伦不饬，百姓淫乱，天子有司之忧也。今子既上无君侯有司之势，而下无大臣职事之官，而擅饰礼乐，选人伦，以化齐民，不泰多事乎？且人有八疵，事有四患，不可不察也。非其事而事之，谓之摠⑧；莫之顾而进之，谓之佞；希⑨意道言，谓之谄；不择是非而言，谓之谀；好言人之恶，谓之谗；析交离亲，谓之贼；称誉诈伪以败恶人，谓之慝⑩；不择善否，两容颊适，偷拔其所欲，谓之险。此八疵者，外以乱人，内以伤身，君子不友，明君不臣。所谓四患者：好经大事，变更易常，以挂功名，谓之叨；专知擅事，侵人自用，谓之贪；见过不更，闻谏愈甚，谓之很；人同于己则可，不同于己，虽善不善，谓之矜。此四患也。能去八疵，无行四患，而始可教已。"

注释

①渔父：渔夫。这里通过渔夫教训孔子的言论，表现庄子学派的批判思想。②缁帷：黑幕。③杏坛：植有杏树的高地，在鲁都东门外。曾是鲁将臧文誓师的地方，孔子也在此讲学。④族：氏族，姓氏。⑤挐：通"桡"，船桨。⑥下风：膝下之风。⑦春秋：春季朝见天子称"朝"，秋季朝见天子称"觐"。⑧摠：通"总"，包揽。⑨希：通"晞"，观察。⑩慝（tè）：奸邪。

译文

孔子到缁帷之林里游玩，然后坐在杏坛上休息。学生在读书，孔子在弹琴唱歌。歌曲没演奏到一半，有个渔夫下船走过来，他的胡子和眉毛都白了，披散着头发挥着袖子，经过原野走上来，到达高地就停住了。他左手按着膝盖，右手托着脸颊在听。一曲完毕，他就招呼子贡和子路两人一起来对话。

他指着孔子问："那人是谁呀？"子路回答说："是鲁国的君子。"他询问姓氏，子路回答说："是孔氏家族。"他又问："这姓孔的是干什么职业的？"子路没有回答，子贡回答说："这姓孔的人，用心于忠信，躬身实践仁义，用礼乐加以修饰，制定人际关系准则。对上忠于君主，对下教化平民，这些是利

于天下的。这就是姓孔的人所干的职业了。"他又问:"他是拥有国土的君主吗?"子贡说:"不是的。"他又问:"他是君主的卿相吗?"子贡说:"不是的。"他于是笑了笑就往回走,并说:"仁爱倒是仁爱,恐怕难免身形劳累。煞费苦心而劳累身体会危害他的天性的。哎,他离大道的距离太远了。"

子贡回来,把事情向孔子汇报。孔子推开琴站起来,说:"那是位圣人吧!"于是走下杏坛径直去找渔夫。走到湖边,那渔夫要撑篙划船,回头看见孔子,便转过身来站着。孔子倒退了几步,拜了拜便走上去。

渔夫问:"你是有什么事找我吗?"孔子说:"刚才先生只说了个开头就走了,我是如此浅陋,不能理解先生之言,所以在这里等待先生的教诲,希望得到有益于自身的只言片语。"

渔夫说:"唉,你真是太好学了!"孔子再次行礼然后站起来说:"我从小学习,直到现在,已经六十九年了,还没听过至上的教诲,哪敢不虚心呢!"

渔夫说:"同类事物相互关联,同类声音相互应答,这本来就是自然常理。我想运用我的见解来分析你的所作所为。你所从事的,是人世事务。天子、诸侯、大夫、平民,这四等人自身稳定,是治理上最理想的了;这四等人地位发生转变便会爆发大得无比的混乱。官吏履行自己职责,人民操心自己的事情,这才不会出现动乱。所以田地荒芜,居室破败,衣食不足,所征赋税不能及时交纳,妻妾之间不和睦,长幼没了次序,这些是平民的担忧;能力不能胜任职责,官府公务荒废,行为不清廉,下属荒忽怠惰,无功于国家和人民,爵禄无以维持,这些是大夫的担忧;朝廷没有忠臣,国家昏乱,工艺技术不够精巧,进贡不尽人意,春朝秋觐时比同列诸侯晚了一步,触犯了天子,这些是诸侯的担忧;阴阳气候不相调和,寒冷暑热不遵从季节,损害了万物的自然生长,诸侯暴乱,相互攻伐,残害百姓,礼乐失去规范,财物贫乏,人伦关系难以整顿,百姓无法无天,这些是天子的担忧。如今你既没有君主诸侯的权力,也没有臣子官属的职位,却擅自修饰礼乐,制定人伦关系来教化百姓,不是多管闲事吗?加上人有八种毛病,事情有四种害处,不可以不留心呀。不属于自己管的事却要去管它,叫作包揽;别人不理睬而进忠言,叫作巧佞;察言观色来说话,叫作谄媚;没有是非标准地说话,叫作阿谀;喜好讲人的坏话，叫作谗毁；挑拨离间亲友关系，叫作陷害；用称赞奸诈虚伪的人来打击仇人，叫作奸邪；不分善恶都予以迎合，暗中助长人的欲望，叫作阴险。这八种毛病，对外可搅乱人心，对内足以伤害自身，君子不会跟他做朋友，英明的君主不会起用他做臣子。所说的四种害处是：喜欢经营大事，标新立异，沽名钓誉，叫作盗窃；自以为是而独断专行，恃势凌人，刚愎自用，叫作贪婪；发现过错不予改正，听人指劝后反而变本加厉，叫作执拗；别人赞同自己就认可，不赞同自己，纵然是好意也不承认，叫作矜夸。这就是四种害处。能够摒弃这八种毛病，不再遭受四种害处，你才可以教诲世人啊。"

孔子愀然①而叹，再拜而起，曰："丘再逐于鲁，削迹于卫，伐树于宋，围于陈、蔡。丘不知所失，而离此四谤者，何也？"

客凄然变容曰："甚矣，子之难悟也！人有畏影恶迹而去之走者，举足愈数而迹愈多，走愈疾而影不离身，自以为尚迟，疾走不休，绝力而死。不知处阴以休影，处静以息迹，愚亦甚矣！子审仁义之间，察同异之际，观动静之变，适受与之度，理好恶之情，和喜怒之节，而几于不免矣。谨修而身，慎守其真，还以物与人，则无所累矣。今不修之身而求之人，不亦外乎！"

孔子愀然，曰："请问何谓真？"

客曰："真者，精诚之至也。不精不诚，不能动人。故强哭者，虽悲不哀；强怒者，虽严不威；强亲者，虽笑不和。真悲无声而哀，真怒未发而威，真亲未笑而和。真在内者，神动于外，是所以贵真也。其用于人理也，事亲则慈孝，事君则忠贞，饮酒则欢乐，处丧则悲哀。忠贞以功为主，饮酒以乐为主，处丧以哀为主，事亲以适为主。功成之美，无一其迹矣；事亲以适，不论所以矣；饮酒以乐，不选其具矣；处丧以哀，无问其礼矣。礼者，世俗之所为也；真者，所以受于天也，自然不可易也。故圣人法天贵真，不拘于俗。愚者反此。不能法天而恤于人，不知贵真，禄禄②而受变于俗，故不足。惜哉，子之蚤湛于人伪而晚闻大道也！"

孔子又再拜而起，曰："今者丘得遇也，若天幸然。先生不羞而比之服役而身教之。敢问舍所在,请因受业而卒学大道。"

客曰:"吾闻之,可与往者,与之至于妙道;不可与往者,不知其道。慎勿与之,身乃无咎。子勉之,吾去子矣,吾去子矣!"乃刺船而去,延缘苇间。

颜渊还车,子路授绥,孔子不顾,待水波定,不闻拏音而后敢乘。

子路旁车而问曰:"由得为役久矣,未尝见夫子遇人如此其威也。万乘之主,千乘③之君,见夫子未尝不分庭伉礼④,夫子犹有倨傲之容。今渔父杖拏逆立,而夫子曲要磬折,言拜而应,得无太甚乎?门人皆怪夫子矣,渔人何以得此乎?"

孔子伏轼而叹曰:"甚矣,由之难化也!湛于礼仪有间矣,而朴鄙之心至今未去。进,吾语汝。夫遇长不敬,失礼也;见贤不尊,不仁也。彼非至人,不能下人。下人之精,不得其真,故长伤身。惜哉!不仁之于人也,祸莫大焉,而由独擅之。且道者,万物之所由也。庶物失之者死,得之者生。为事逆之则败,顺之则成。故道之所在,圣人尊之。今渔父之于道,可谓有矣,吾敢不敬乎!"

注 释

①愀(qiǎo)然:惭愧状。②禄禄:通"逯逯",追随的样子。③千乘:诸侯。④分庭伉礼:宾主分从东西庭升堂,称"分庭";在堂上让座互拜,称"伉礼"。"伉"现作"抗"。

译 文

孔子露出惭愧之色,再三拜谢后站起来,说:"我在鲁国两次被驱逐,在卫国被迫潜逃,在宋国连待过的树都被砍掉,在陈、蔡两国之间被围困过。我也不知道犯了什么过错,竟遭受到这四次打击?"

渔夫凄怆地改变脸色说:"你真是太难醒悟了!有人害怕自己的身影、讨厌自己的足迹,想摆脱它们快跑,他迈的步子越多那足迹就越多,跑得越快可身影还是摆脱不了,他自以为太慢了,于是猛跑不停,直到断气绝力死了。

他不懂得待在阴暗的地方就能使影子消失掉，处在静止状态就能使足迹不出现，他也太过愚蠢了！你深明仁义的关联，分清同异的界限，留心动静的变化，把握接受和给予的分寸，分析爱好和厌恶的实质，把控高兴和恼怒的差距，可是还不能免除祸害啊。谨慎地修养你的身心，慎重地保存你的真性，施惠于人，那就没有什么牵累了。现在你不去修养自身反而去苛求他人，不是追求外物而本末倒置了吗！"

孔子羞愧地问："请问什么叫真？"

渔夫说："真嘛，就是心性精诚达到极点。不精诚，就不能感动人。所以勉强哭泣的人，虽有悲伤无哀痛；勉强恼怒的人，虽有严厉却无威慑；勉强亲热的人，虽有笑容却无和蔼。真正的哀伤是无声的大痛，真正的愤怒未发而很威严，真正的亲热在笑容之前就感到和蔼。真性在内，神情表现出来，这就是珍视真性的原因。将它运用到人理上，侍奉双亲就慈爱孝敬，效力君主就忠心坚贞，喝酒就快乐，守丧便悲哀。成功了就好，不要固定在一种途径上；侍奉双亲令他们满意就行，不管用哪种方法；喝酒快乐就得了，不需要选择用什么器具；守丧悲哀就是了，不必讲究礼仪形式。礼是世俗中人为的；真性是出于天然的，自然而然，不可改变。所以圣人效法自然，珍重真诚，不受

世俗拘束。愚顽的人正与此相反。不能效法自然而忧心于人事，就不懂得本性的珍贵，在世俗中随波逐流而不知满足。可惜呀，你过早地沉溺在人为的俗务里，过晚地聆听大道。"

孔子再三行礼后站起来说："今天我能够遇上你，如同跟神幸会一样。先生不以为耻地把我当作学生，亲自教诲我，我冒昧请问先生住处在哪里，好让我继续接受学业直至最终通达大道。"

渔夫说："我听说，对可以迷途知返的人，就能够跟他一齐前进而达到美妙的境界；对不能迷途知返的人，也就不知晓道在哪了，千万不要跟他一起，这样自身才能避免祸害。你努力吧，我要离开你了，我要离开你了！"于是渔夫就撑船走了，沿着芦苇水径缓缓而去。

颜渊调转车头，子路将车绳递给孔子，孔子连看都不看，直到水波平定，听不到桨声，才敢坐上车。

子路靠近车来，问道："我侍奉先生很久了，从来没见过先生对人这么敬畏的。天子也好，诸侯也好，跟先生会面时没有不是分庭抗礼的，即使这样先生还有点傲慢的神气呢。现在渔夫撑桨在对面站着，可先生却把腰弯得像磬一样，听渔夫说话也要先行礼再回答，不是太过分了吗？学生们都要抱怨先生了，渔夫凭什么得到这样的待遇？"

孔子趴在车前横木上叹息说："子路你真是太难教化了！你陷在礼义之道的时间够长了，可是粗鄙的心性至今还没消除。过来，我告诉你。遇到长者不尊敬，是失礼；看见贤人不尊敬，是不仁爱。如果他不是至人，就不能使人信服。对人谦逊却不精诚，不能回到真性，所以老是伤害身体。可惜呀，对人不仁爱，祸大无比，可你却偏有这个缺点。至于道嘛，是万物产生的根由。万物失去它就会死，得到它就能活。做事情违背它就失败，顺从它就成功。所以道在哪里，圣人都尊崇它。如今道在渔夫身上，我哪敢不尊敬他呢？"

列御寇（节选）

列御寇之齐，中道而反，遇伯昏瞀人。

伯昏瞀人曰："奚方而反①？"曰："吾惊焉。"

曰："恶乎惊？"

曰："吾尝食于十浆，而五浆先馈。"

伯昏瞀人曰："若是则汝何为惊已？"

曰："夫内诚不解②，形谍成光③，以外镇人心，使人轻乎贵老，而䪅其所患④。夫浆人特为食羹之货，多馀之赢，其为利也薄，其为权也轻，而犹若是，而况于万乘之主乎！身劳于国而知尽于事，彼将任我以事，而效我以功，吾是以惊"。

伯昏瞀人曰："善哉观乎！女处已，人将保女矣！"

无几何而往，则户外之屦满矣。伯昏瞀人北面而立，敦杖蹙之乎颐，立有间，不言而出。宾者以告列子，列子提屦，跣⑤而走，暨乎门，曰："先生既来，曾不发药乎？"

曰："已矣，吾固告汝曰：人将保汝，果保汝矣！非汝能使人保汝，而汝不能使人无保汝也，而⑥焉用之感豫出异也。必且有感⑦摇而本才，又无谓也。与汝游者，又莫汝告也，彼所小言，尽人毒也。莫觉莫悟，何相孰⑧也！巧者劳而知者忧，无能者无所求。饱食而敖游，泛若不系之舟，虚而敖游者也！"

……

注 释

①奚方而反：因何故回来。奚，何。方，故。②内诚不解：内心情欲不能缓解。诚，"情"的假借字。③形谍成光：谍，动。形谍，形容举止。

成光，有光仪。④斋其所患：招致祸患。斋，聚积。⑤跣：赤脚。⑥而：尔。⑦感：撼。⑧相孰：此指相互审察。

译文

列御寇到齐国去，中途却又返回来，遇上了伯昏瞀人。

伯昏瞀人问道："什么事情使你又回来了？"列御寇说："我感到惊恐不安。"

伯昏瞀人说："为什么惊恐不安？"

列御寇说："我曾在十家卖浆的店子吃饭，有五家争先给我送来。"

伯昏瞀人说："像这样的事，怎么会让你惊恐不安呢？"

列御寇说："真诚积聚于心，形容举止就会有光仪神采，以这样的外貌镇服人心，使他人对我的尊重胜过对老人的尊重，这将会招致祸患。卖浆人只不过是做些小本的饮食买卖，没有多少盈余，获利微薄，权势轻微，还如此待我，更何况是万乘的国君呢！国君为国家损耗身体，为政事消耗才智，他们会把重任托付给我并要我创立功绩，我因为这才惊惶不已。"

伯昏瞀人说："你的观察与分析妙啊！你就等着吧，人们会归附你的！"

没过多久，伯昏瞀人前去看望列御寇，见门外摆满了鞋子。伯昏瞀人面朝北方站着，竖着拐杖撑住下巴，站了一会儿，一句话没说就出去了。接待客人的人把这件事告诉了列御寇，列御寇提着鞋子，光着脚就跑了出来，到了门口，说："先生既然来了，怎么不说一句教导的话呢？"

伯昏瞀人说："算了算了，我本来就告诉你，人们会归附你，果真归附你了。不是你能使人归附你，而是你不能使人不归附你。你何必这样讨巧而显现得与众不同呢！必定会再有让你感到欢愉的事来撼动你的本性，而这毫无裨益。跟你交游的人中无人劝诫你，他们机巧的言论，全是毒害人的。没有人觉悟，怎能彼此审察呢！灵巧的人多劳累，聪明的人多忧患，不用智巧的人无所求。填饱肚子就自由自在地遨游，像不受缆索牵绊飘忽在水中的船只一样，这才是心境虚无而自由遨游的人！"

宋人有曹商①者，为宋王②使秦。其往也，得车数乘。王说③之，益④车百乘。反⑤于宋，见庄子曰："夫处穷闾阨巷⑥，困窘织屦⑦、槁项黄馘⑧者，商之所短⑨也；一悟⑩万乘之主而从车百乘者，商之所长⑪也。"

庄子曰："秦王有病召医。破痈溃痤⑫者得车一乘，舐痔⑬者得车五乘，所治愈下⑭，得车愈多。子岂⑮治其痔邪？何得车之多也？子行⑯矣！"

注释

①曹商：人名。②宋王：宋偃王。③说：通"悦"。④益：增加。⑤反：通"返"。⑥阨巷：狭巷。⑦织屦：织鞋，做鞋。⑧馘（xù）：脸。⑨短：短处。⑩悟：使……觉悟。⑪长：长处。⑫痤（cuó）：痤疮，粉刺。一说疽。⑬痔：痔疮。⑭下：卑下。⑮岂：难道。⑯行：走。

译文

宋国有个叫曹商的，为宋君偃出使秦国。他去时，获得了宋王赏赐的几辆车子。由于他取悦了秦王，秦王又赐给他车子百辆。返回宋国以后，曹商见到庄子，说："住在穷里狭巷，贫苦地靠织鞋为生，搞得面黄肌瘦，这是我的短处；一旦使秦王醒悟，我就使随从的车子增加到百乘，这是我的长处。"

庄子说："秦王有病召请医生，破除脓疮的可以得车一辆，舐痔疮的可以得车五辆，所医治的愈卑下，得的车愈多。你难道舐了秦王的痔疮了吗？为什么你得到的车这么多呢？你走吧！"

鲁哀公问乎颜阖曰："吾以仲尼为贞干①，国其有瘳乎？"

曰："殆哉，圾②乎！仲尼方且饰羽而画，从事华辞。以支为旨③，忍性以视民，而不知不信。受乎心，宰乎神，夫何足以上民！彼④宜女与？予颐与？误而可矣。今使民离实学伪，非所以视民也。为后世虑，不若休之。难治也！

"施于人而不忘，非天⑤布也，商贾不齿。虽以事齿之，神者弗齿。

"为外刑者，金与木也⑥；为内刑者，动与过⑦也。宵人之离外刑者，金木讯之；离内刑者，阴阳食之⑧。夫免乎外内之刑者，唯真人能之。"

注释

①贞幹：栋梁。②坡：通"发"，危。③以支为旨：以枝节为要旨。④彼：指仲尼。⑤天：此指自然无私的。⑥金与木也：金，谓刀锯釜钺。木，谓棰楚桎梏。⑦动与过：动，谓心之摇作。过，谓事之悔尤。⑧阴阳食之：阴阳两气交相剥食。

译文

鲁哀公问颜阖道："我想推荐孔子为栋梁之材，这样国家就有希望了吧？"

颜阖说："危险啊，危险！孔子正热心雕琢文饰，追求华丽的辞章，把枝节当主干，矫饰自然性情以夸示于民众，不明智也不诚信，让他的内心被这些虚情主宰，怎么能领导人民呢！孔子之道果真适合你吗？或者你认为他真能养育百姓吗？那一定会误事的。让人民背离朴实而学虚伪，这不是教化人民的办法，为后世着想，不如尽早放弃这个打算。孔子是很难治理好国家的。

"施惠于人却总放在心上，这还不是自然无私的布施。连商人都瞧不起这种行为。虽然有时不得已与人谈论，但内心还是看不起的。

"对身体的刑罚，用的是金属或木制刑具；对内心的惩罚，则是内心的烦乱和行动的错。小人的皮肉之刑，是用金属或木制刑具拷问；小人的内心惩罚，则是阴阳二气的交相剥食。能够免于内外刑罚的，只有真人才能做到。"

孔子曰："凡人心险于山川，难于知天。天犹有春秋冬夏旦暮之期，人者厚貌深情。故有貌愿而益①，有长若不肖，有顺懁而达②，有坚而缦，有缓而釬③，故其就义若渴者，其去义若热。故君子远使之而观其忠，近使之而观其敬，烦使之而观其能，卒然问焉而观其知，急与之期而观其信，委之以财而观其仁，告之以危而观其节，醉之以酒而观其则，杂之以处而观其色。九征至，不肖人得矣。"

正考父一命而伛，再命而偻，三命而俯，循墙而走，孰敢不轨！如而夫④者，一命而吕钜⑤，再命而于车上儛，三命而名诸父⑥，孰协唐许⑦？

贼莫大乎德有心而心有睫⑧，及其有睫也而内视，内视而败矣。凶德有五，中德为首，何谓中德？中德也者，有以自好也而吡⑨其所不为者也。

穷有八极，达有三必，形有六府。美、髯、长、大、壮、丽、勇、敢，八者俱过人也，因以是穷。缘循、偃佒、困畏不若⑩人，三者俱通达。智慧外通，勇动多怨，仁义多责。达生之情者傀，达于知者肖；达大命者随，达小命者遭。

注 释

①益：通"溢"，骄溢。②顺悁（xuān）而达：外表拘谨而通达事理。③釬（hàn）：急。④而夫：凡夫。⑤吕钜：骄矜貌。⑥名诸父：直呼叔伯的名号。⑦唐许：指唐尧欲禅位于许由之事。⑧睫：似为"眼"字之误。⑨吡：诋毁。⑩若：比。

译 文

孔子说："人心比山川还要险恶，要了解它比探知天象还要困难。自然尚有春夏秋冬和早晚变化的一定周期，人却容貌宽厚而情感内敛。有的人貌似淳厚而内心骄逸，有的人实为长者而心术不正，有的人外表拘谨而通达事理，有的人外貌坚刚而内心散漫，有的人表面舒缓而内心焦躁。所以人们追求仁义急如干渴，抛弃仁义急如避热。因此君子总是让他远离来观察他是否忠诚，让他近身来观察他是否恭敬，让他处理繁难的事务来观察他的才能，向他突然提问来观察他的心智，给他紧急的期约来观察他的信用，把财物托付给他来观察他的廉洁，告诉他处境的危险来观察他的节操，让他喝醉来观察他的仪态，使男女杂处来观察他的色态。经过这九种征验，那些表里不一的人也就能被挑拣出来了。"

正考父第一次被任命为士时，待人接物谦虚地曲着背；第二次被任命为大夫时，待人接物恭敬地躬着腰；第三次被任命为卿时，更是俯下身子，让开大道顺着墙根急步快走。都像这样，谁还敢做不轨的事！如果是凡夫俗子，第一次被任命为士就会傲慢矜持，第二次被任命为大夫就会在车上手舞足蹈，第三次被任命为卿就要直呼叔伯的名号了。都像这样，谁还会同唐尧、许由一样谦让呢？

最大的祸害莫过于有意为德而有城府，有了心眼就会内心纷扰，内心纷扰就会道德败坏。招致凶祸的有耳、目、鼻、口、心五者的欲望，其中以心里的欲望为祸患之首。什么叫心里欲望的祸患？所谓心里欲望的祸患，是指自以为是而诋毁自己所不认同的事情。

穷困窘迫源于八项极端，通达顺利源于三种必然，形态面貌则取决于六项府藏因素。貌美、须长、高大、魁梧、健壮、华丽、勇武、果敢，这八项都超过他人的，自恃傲人必然导致困窘。因循顺应、俯仰随人、怯懦谦下，这三种情况都能遇事通达。深谙智慧的人必内外通显，勇猛躁动的人必多招怨，倡导仁义的人必多责难。通晓生命实情的人心胸开阔，通晓智巧的人渺小；通达大命的人顺应自然，通晓小命的人随遇而安。

人有见宋王者，锡①车十乘。以其十乘骄稚庄子。庄子曰："河上有家贫恃纬萧而食者，其子没于渊，得千金之珠。其父谓其子曰：'取石来锻②之！夫千金之珠，必在九重之渊而骊龙③颔下。子能得珠者，必遭其睡也。使骊龙而寤，子尚奚微之有哉！'今宋国之深，非直九重之渊也；宋王之猛，非直骊龙也；子能得车者，必遭其睡也。使宋王而寤，子为齑粉夫。"

或聘于庄子，庄子应其使曰："子见夫牺牛④乎？衣以文绣，食以刍叔⑤。及其牵而入于大庙，虽欲为孤犊，其可得乎！"

注　释

①锡：通"赐"。②锻：锤破。③骊龙：黑龙。④牺牛：祭祀用的牛。⑤叔：通"菽"，大豆。

译 文

　　有个人拜见宋王，宋王赏赐他十辆车子，他用这十辆车子向庄子夸耀。庄子说："河边有个贫困家庭靠编织芦苇用具生活，他的儿子潜入深渊，得到价值千金的珍珠。他的父亲对他的儿子说：'拿石头来锤烂它！这价值千金的珍珠，一定在九重深渊骊龙的颔下。你能得到珍珠，定是碰上龙在睡觉。等到龙醒来，你就被蚕食无余了！'现在宋国危机的深重，不止于九重的深渊；宋王的凶猛，不止于骊龙；你能得到车子，一定是碰上他迷糊的时候。假使宋王清醒过来，你就要粉身碎骨了！"

　　楚国有人来聘请庄子。庄子回答使者说："你见过用来祭祀的牛吗？披着纹彩锦绣，喂着刍草大豆，等到把它牵入太庙去，就是想做只无人豢养的牛犊，又怎能办得到呢！"

　　庄子将死，弟子欲厚葬之。庄子曰："吾以天地为棺椁，以日月为连璧，星辰为珠玑，万物为赍①送。吾葬具岂不备邪？何以加此！"

　　弟子曰："吾恐乌鸢②之食夫子也。"

　　庄子曰："在上为乌鸢食，在下为蝼蚁食，夺彼与此，何其偏也！"

　　以不平平，其平也不平；以不征征，其征也不征。明者唯为之使，神者征之。夫明之不胜神也久矣，而愚者恃其所见入于人，其功外也，不亦悲乎！

注 释

　　①赍（jī）：送。②鸢（yuān）：老鹰。

译 文

　　庄子快要死的时候，弟子们打算厚葬他。庄子说："我以天地为棺椁，以太阳和月亮为连璧，把星星当作珍珠，把万物当作陪葬品。我的丧葬用品难道还不齐备吗？还有比这更好的吗！"

弟子们说:"我们担心乌鸦和老鹰吃掉你的遗体!"

庄子说:"把遗体放在地面会被乌鸦和老鹰吃,埋葬于地下会被蝼蛄和蚂蚁吃,从乌鸦、老鹰那里夺过来给蝼蛄、蚂蚁,为什么这样偏心呢!"

用不公平的方式来显示公平,这种公平不能算作公平;用不能验证的东西来求验,这种征验不能算是征验。自认为聪明的人只会被人役使,精神世界完全超脱于物外的人才会自然地感应。自认为聪明的人不及唯任自然的人,而愚蠢的人还总是自恃偏见而沉溺于世俗和人事,他的功利只在表面,这不是也很可悲吗!

天 下(节选)

天下之治方术①者多矣,皆以其有为不可加矣!古之所谓道术②者,果恶乎在?曰:"无乎不在。"曰:"神③何由降?明④何由出?""圣有所生,王有所成,皆原于一。"

不离于宗,谓之天人⑤;不离于精⑥,谓之神人;不离于真,谓之至人。以天为宗,以德为本,以道为门,兆于变化,谓之圣人;以仁为恩,以义为理,以礼为行,以乐为和,薰然慈仁,谓之君子;以法为分,以名为表,以参为验,以稽为决,其数一二三四是也,百官以此相齿;以事为常,以衣食为主,蕃息畜藏,老弱孤寡为意,皆有以养,民之理也。

古之人其备乎!配神明,醇天地,育万物,和天下,泽及百姓,明于本数,系于末度,六通四辟,小大精粗,其运无乎不在。其明而在数度者,旧法、世传之史尚多有之;其在于《诗》《书》《礼》《乐》者,邹鲁之士、搢绅⑦先生多能明之。《诗》以道志,《书》以道事,《礼》以道行,《乐》以道和,《易》以道阴阳,《春秋》以道名分。其数散于天下而设于中国⑧者,百家之学时或称而道之。

天下大乱,贤圣不明,道德不一。天下多得一察焉以自好⑨。譬如耳目鼻口,皆有所明,不能相通。犹百家众技也,皆有所长,时有所用。虽然，不该不遍，一曲之士也。判天地之美，析万物之理，察古人之全。寡能备于天地之美，称神明之容。是故内圣外王之道，暗而不明，郁而不发，天下之人各为其所欲焉以自为方。悲夫！百家往而不反，必不合矣！后世之学者，不幸不见天地之纯、古人之大体。道术将为天下裂。

……

注释

①方术：一方之术，即特殊的学问，道术的一部分。②道术：普遍之术，引申为真理。③神：指天，所以后文说"降"。④明：指地，所以说"出"。⑤天人：指天人不分离为二的道理。⑥精：指道。⑦搢绅：搢笏而垂绅的儒服。⑧中国：指鲁、齐、卫、宋的地区。⑨自好(hào)：自意不知变，主观自信不变。

译 文

　　天下研究特殊学术的人很多，都以为自己的所得无以复加了。古时所谓普遍的道术，究竟何在呢？回答说："是无所不在的。"问："神从哪里降临？王从哪里产生？"回答说："圣有所生，王有所成，都来自大道。"

　　不离开道的宗本的人，称作天人；不离开道的精髓的人，叫作神人；不离开道的本真的人，叫作至人。以天为主宰，以德为根本，以道为门径，能预见变化兆端的，叫作圣人；用仁恩惠人民，用义治理人民，用礼教化人民的行为，用乐来调和人民的性情，表现温和而仁慈的，叫作君子；以法度作为尺度，以名号作为标志，以比较为验证，以考察来断定，等次分明如同一二三四，百官以这些为序列，百姓以耕织为常务，以衣食为主，繁衍生息，积蓄储藏，把老弱孤寡放在心上，使之都有所养，这是治理人民的道理。

　　古时的圣人是很完备的了，他们配合神圣明王，以天地为准则，养育万物，调和天下，恩泽百姓；不仅通晓道的根本，而且维系于法度的末节，上下四方通达，春夏秋冬四时通畅，小大精粗，大道的运行无所不在。那些明显表现于制度的旧时法规世代相传，史官还记载很多。那些保存在《诗》《书》《礼》《乐》的，邹鲁的儒者们大多都知晓。《诗》是表达志向的，《书经》是记载政事的，《礼》是规范道德行为的，《乐》是陶冶情操的，《易经》是预测阴阳变化的，《春秋》是讲述名分的。这些典章制度散布于天下而设立于四境，百家学说时常宣扬它。

　　天下大乱，贤圣不能明察，道德规范不能统一，天下的学者多是各得一偏而自以为是。就像耳、目、口、鼻都有它们各自的功能，而不能相互通用。就像百家学说一样，各有所长，时有所用。虽然如此，但不完备又不普遍，是看问题片面的人。分割天地的完美，离析万物的常理，放散古人的完美道德，很少具备天地的完美，不能相称于大道的包容。所以内圣外王的道理，幽暗不明，抑郁不发，天下的人各以自己想法为自己的道术。可悲啊！百家皆尽迷途而不知返，也就不能合于大道了！后世的学者，不幸在于不能看到天地的纯真，不能看到古人的道德全貌，道术将要被天下所割裂。

以本为精，以物为粗，以有积为不足，澹然独与神明居。古之道术有在于是者，关尹、老聃闻其风而悦之。建之以常无有，主之以太一。以濡①弱谦下为表，以空虚不毁万物为实。

关尹曰："在己无居，形物自著。"其动若水，其静若镜，其应若响，芴②乎若亡，寂乎若清。同焉者和，得焉者失。未尝先人，而常随人。

老聃曰："知其雄，守其雌，为天下谿。知其白，守其辱，为天下谷。"人皆取先，己独取后，曰："受天下之垢。"人皆取实，己独取虚。"无藏也故有馀，岿然而有馀③。"其行身也，徐而不费，无为也而笑巧。人皆求福，己独曲全，曰："苟免于咎。"以深为根，以约为纪，曰："坚则毁矣，锐则挫矣。"常宽容于物，不削于人。可谓至极。关尹、老聃乎，古之博大真人哉！

……

注释

①濡：通"嬬"，弱。②芴：通"忽"。③岿然而有馀：刘文典《庄子补正》认为此句为衍文，当删去。

译文

把无形的德看作是精妙的，把具体的物看作是粗疏的，把积蓄看作不足，无牵无挂地独与自然大道共存。古代道术就有这方面的学说，关尹、老聃听到这种治学风气就喜而从之。他们建立常有常无的学说，归之于道，以柔弱谦下为外表，以空虚不毁万物为实质。

关尹说："在自己来说不囿于成见，有形的物体让其自行显现。"其动时像流水，其静时像明镜，其反应如回声。恍惚像无有，寂静像清虚。与万物混同的就能和谐，有得必有失。未曾争在人先，而经常甘居人后。

老聃说："知道事物的雄强，而持守雌弱，成为天下的沟壑；知道明亮的耀眼，而退居幽暗，成为天下的溪谷。"别人都争先，而自己甘居于后，说："甘受天下的垢辱。"别人都求实际，而自己独求空虚，这是说："不敛藏反而

有多余。"充实如高山。他立身行事，舒缓而不耗费精神，无所作为却讥笑智巧。别人祈求福佑，他却独自委曲求全，说："但求免于祸害。"以深藏为根本，以简约为纲纪，这是说："坚硬就容易毁坏，锐利就会受挫折。"经常宽容对待万物，不伤害别人，可以说达到了至高境界。关尹、老聃啊，真是古代的渊博伟大的真人呀！

惠施多方，其书五车，其道舛①驳，其言也不中②。历物之意，曰："至大无外，谓之大一；至小无内，谓之小一。无厚，不可积也，其大千里。天与地卑，山与泽平。日方中方睨③，物方生方死。大同而与小同异，此之谓'小同异'；万物毕同毕异，此之谓'大同异'。南方无穷而有穷。今日适越而昔来。连环④可解也。我知天下之中央，燕之北、越之南是也。泛爱万物，天地一体也。"

惠施以此为大，观于天下而晓辩者，天下之辩者相与乐之。卵有毛。鸡三足，郢有天下。犬可以为羊。马有卵。丁子⑤有尾。火不热。山出口。轮不碾地。目不见。指不至，至不绝。龟长于蛇。矩不方，规不可以为圆。凿不围枘。飞鸟之景⑥未尝动也。镞矢之疾，而有不行、不止之时。狗非犬⑦。黄马骊牛三⑧。白狗黑。孤驹未尝有母。一尺之捶，日取其半，万世不竭。辩者以此与惠施相应，终身无穷。

桓团、公孙龙辩者之徒，饰人之心，易人之意，能胜人之口，不能服人之心，辩者之囿也。惠施日以其知与人之辩，特与天下之辩者为怪，此其柢⑨也。

然惠施之口谈，自以为最贤，曰："天地其壮乎，施存雄而无术。"南方有倚人焉，曰黄缭⑩，问天地所以不坠不陷、风雨雷霆之故。惠施不辞而应，不虑而对，遍为万物说。说而不休，多而无已，犹以为寡，益之以怪，以反人为实，而欲以胜人为名，是以与众不适也。弱于德，强于物，其涂隩⑪矣。由天地之道观惠施之能，其犹一蚊一虻之劳者也。其于物也何庸！夫充一尚可，曰愈贵道，几矣！惠施不能以此自宁，散于万物而不厌，卒以善辩为名。惜乎！惠施之才，骀荡而不得，逐万物而不反，是穷响以声，形与影竞走也，悲夫！

注释

①舛（chuǎn）：差错，错字。②中（zhòng）：不当于道，不中肯。③睨（nì）：偏斜的意思。④连环：古时"连环"本不可解。⑤丁子：蛤蟆。⑥景：影子。⑦狗非犬：狗，小狗。犬，大狗。⑧黄马骊牛三：黄马与骊牛合起来为三。意即黄马与骊牛为二，加上"黄马骊牛"这一概念就是三。⑨柢：通"抵"，大概。⑩黄缭：楚人。⑪隩（ào）：深曲，狭隘。

译文

惠施懂多种学问，他收藏的书能装五车，他讲的道理错综驳杂，他的言辞不合大道。他观察分析事理，说："达到无限大，叫作大一；达到无限小，叫作小一。没有厚度，不能积累，却可大到千里。天和地一样低，山和泽一样平。太阳刚正中就偏斜，万物刚出生就死亡。大同与小同的差异，叫作'小同异'；万物全同全异，这叫作'大同异'。南方没有穷尽而又有穷尽。今天到越国去而昨天已经来到。连环是可以解开的。我知道天下的中央，在燕的北方和越的南方。广泛爱万物，天地是一个整体。"

惠施把这些当作最大的真理，显示于天下而引导辩士，天下的辩士都愿意和他辩论。蛋有毛；鸡有三脚；楚国的郢可以包容天下；大狗可以是羊；马有蛋；蛤蟆有尾巴；火是不热的；山是有嘴的；车轮碾不着地；眼睛看不见东西；概念感觉不到；即使感觉得到也不能达到穷尽；乌龟比蛇长；曲尺不能画方，圆规不能画圆；卯眼不能围住榫头；飞鸟的影子未曾移动过；箭头疾飞却有不能行进而停止的时候；狗不是犬；黄马骊牛是三个；白狗是黑的；孤驹不曾有母亲；一尺长的鞭，一天截去一半，万世也截取不尽。辩士们用这些论题和惠施辩论，终身辩论不完。

桓团、公孙龙都是辩士，他们蒙蔽人的思想，改变人的意见，能辩胜别人的口舌，却不能折服人心，这是辩者的局限。惠施每天以自己的智慧与人辩论，专门与天下的辩者创造怪论，这就是他们的概况。

虽然惠施的口辩，自以为最高明，说："天地能比我更伟大吗！"但惠施有雄辩之才而不了解道术。南方有一个奇怪的人叫黄缭，问天地为什么不陷，风雨雷霆形成的原因。惠施不谦虚地回应，不假思索地对答，遍说万物，又说个不停，话多得没有穷尽，还认为说得少，又加了一些奇谈怪论。他把违反人之常理的作为实情，要以辩胜别人取得名声，因而和众人的看法不协调。轻视内德的修养，强调对外物的分析，他走的道路是狭隘而偏曲的。由自然规律来看惠施的才能，他就像一只蚊子、一只牛虻那样徒自劳倦。对于万物有什么用处！他的言论充当一家之言，还算可以；若尊为大道，就危险了！但惠施不能够以一家之言自安于道，分散心思追逐于万物而不厌倦，最终只得到了善辩的名声。可惜呀！惠施的才能，被他放荡挥霍而无法取得大道，追逐万物而不返本真，实在是以声音来止回响，以形体与影子竞走，可悲呀！

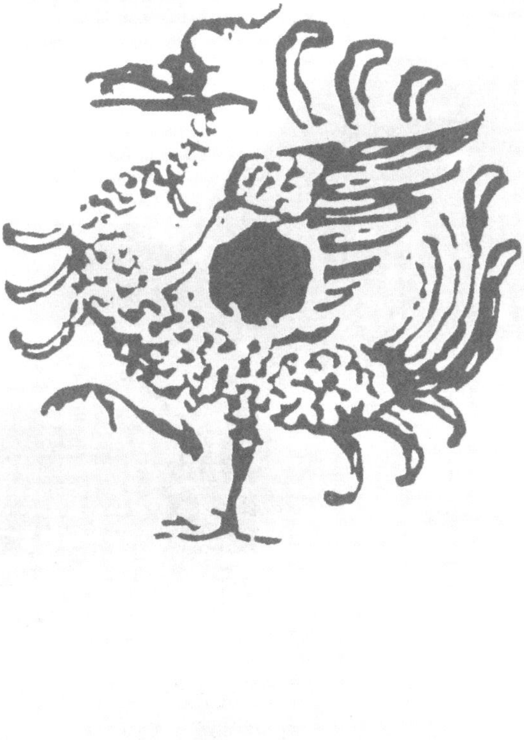

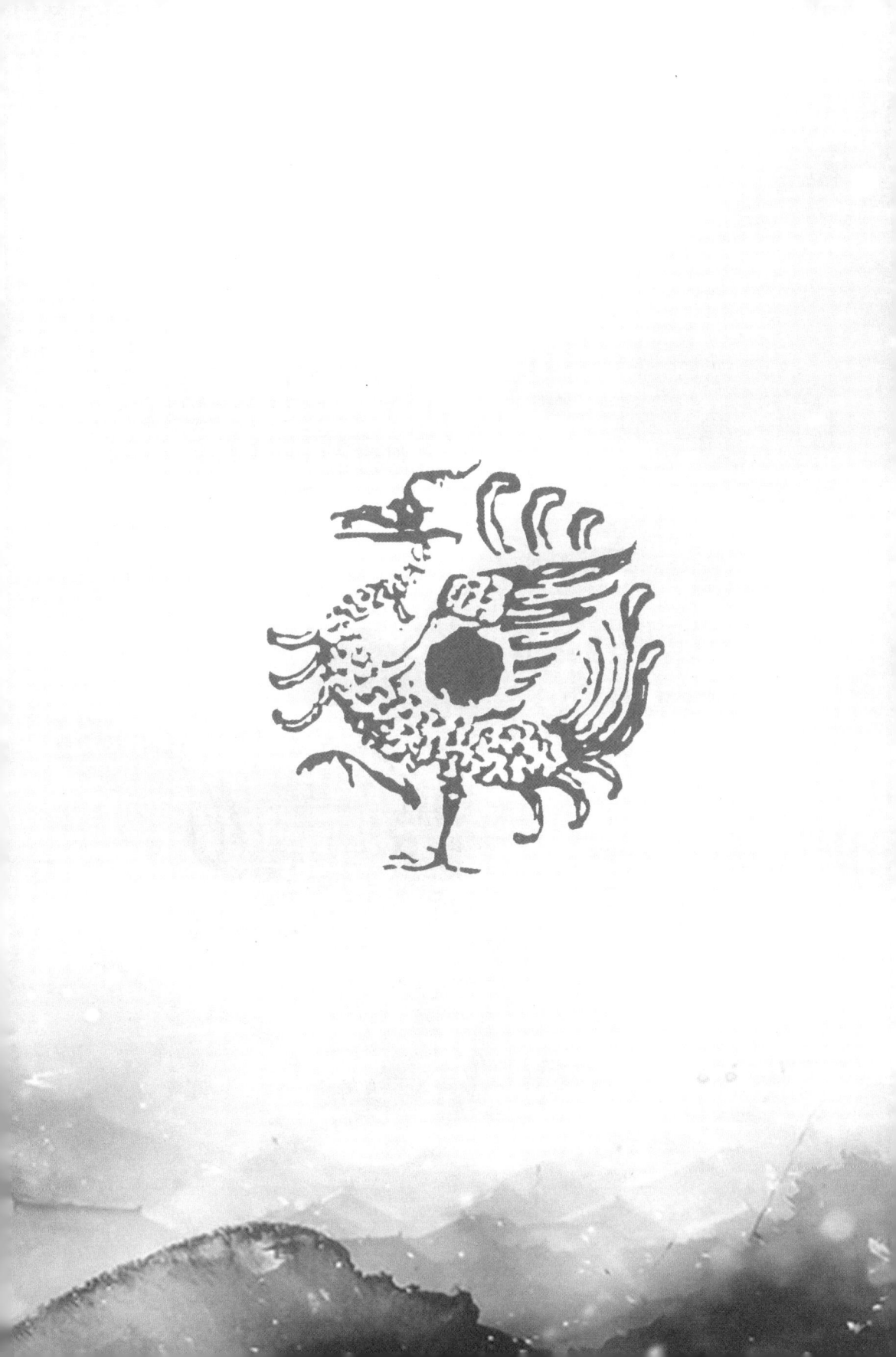

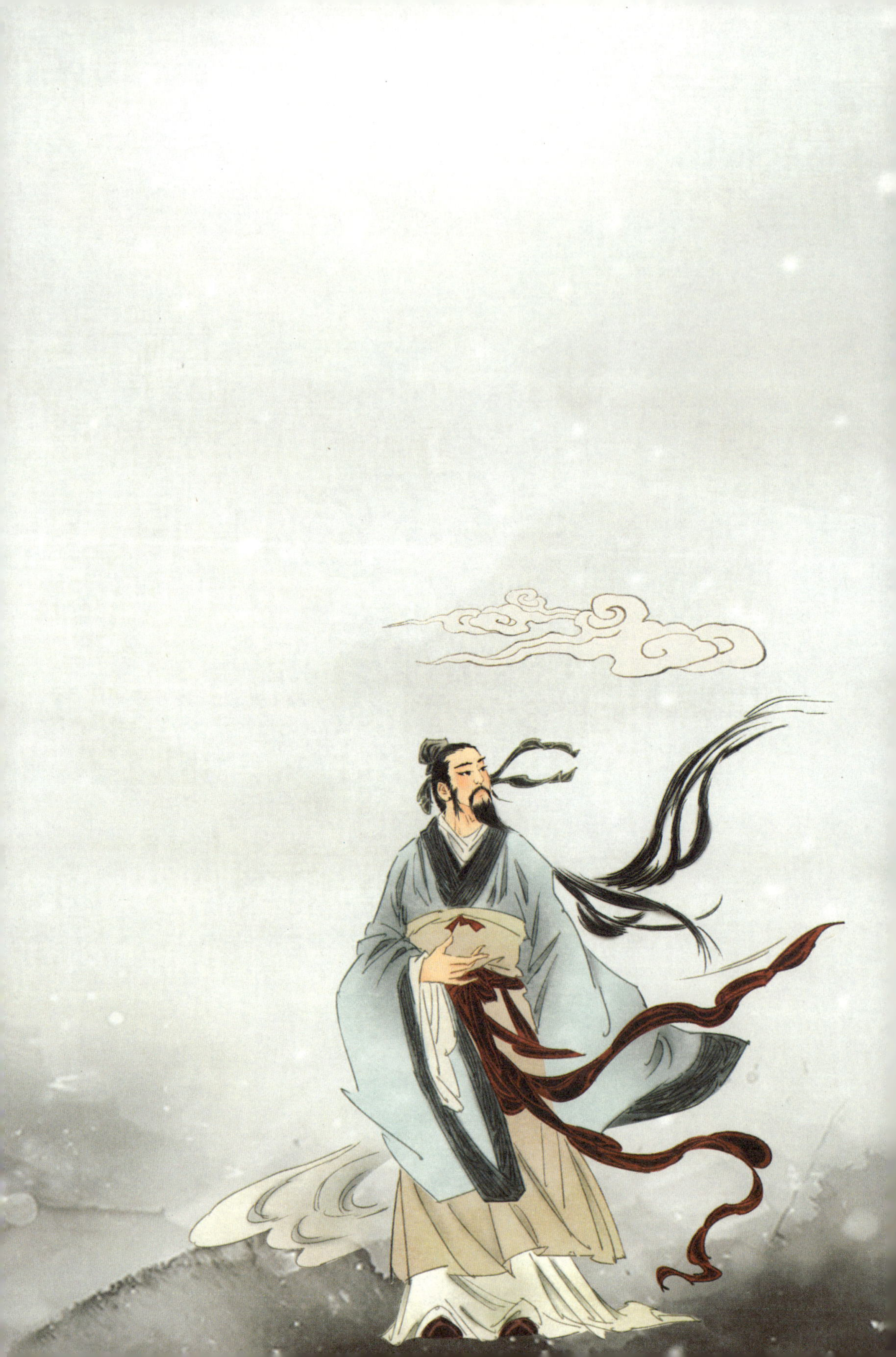